U0092234

民族主義與近代中國思想

羅志田——著

三民書局

國家圖書館出版品預行編目資料

民族主義與近代中國思想／羅志田著.－－三版一刷.
－－臺北市: 三民, 2019
面; 公分.－－(歷史聚焦)

ISBN 978－957－14－6625－5　(平裝)
1.中國近代思想 2.中國近代史

112.7　　　　　　　　　　　　　　　108005896

© 民族主義與近代中國思想

著 作 人	羅志田
發 行 人	劉振強
著作財產權人	三民書局股份有限公司
發 行 所	三民書局股份有限公司
	地址　臺北市復興北路386號
	電話　(02)25006600
	郵撥帳號　0009998－5
門 市 部	(復北店) 臺北市復興北路386號
	(重南店) 臺北市重慶南路一段61號
出版日期	初版一刷　1998年1月
	修訂二版一刷　2011年10月
	三版一刷　2019年6月
編　　號	S 620510

行政院新聞局登記證局版臺業字第○二○○號

有著作權・不准侵害

ISBN　978－957－14－6625－5　(平裝)

http://www.sanmin.com.tw　三民網路書店
※本書如有缺頁、破損或裝訂錯誤，請寄回本公司更換。

三版說明

　　羅志田教授為享譽盛名的歷史學者，於民族主義思想研究領域貢獻尤為斐然，本書為羅教授之心血結晶，教授以深厚的學理基礎、嚴謹的史學考證，為讀者建構出一個理解民族主義及其與中國近代思想之互動的清晰脈絡。本書之初版，距今已二十年餘，民族主義不僅未因時空轉變而消掩於歷史的洪流中，其影響力在現今甚至更為鮮明，如何全面地了解民族主義在中國的發展，及其與西方民族主義的不同，本書為不可不讀的經典好書。

　　此次再版，為符合現代出版潮流，除了調整內文間距及字體編排外，也重新設計版式與封面，使讀者能夠輕鬆、舒適的閱讀本書。此外，更期望讀者能透過本書深刻思考，重新串接起歷史發展的脈絡，並據以理解、應用於今日之世界。

編輯部謹識

再版序

出版社告訴我，這本十多年前的小書，要改版重印。對於讀者的不棄，個人非常感動，也非常感謝！若稍有餘暇，對於書中文字，理應重新整理。惟年來馬齒徒增，雖學無寸進，雜事卻日多，最近文債尤重，而出版社可以給我的時間也十分有限。不得已，僅對錯別字和個別注釋中的誤植，略作更正，餘均維持其原來面目。

本書的緣起甚早，還是在讀博士畢業前，蒙余師英時介紹，與三民書局簽約，寫一本從思想史視角考察近代中國民族主義的小書，書名也蒙老師賜定。幾年後，書稿已寫得太長，而有些問題仍需進一步斟酌，不得不以刊發出的一些章節和相關論文先行結集出版踐約，是為本書。吾文拙陋，實有辱師教，謹書此一段師弟授受因緣，以為紀念。

這些年來，儘管研究題目時有轉換，民族主義和近代中國思想仍是我關注的重心。另外一些與民族主義相關的論文，後也結集為《民族主義與民國政治》在上海出版。但正式的原稿，卻仍存篋中，無暇整理。昔人常說的江湖，其實就是一種社會。任何人只要成了社會人，都不能不對社會有所妥協。學界也是一種江湖，一入其中，每每身不由己。然而林語堂曾特別提示，成熟者的智慧，在於知道什麼真合己意，此乃幸福之所在，尤當珍惜。我也一直希望能緩和下來，多讀幾本好書，做幾件自己想做的事，寫幾本自己想寫也一直在準備的書。倘能在幾年之內，得暇將本書原稿修訂完成，則幸甚。

2011 年於旅京寓所

序　論

民族主義與近代中國：研究取向與反思

　　二十世紀八九十年代之交是以蘇歐共產體制崩潰、冷戰結束為表徵的。彼時一些專家即已預計今後影響世界最大的力量將是民族主義。但說到具體之時，則多指民族主義對所謂第三世界變動較多地區的影響而言。說到歐洲，一般都期望著全歐「民主化」(democratization) 的出現。殊不料蘇歐共產體制崩潰的第一個直接後果便是民族王義在歐洲的復起。前南斯拉夫聯邦各族間戰火長期不熄，成為一大世界難題。蘇聯解體後各前加盟共和國之間亦有訴諸武力者。而俄羅斯境內民族主義的風起雲湧更引起了世界矚目。

　　更有意思的是，民族主義不僅是在共產體制影響下的東歐風行，在早已「民主化」的英倫三島上，愛爾蘭民族主義方興未艾，而以民族主義為基礎的新法西斯主義在德國和義大利也捲土重來，整個歐洲實已為一股民族主義大潮所掃蕩。在被稱作民族主義故鄉的歐洲，一般人早已將民族主義時代視為已經過去的歷史時段。短短幾年間，歐洲人竟然不得不面臨此風潮的再度席捲，殊非幾年前那些歡呼自由民主戰勝者始料所及。

　　人類學家紀爾茲 (Clifford Geertz) 在 1971 年指出：「民族主義曾是歷史上某些最有創造性的轉變的驅動力量，在日後許多創造性轉變中，它無疑會起到同樣的作用。」❶ 這些話原本是針對二戰後獨立的那些「新國家」而言，但冷戰後民族主義在其發源地

歐洲的復興說明這一論斷的針對性顯然是更廣泛的。

亡羊補牢，猶未為晚。民族主義在世界歷史中的作用很快再次受到西方學人的廣泛注意。不僅已有新的力作出版❷，而且麻省理工學院和哈佛大學等，自 1992 年起已在嘗試為研究生開設民族主義的專題課。近年美國歷史學會的會刊更在組織討論如何將民族主義整合到歷史課堂之中。參與的論者均同意在大學開設民族主義課為當務之急。蓋不瞭解民族主義則不僅不能瞭解近現代世界，而且也無法瞭解後現代世界。民族主義顯然已再次成為西方人文和社科研究的重點關注對象。有意思的是，許多人都強調過去對民族主義的研究存在一種「非歷史」的傾向，即偏重於從各社會科學學科的理論角度研究民族主義，故在一定程度上架空了民族主義，現在則應糾正這一傾向，多從歷史角度去考察和檢討民族主義❸。

反觀我們自己，余英時先生早已指出，百年來中國最大的一個動力就是民族主義❹。中外關於中國近現代政治和思想研究者，亦幾乎無不提到民族主義。尤其是在西方的中國研究中，民族主義的興起 (the rise of nationalism) 是一個不斷重申的主題，而且民

---

❶ Clifford Geertz, "After the Revolution: The Fate of Nationalism in the New States," in idem, *The Interpretation of Cultures*, Basic Books, 1973, p. 254.

❷ 如 Liah Greenfeld, *Nationalism: Five Roads to Modernity* (Cambridge, Mass.: Harvard University Press, 1992) 就是備受注意的一本。

❸ 參見 *Perspectives*, 32:8 (Nov. 1994), pp. 1, 8～13.

❹ 余英時，〈中國近代思想史中的激進與保守〉，《歷史月刊》，第 29 期（1990 年 6 月），第 144 頁。

族主義浪潮是處在「不斷高漲」的進程之中。我們若細看許多關於中國近代各「事件」的研究，便會發現一開始時，民族主義通常被認為是這些事件的動力，而到結尾時民族主義又多因這些事件而進一步「上升」。民族主義一身而兼為歷史發展的原因和結果，其受到史家的重視可見一斑。可以說，作為一種詮釋的工具，民族主義在近代中國研究中是被用得最為廣泛的，而且不乏濫用之例❺。

　　可是我們如果到圖書館一查書目，便會發現這樣一個倍受重視及在過去的研究中被廣泛使用的中國民族主義，專門的研究論文已為數不多，而專題著作更屈指可數。一般而言，只有已達成基本共識者，或根本不重要的題目才會出現這樣的現象。但細檢諸家關於近代中國民族主義的說法，實歧見紛紜，恰恰最缺乏一致的共識。其唯一的共識，恐怕即在於民族主義在近代中國的重要性。何以會出現這種詭論性的現象，原因必多，應是學術史的題目。但其中一種可能，即大家都以為本已達成共識，故無研究之需要；人人皆視民族主義為現成工具，信手拈來，似乎頗為得心應手。實際上，上述有關中國民族主義的專題著作都是近年才出現，最能說明前此論著中關於近代中國民族主義的論述，未必都有研究的基礎，可知中國研究中，關於近代民族主義的表面共識不啻是一種充滿想像的迷思。

　　今日適值世界民族主義復興之時，吾人更應對近代中國民族

---

❺ 參見 Arthur Waldron, "The Theories of Nationalism and Historical Explanation," *World Politics*, 37 (April 1985), pp. 416～433.

主義的來龍去脈，進行細緻的梳理，庶幾得出一個較清晰且接近本相的描述和詮釋。本書各篇論文即是朝著這一方向的一些初步嘗試，希望可以為更系統的詮釋稍作鋪墊。三年前，蒙余師英時介紹，並得到三民書局劉振強先生的鼓勵，個人開始就「民族主義與近代中國思想」這一題目進行探討。惟因教學及各種雜務纏身，同時也不得不時常穿插進行其他方面的研究，對近代中國民族主義的考察迄今仍未達到系統化的程度，甚感愧對師長！但因心中一直有此思緒在，這幾年寫的一二十篇文章，或多或少都與民族主義有些關聯。

實際上，晚清以來一百多年間，中國始終呈亂象，似乎沒有什麼思想觀念可以一以貫之。各種思想呈現出一種「你方唱罷我登場」的流動局面，可謂名副其實的「思潮」：潮過即落。但若仔細剖析各類思潮，仍能看出背後有一條線，雖不十分明顯，卻不絕如縷貫穿其間。這條線正是民族主義。如果將晚清以來各種激進與保守、改良與革命的思潮條分縷析，都可發現其所包含的民族主義關懷，故都可視為民族主義的不同表現形式（甚至那些自稱不是民族主義者的人，也不例外）。

近代中國這一從上到下的共同思緒和關懷，包括愛國、種族觀念、排外、社會達爾文主義、夷夏思想等等，不一而足。然其核心是中外衝突、中外矛盾，並且具有強烈的情緒性。這些內容顯然是超出了一般所謂「愛國主義」的範圍，名之曰「民族主義」似更接近。喜歡挑剔字眼的人總愛說，你說某人是民族主義者，你去問他，他自己就未必承認。這是有些道理的，比如胡適，他本人是不是能承認自己是民族主義者，恐怕確實要打個問號（但

也僅此而已，胡適也沒說他「不是」民族主義者）。但對於多數人來說，他們說自己是或不是一個什麼主義者時，並未事先思考該主義的確切含義。正如今日美國人個個都會說（而且愛說）自己是美國人，但若要問到「美國人」的概念或定義，恐怕沒有幾個人可以說得清楚。

廣義言之，民族主義不僅僅是一種一般意義上的「主義」。紀爾茲在研討二戰後獨立的那些「新國家」的情形時指出：「民族主義不僅僅是社會變遷的附產物，而是其實質內容；民族主義不是社會變遷的反映、原因、表達、甚而其動力，它就是社會變遷本身。」❻英國左派史家奈恩 (Tom Nairn) 也認為，民族主義實即現代國家的總條件之名。與其說是獨立於此的另一種「主義」，毋寧說是政治的和社會的思想風氣。所以，學理方面的民族主義的理論即在此廣義的民族主義的不規則影響之下❼。

本書不擬在術語之界定上多做文章，而是主要從思想史角度考察。同時也從思想史的社會學角度考察，注重民族主義者的角色和作用。從思想史的層面看，近代中國民族主義的形成，可用章太炎的一段話概括之。章氏自述其民族主義思想的形成時說：他幼年讀《東華錄》，已憤恨「異種亂華」。後來讀鄭所南、王船山兩先生的書，「全是那些保衛漢種的話，民族思想逐漸發達。但兩先生的話，卻沒有什麼學理。自從甲午以後，略看東西各國的

---

❻ Geertz, "After the Revolution: The Fate of Nationalism in the New States," pp. 251～452.

❼ Tom Nairn, *The Break-Up of the Britain: Crisis and Neo-Nationalism*, 2nd ed., London: NLB, 1981, p. 94.

書籍，才有學理收拾進來。」❽也就是說，近代中國民族主義的發端，固來源於傳統的族類思想，但其成為一種「主義」，卻是收拾了日本和西方的學理之後。而彼時日本的民族主義學理，基本也是舶來品。所以中國士人真正收拾的，不過就是西方的民族主義學理。

或者即因為這一原因，今日學人講中國民族主義或民族認同，常慣於從近代才開始引入的西方觀念去倒推，有時不免似是而非。蓋昔日中國人的思想言說中既然不含此一類詞彙，則本不由此視角出發去觀察和思考問題，應無太大疑義。故研討近代中國民族主義，一須追溯其傳統淵源，一須檢討其收拾的西方學理。同時更必須將其置於當時的思想文化演變及相關之社會變動的大語境之中進行研討。尤其需要關注的是傳統族類思想的一些（而非全部）層面何以能復蘇、西方的一些（而非全部）學理何以會傳入、以及二者怎樣融合等諸多因素相互作用的動態發展情形。

同時，在考察與近代中國民族主義有關的傳統觀念時，仍當注意其發展演化的內在理路，特別是在近代西方觀念引入前夕士人對這些觀念的時代認知。只有在搞清這一語境的基礎上，才能對時人怎樣收拾西方學理以整合出近代中國的民族主義思想觀念具同情的理解，以得出較接近原狀的認識。故本書的一個重要側面，就是要努力重建晚清人與民族主義相關的本土思想資源。在

---

❽ 章太炎，〈東京留學生歡迎會演說詞〉，轉引自王汎森，《章太炎的思想》，時報出版公司，1992 年二刷，第 68～69 頁。此書為論太炎民族思想最佳者。

重建中去理解時人的心態。

本書的第一部分即在考辨早期夷夏之分觀念形成的基礎上，更側重於此觀念在清代的發展演變及清人認知中的夷夏觀念。因為，先秦及以後歷代之人怎樣認識華夷之辨固然重要，但清季士人的心態和認知對本書的研究尤為重要。換言之，昔人的夷夏觀可以是多元或多層面的，但清季士人或者只接受昔人觀念的一面或一支，或者雖只接受其一部分而自信是接受了全體，也可能其觀念未必與昔人一致而自以為還是一致的。要之，對於研究近代中國民族主義而言，最重要的是當時當事人所持有的可能自認是傳統的民族思想觀念，至於其觀念是否與過去的觀念已不一致甚而至於有衝突，則是次要的。

如果從近代才開始引入的西方觀念去倒推，便難以對昔人產生「瞭解的同情」。今日治中國近代史之人講夷夏之辨時，每好效法西人轉拾梁啟超牙慧，說什麼古人以為「中國即世界」。其實，夷夏格局要有夷有夏，然後可「辨」；若中國即世界，是「夷夏」共為中國呢？還是「夏」為中國？若取前者，對新老之「夷狄」的不平等態度便與所謂「世界觀」無關。若取後者，則在「世界」之外的「夷狄」又是什麼界？故「華夏中心說」或者有之（世界歷史上少有一古代民族不認其所居之地是天下之中者），「中國即世界說」實未必存在。

迄今為止的中國近代史研究，都明顯受到晚清以來趨新派、特別是革命黨人觀念的影響（雖然這影響主要是無意識的）。這在近代中國民族主義的研究中也有所體現。比如，今人每喜歡指責昔人只知忠君而不知愛國，實際是先存將君與國分開的「共和」

成見。任何國家都有其主權象徵 (the sovereign symbol)。在君主國或君主時代，君王就是國家最主要的主權象徵。陳垣指出：「臣節者人臣事君之大節」，故古代「忠於君即忠於國」。他又說：「君臣、父子、朋友，均為倫紀之一。必不得已而去，于斯三者何先？為國，則不能顧及親與友矣。」 ❾仍是把君臣關係視作個人與國家的關係。即使在西方的君主國，君主也正是國家的主權象徵。例如，儘管「不列顛國」的地域已發生了很大的變化，英王過去是、現在也還是整個不列顛國的主權象徵 (the sovereign symbol of the whole British nation)。假如我們自設為君主時代的臣民，試問可以有不忠君的愛國嗎？換言之，一個對君不忠的臣或民，當時人能視其為愛國嗎？

實際上，「共和觀念」裡的一些關鍵詞，也是由君主時代的詞彙過渡而來。在共和觀念興起之初的英語世界裡，今日通行的「國家」(nation) 一詞，那時與「帝國」(the Empire) 一詞是可以通假的。美國獨立前後，英美人就是用「帝國」一詞來表述國家的概念。英國保守主義大家柏克 (Edmund Burke) 在 1775 年時就是以「帝國」(the Empire) 一詞來表述不列顛國 (the British nation) 的概念。不僅如此，即使在美國獨立後，也仍常見「美利堅帝國」(the American Empire) 這樣的稱呼。美國人迪金森 (John Dickinson) 就曾說：「一個國家（他用的是 nation 而不是 kingdom 或 empire）的國王 (king) 或王族是可以改變的」。凡此種種，皆說

---

❾ 陳垣，《通鑑胡注表微‧臣節篇第十二、倫紀篇第十三》，科學出版社，1958，第 222、243～244 頁。

明在十八世紀下半葉，英語世界裡國家與帝國兩字是可以通假的。北美十三州的獨立，一開始只不過切斷了它們對英國的忠誠，尚未形成新的忠誠的中心。美國國家觀念是在失去舊象徵後逐步「發現和創造」出來的。到 1778 年，一個表述為「新帝國」(a New Empire) 的美國國家觀念才開始形成，到 1783 年始基本確定下來❿。

　　當然，有關國家象徵的觀念也是隨時代的變化而轉移的。中國傳統的國家象徵如君主、宗廟、社稷以及亡國象徵如屠鼎、易器、改正朔、易服色等，至西方的主權觀念引進後便漸漸淡化。到民國後則鼎、器等已多散失或進入了博物館，而正朔、服色等也均由中國人自改自易，且改易也並未遇到強有力的反對（抵制者仍大有人在，特別是曆法）。最能體現時代「話語權勢」轉移的莫過於：代清的雖是中華民國，正朔、服色等卻均改從西式。清季人對此已有議論，也曾提出過一些回向傳統的改法，但缺乏說服力。這一方面說明西潮的衝擊確實有力，另一方面大概也因國家象徵的觀念已發生典範轉移：對絕大多數人來說，正朔、服色等已不復被作為國家象徵來對待了。

　　對於中國「民族主義」，不僅不宜從近代才開始引入的西方觀念去倒推，更不必以今日西方的定義來界定。實際上，西人關於民族主義的界定也在不斷轉換，從無一公認的嚴格準確的定義。

---

❿ 參見 Max Savelle, "Nationalism and Other Loyalties in the American Revolution," *American Historical Review*, LXVII:4 (July 1962), pp. 902～905, 914～921.

而且西人對民族主義的研究有明顯的「層累堆積」現象：西人關
於民族主義的研究越多越細緻，民族主義本身的起源就越早。近
年的研究已將西方民族主義的起源上溯到大約十五世紀❶，而較
早的西方研究多傾向於認為民族主義興起於十八九世紀而風行於
十九世紀後期。清季民初人所「收拾」的正是此類早期西方學理。

　　也只有在此之後，中國士人中的一部分才開始嘗試以西方的
表述方式將中國的一些固有思想觀念整合並表述出來（孫中山即
是一個最典型的代表）。故對十九世紀中期以前中國的種種行為學
說，恐怕很難冠以民族主義的稱謂。然而有意思的是，中外均有
學者認為中國民族主義的誕生甚至早到宋代。呂思勉先生曾說：
「民族主義，原因受異族的壓迫而起。中國自宋以後，受異族的
壓迫，漸次深了，所以民族主義，亦漸次勃興。」❷而美國學者
田浩 (Hoyt C. Tillman) 也從陳亮那裡讀出了「原初的民族主義」
(proto-nationalism)❸。其實，民族主義畢竟是在一定時段興起的
外來觀念，即使界定得再寬鬆，在西人自己都不怎麼講民族主義
時，中國又何來民族主義？

　　關於近代中國民族主義於何時興起以及哪些人是早期中國民
族主義者，西方學者的見解也真是「百花齊放」。梅谷 (Franz
Michael) 認為洪仁玕是「中國最早的近代民族主義者 (modern

---

❶ 說詳 Greenfeld, *Nationalism: Five Roads to Modernity*.

❷ 呂思勉，《歷史研究法》，上海永祥印書館，1948 年再版，第 35～36 頁。

❸ Hoyt C. Tillman, "Proto-Nationalism in Twelfth-Century China? The Case
of Ch'en Liang," *Harvard Journal of Asiatic Studies*, 39:2 (1979), pp. 403～
428.

nationalist) 之一」；而柯保安 (Paul Cohen) 則從王韜那裡看到了早期中國民族主義 (incipient Chinese nationalism)❶❹。他們顯然都同意中國民族主義興起於十九世紀中葉。但陳志讓則主張義和團運動才意味著「中國民族主義的誕生」❶❺。而杜威又認為五四運動的意義相當於「民族／國家的誕生」。他在 1919 年 6 月 1 日的信中說：「我們正目睹一個民族／國家的誕生 (the birth of a nation)，而出生總是艱難的。」徐中約顯然同意杜威的看法，他以為五四學生運動標誌著作為一種 「新力量」 的民族主義在中國的 「出現」 ❶❻。

這些人的一個共同特點是均從其觀察或研究的對象那裡看到了「民族主義」在中國的發生，恰提示著「民族主義」對他們來說正不啻「望遠鏡與顯微鏡」；他們在考察研究中國的特定事物之前，有可能手上已先拿著這一有效的武器，誠所謂我欲仁而斯仁至，對鏡一窺，當即看個正著。而這些解讀中國的學者也可能有意無意中同樣受到晚清以來中國趨新派和革命黨人觀念的影響，

---

❶❹ Franz Michael, *The Taiping Rebellion*, Seattle: University of Washington Press, 1966, pp. 136～137; Paul Cohen, "Wang T'ao and Incipient Chinese Nationalism," *Journal of Asian Studies*, 26:4 (August 1967), pp. 559～574.

❶❺ Jerome Ch'en, "The Nature and Characteristics of the Boxer Movement," *Bulletin of the School of Oriental and African Studies*, Vol. 23 (1960), p. 307.

❶❻ "John Dewey from Peking," June 1, 1919, in John Dewey and Alice Chipman Dewey, *Letters from China and Japan*, ed. by Evelyn Dewey, New York, 1920, p. 209; Immanuel C. Y. Hsu, *The Rise of Modern China*, 2nd ed., New York: Oxford University Press, 1975, p. 605.

總希望找到中國新舊之分界點（以為「新」正名），故其所見也就都成了最初和第一了。

　　不論產生於何時，近代中國民族主義與西方民族主義實有同有異。正像法國大革命時期的革命者攻擊法國君主制未能完成其自身制訂的統一民族國家 (national unification) 的任務，因而應被推翻一樣，晚清的中國民族主義者首先也是在得出了清政府不能救亡圖存的結論這個基礎上，才逐漸認同於以反清為表徵的帶種族色彩的民族主義。但身處西強中弱而面臨帝國主義侵略直接威脅的晚清人，對西方民族主義的認知及其收拾何種西方的「學理」，卻有其特定的選擇。

　　同是與革命直接相關的近代歐洲民族主義中，法國民族主義就以內傾 (inward direction) 為特點，與以外向為特點的德、義民族主義有相當大的區別（這只是就特點言，並不否認它們也各自都有內傾與外向兩面）。前者主要針對的是既存的政權，故民主（或晚清人愛說的「民權」）傾向甚強；後者則主要針對外族的威脅、征服和占領，故集體意識實占上風。在中國，章太炎、梁啟超那一代人雖然也強調「民權」，卻從整個西方民族主義學理中更多地看到了後者。而後來新文化運動那一代知識分子則愈來愈多地注意到前者，他們也重視「民治」，然實更強調個人的解放。直到二戰後，西方本身的民族主義學理研究重新回溯到德意志民族主義，中國讀書人近年又有仿效的傾向。不過早期的注重德、義主要是在政治運動層面，後期則主要是學理研究層面。

　　在歐洲各國，通常通過共同語言等因素結成的長期的共同命運早已產生出某種認同感，民族主義者只需訴諸這種還有些模糊

的認同感，將其喚起並使之在意識層面融成一個活躍而自覺的大眾民族認同，便能化為政治力量。民族主義在歐洲興起恰與所謂近代化同時段，此時兩種最有意義的社會變遷是舊的社會形態與社區生活形態的解體，以及資產階級和所謂「普通人」即大眾的出現。這兩者的互動產生了強有力的民族認同感，並很快就轉化為政治行動　（這方面的研究仍有可為處）。故愛默森 (Rupert Emerson) 以為，與資產階級和大眾的興起同時段的歐洲人對政治的民主參與那種明確要求是緊隨在數世紀的民族建構 (nation-building) 之後的 ❼。

　　有些人即據此歐洲經歷，將「民主」也看作民族主義的一個重要有機組成部分。在中國，同樣存在那種通過共同語言等因素結成的長期的共同命運產生出的認同感，但在中國近代民族主義興起之前千百年，中華民族的認同感早已凝固，無需由什麼人來強化。中華民族的「建成」既早，在中國也並不存在近代歐洲那種在民族建成之後對民權的自覺認識和對政治參與的明顯要求（這部分可能因為傳統中國政治制度的基石科舉制確有開放的一面），故「民主」到底是不是民族主義的一個重要組成部分，近代中國士人對此並無確定的共識。在三十年代外患深重時，民主與救亡這一民族目標是否衝突，反而成為知識分子爭論的熱點。

　　近代中國民族主義的興起確實也伴隨著社會的劇變，但卻是與西方相當不同的社會變遷。思想上的正統衰落和異軍突起與四

---

❼ 參見 Rupert Emerson, *From Empire to Nation: The Rise to Self-assertion of Asian and African Peoples*, Harvard University Press, 1960, pp. 93～95.

民社會的解體直接相關。工商業者的興起的確可見，但同時知識分子的邊緣化，與邊緣知識分子而不是所謂大眾的「出現」和興起，似與政治有更直接的關聯。從社會學的角度看，民族主義運動有其特殊的吸引力。邊緣知識青年在其中找到自身價值的實現，從不值一文的白丁 (nobody) 變成有一定地位的人物 (somebody)，國家的拯救與個人的出路融為一體。精英知識分子也在這裡發現一個選擇，即一條通往「回歸到與大眾和國家民族更接近」的路徑。民族主義運動為知識分子的邊緣化和新興的邊緣知識分子都提供了某種出路，其在近代中國自然影響深遠。

另一方面，雖然中華民族的認同感早已凝固而無需強化，但對一般中國人來說，這個民族認同感恐怕更多是像章太炎所說的那樣潛藏在心中，遠未達到「活躍而自覺」的程度。如果不出現大的內憂外患，大約也就會基本維持在潛存的層面。從這個角度看，近代中國民眾的民族認同感仍是可以被「喚起」而轉化為政治力量的。一旦有社會、政治的大變動，尤其是遇到外患時，「先知先覺」的民族主義者仍可訴諸大眾的民族認同感，將其喚起並使之轉化為政治力量。

正因為近代中外民族主義者實面臨著相似而又相當不同的語境，近代中國民族主義存在一些既與同時代的殖民地不同，也與民族主義的發源地西歐不同的特點。清季士人一面努力收拾西方的民族主義學理，一面又試圖與西方保持一定的距離。1904年《江蘇》雜誌一篇論民族精神的文章（不具作者名）說：「民族精神所由發現者有二：其一曰由歷史而發生者也；其二曰由土地而發生者也。言愛國者，群推歐洲。歐洲之史，進步之史也。非唯

歐人愛之，吾亦愛之。然而，吾愛之而不能發達之使如歐人之自愛者何也？則以吾國歷史、土地之不同使然也。祖宗之血質、社會之習慣、個人之感情，既使我以不能愛吾國而兼愛其他，則吾之愛吾國也不得不專。而見他人之國，雖其機械發明、文藝日新，吾亦唯崇拜之尊貴之而已。又豈可自許其文明，遂心醉西風哉！」❽

這裡「言愛國者，群推歐洲」一語，最能提示當時中國「話語權勢」之所在。這篇文章特別提出區分崇西、尊西與心醉西風的差別，很有提示性：對西方尊而崇之並無不可，但愛則仍在吾國，此一最後準則不能失。正如此文作者所說：「言民族之精神，則以知民族之歷史與其土地之關係為第一義，而後可以言生存競爭之理。」立腳點站穩之後，當時流行的生存競爭的優勝劣敗之理便不容易影響民族自信。從思想史的社會學角度考察，只要落實劣敗者為「我」而思改進之，則無論其出何策（包括反傳統與全盤西化），仍然是民族主義者。故觀察近代尊西之人，最後還要看其是否愛歐洲或愛「文明」勝過愛祖國。只要不逾此最後界限，應該說都是民族主義者。

美國學者愛默森認為：一般而言，一個民族或國家的全民族目標和價值體系，不是從傳統中生出，就是指向一個風格不同的未來❾。前者回向傳統，從歷史中尋找昔日的光榮；後者面向未

---

❽ 〈民族精神論〉，《江蘇》，張枬、王忍之編，《辛亥革命前十年間時論選集》，三聯書店，1960，卷一下，第 840 頁。

❾ Rupert Emerson, *From Empire to Nation: The Rise to Self-assertion of Asian and African Peoples*, Cambridge, Mass.: Harvard University Press, 1960, p.

來，從前景中看到民族的希望。殖民地人因傳統已面臨打壓殆盡的情景，而前景實不容樂觀，故一般更多地回向傳統；在領土主權基本保持的所謂「半殖民地」（或孫中山所謂「次殖民地」）國家，士人似乎更傾向於憧憬一個美好的未來。

「回向傳統」和「面向未來」這兩種類型的民族主義在近代中國同時存在，近代中國的新舊之爭，正可從此角度思考。本書的第二部分，即討論近代中國思想演變過程中一些與民族主義相關的具體面相。一般而言，在所處現狀並不令人愉快之時，過去和將來都不僅提供一種可能的選擇，而且當下就提供對現實的某種迴避，因而都有相當的吸引力。但由於近代中國的新與舊本身已成價值判斷的基礎，故從傳統中生出的一派不可能成為主流。而且，守舊派確實既提不出對現實問題的解決方法，更不能從復舊（已經失敗的舊）中保證比現在更好的將來。而趨新派至少可以描繪美好的前景。他們立足於此一想像的描繪，可以提出無限多種可能解決現存問題的辦法。

1904 年刊於《揚子江》的一篇論民族自治的署名文章充滿希望地說：「有新國家必有新國政，有新國政必有新國民。二十世紀之新中國，其民族能鑄成一特別之天性，光明於全球大陸，而不為人類館參考玩具、不為演說家詆諆材料者。」只有接受民族自治觀念這一「大影響」，才能成就此「大價值」[20]。可知當時刺激

367.

[20] 遁園，〈論民族之自治〉，《揚子江》(1904)，《辛亥革命前十年間時論選集》，卷一下，第 955～956 頁。

中國人最深的，正是中國已成外國「人類館參考玩具」與中外「演說家詆諆材料」。那時一般言及民族主義者，均知強調民族的固有「特性」，本文作者則頗有前瞻眼光，試圖重新「鑄成一特別之天性」，恰是愛默森所謂在「指向一個風格不同的未來」這一層面來重建「民族或國家的整體目標與價值體系」。

　　既然中國的過去已被「證明」不行，而現狀又不佳，「有所變」的確是那時大多數人認為唯一可行的取向。對近代中國士人來說，伴隨進化論而來的「優勝劣敗說」固然使人不舒服，但人類在不斷進化這一規律本身，卻讓中國人看到了希望：正因為這是社會發展「規律」，中國文化的「野蠻」和「低劣」只能是暫時的（梁啟超提出的「過渡時代」觀念受人歡迎處也正在此），中國必然有發達的一天，西方不過是先走一步，此時暫處前面而已。

　　故愛默森以為：孫中山的民族主義與早期中國民族主義（約指反對夷狄那一代）的區別在於，其主要的方向不再為了已經被歷史證明為失敗的舊世界而與入侵者鬥爭，而是尋求一種新的途徑，即認同（他未用此詞）於西方並努力接受西方的新事物。從世紀之交的民族主義思想先驅者與孫中山開始，中國無疑已步入一個民族主義階段，而其標誌則是不再以因衝擊而反應的模式與外來勢力為敵，而是接受並摹仿外來者的榜樣❷❶。愛默森所認知的「孫中山的民族主義」，與以反滿鬥爭為開端的孫中山那一代革命黨人的民族主義實有距離，恐怕倒更多體現在新文化運動那一代人身上。但總的說來，「尊西趨新」的確是從清季到民初多數士

---

❷❶ Emerson, *From Empire to Nation*, p. 205.

人的一個共相。

　　西方民族主義學理的傳入中國也給中國士人提供了新的詮釋工具。1903 年《浙江潮》上一篇題為〈民族主義論〉的文章說：「夫國於世界而有歷史，則自其『祖宗社會』之所遺，固有不能不自國其國者。不能不自國其國，而其國民之文明力乃不能與人抗，則天然之壓力，乃迫之使不得不去舊而迎新。」但去舊迎新也分兩種：「去之取之自己者，則能吸入而融化之，而活用之，其種存，其國興。」如果是「與之去之自人者，則奴隸而已矣；其種絕，其國亡」。所以，「凡優強民族與劣弱相遇，其文明之同化力，乃能吸入而融化之。」然必須「發揮特性」，也就是「屬其固有使足與世界相競」。作者指出：「特性者，運用文明之活力也。」故「種之強弱，視其文明；文明之高下，視其運用力」❷❷。

　　這篇文章裡的「優強民族」與「劣弱民族」的概念，仍受嚴復「天演論」影響，但已提出一種與「天演論」有所不同的學西方思路，即特別強調學習的主動與被動，並以「運用力」來判斷「文明之高下」與「種之強弱」，後者尤其與以勝負決優劣的「優勝劣敗」說大有區別。故民族主義的學理為近代中國人提供了新的思路和取向：從此角度出發，只要是主動吸取他人之文明，使固有強化，不但不存在自己先是否低劣的問題，反是能學習者就優強。作者以為，「一民族之於世界，猶個人之於學」，同一本書而不同讀者所得各異，「蓋外界之所異，必視內力厚薄以為差。」

---

❷❷ 余一，〈民族主義論〉，《浙江潮》 (1903)，《辛亥革命前十年間時論選集》，卷一下，第 489 頁。

假如學得主動，善用其固有特性，終可達到「久之內外復相濟」的結果。

此文作者所關懷的「國於世界而有歷史」的現狀，正是當時中國士人必須面對而提出解答的主要時代問題。最理想的解決方式，當然是一方面能「與世界相競」，一方面又可保存並增強「祖宗社會之所遺」。那時也確有少數中國人已超越愛默森所描述的不此即彼的取向，而認識到「祖國主義」就是「根於既往之感情，發於將來之希望，而昭之於民族的自覺心」❷❸。這樣根於舊而發於新，在學理上可能最為理想，但在清季民初西方已成中國權勢結構之既存組成部分的語境下，在實踐層面是很難做到的。

對於許多趨新者來說，由於未來必然是或至少可能是美好的，本民族固有之文化是否保存已不那麼重要，從傳統中尋找不足(而不是光榮)以擯除或改進這樣一種「反求諸己」的取向不但不那麼可怕，而且簡直成為走向美好未來的必由之路。章開沅先生注意到：1903年時的上海新人物正因「他們面向未來，因而敢於否定過去」❷❹。後來的新文化運動，多偏向於這一取向。

但正因為他們的基本目標是力圖重建「民族或國家的整體目標與價值體系」，以「指向一個風格不同的未來」，他們的反傳統恰是出於民族主義的關懷。這正是近代中國民族主義與其他許多地方民族主義的一個顯著區別。同樣，近代中國士人嚮往無政府

❷❸ 飛生，〈國魂篇〉，《浙江潮》3期，轉引自章開沅，〈論國魂〉，收入其《辛亥前後史事論叢》，華中師範大學出版社，1990，第133頁。

❷❹ 章開沅，〈論1903年江浙知識界的新覺醒〉，《辛亥前後史事論叢》，第181頁。

主義、世界主義、社會主義這樣一些帶有「超人超國」意味的理念，其實也多半出自其強烈的民族主義情懷。本書的第三部分即以胡適這個一般認為民族主義傾向不強的人為個案，探索近代中國民族主義這樣一些特殊表現形式。

胡適曾說：「民族主義都是以抗議為開端的。」❷⑤他指的抗議，主要是講的因外侮而起的救國觀念及衛國運動（在近代中國的一段時間裡則包括反抗異族統治）。同時，民族主義從來也還有國家建構 (nation-building) 即統一和建設民族國家的一面。胡適認為這是民族主義更高的層次，他說：「民族主義有三個方面：最淺的是排外；其次是擁護本國固有的文化；最高又最艱難的是努力建設一個民族的國家。因為最後一步是最艱難的，所以一切民族主義運動往往最容易先走上前面的兩步。」❷⑥而他當然希望中國人在第三步上著力。總之，民族主義的反抗與建設兩面是相輔相成而不可分的。如果不將兩方面結合起來考察分析，就無法真正瞭解近代中國知識分子為「強國」而反傳統以求「西化」的民族主義心態，也不可能真正認識民族主義在近代中國政治中的作用（從五四的「外抗強權、內除國賊」到北伐時的「打倒列強除軍閥」，口號的傳承最能體現近代中國民族主義反抗與建設並存的兩個面相）。

---

❷⑤ 參見胡適 1927 年 2 月 26 日在紐約對外政策協會的演講，由 Peking Leader 社刊在該社 1927 年出版的 *Forward or Backward in China?* 一書中，第 8 頁。

❷⑥ 胡適，〈個人自由與社會進步〉，《獨立評論》，150 期，轉引自耿雲志，《胡適年譜》，四川人民出版社，1989，第 459 頁。

其實，即使是民族主義抗議的一面，也不完全是對外。法國大革命時對國內既存權勢機構的革命就也包括在民族主義之中。在這一點上，民族主義與十九世紀的自由主義、社會主義等都有相通之處。從歷史角度看，自由主義觀念在很大程度上適應了工業革命後的「中產階級對抗前工業社會的特權階級」的需要，與當時對既存宗教和政治權威的抗議是一致的。同樣，後來興起的社會主義主張社會改革、確立和擴展政治自由、強調社會正義（即平等），要終止過去的不平等和特權等等，這些主張都含有抗議既存政治權威的成分，也與自由主義的價值觀念相通，當時就有人認為是更早的自由主義的必然延續。故胡適與社會主義的合離，實與民族主義密切相關。

嚮往「超人超國學說」是近代中國讀書人的一個共相。清季以至民初中國讀書人雖因不斷的國恥和思想的西化，而服膺西方近代民族主義，但最終還是暗存一種「道高於國」的觀念，總嚮往一種在民族主義之上的「大同」境界。這是除激烈反傳統外，近代中國民族主義與眾不同的另一大特點。一般而言，各國民族主義者通常都強調民族至上；可是中國從維新黨人到新文化運動知識分子再到國民黨人，都主張一個與傳統大同觀念相近的終極目標。這與近代中國的積弱直接關聯。在思想已西化而社會還比較傳統的中國，作為一個弱國國民的中國讀書人，要面對西強中弱的世界格局，其內心深處的緊張真有無數層次，而身份認同問題無疑是最要緊的。

近代中國士人一方面有意識地要想疏離於「野蠻落後」的中國而認同於「優越的」西方，另一方面又更願意認同於西方思想

資源中文化認同最不明顯或最具超越性的那一部分。他們在不得不學習西方的過程中，對外來的各種思想觀念，有意無意間總是選擇最少民族認同的「主義」，如無政府主義、世界主義、社會主義等。這樣不但避免了對「衰弱中國」的認同，同時也不必認同於「強大的西方」。其實就是畢其功於一役，大家無認同，也就否定了西方自身的文化認同。這一選擇背後所隱伏的微妙的民族主義關懷和心態，很值得作進一步的認識和瞭解。

　　本書選擇胡適為個案，不僅因胡適在這方面的形象較為特別而曲折，也因為胡適看似淺淡的民族主義實甚深邃，有一定的代表性。章太炎的學生周作人自述他與民族主義和世界主義相關的思想演變過程，是新文化運動一代民族主義者的又一顯例。周作人曾以「漢奸罪」被論定，且曾有嚮往「世界民」的心態，一般多將其認知為民族主義情緒較弱的一類，他的經歷也很能說明嚮往「超人超國學說」正是民族主義的表現形式。周作人屬於他所說的「受過民族革命思想的浸潤並經過光復和復辟時恐怖之壓迫者」，他自述說：「我當初和錢玄同先生一樣，最早是尊王攘夷的思想，在拳民起義的那時候聽說鄉間的一個洋鬼子被『破腳骨』打落銅盆帽，甚為快意，寫入日記。後來讀了《新民叢報》、《民報》、《革命軍》、《新廣東》之類，一變而為排滿（以及復古），堅持民族主義者計有十年之久，到了民國元年這才軟化。五四時代我正夢想著世界主義，講過許多迂遠的話。」❷❼

---

❷❼ 周作人，《雨天的書·元旦試筆》，《周作人全集》，藍燈文化公司，1992，第二冊，第 345 頁。

　　可知周氏早年的民族主義與同盟會人相類，是以排滿為主。民國代清，這樣的民族主義成為無的之矢，自然也就「軟化」了。五四時代的周作人「因為對於褊狹的國家主義的反動」而「養成一種『世界民』(Kosmopolites) 的態度，容易減少鄉土的氣味，這雖然是不得已卻也是覺得可惜的」❷❽。他後來說：「照理想說來，我們也希望世界大同，有令天下書同文的一天，但老實說這原來只是理想，若在事實上則統一的萬國語之下必然自有各系的國語，正如統一的國語之下必然仍有各地的方言一樣；將來的解決方法，只須國民於有方言以外必習國語，各國民於國語以外再習萬國語，理想便可達到。」❷❾ 民初知識分子試圖將世界主義與民族主義共存的理想，在這裡有清晰的表述。

　　到 1923 年，周氏「仍然不願取消世界民的態度，但覺得因此更須感到地方民的資格，因為這二者本是相關的」。他自謂仍「輕蔑那些傳統的愛國的假文學，然而對於鄉土藝術很是愛重：我相信強烈的地方趣味也正是『世界的』文學的一個重大成分。具有多方面的趣味，而不相衝突，合成和諧的全體，這是『世界的』文學的價值，否則是『拔起了的樹木』，不但不能排到大林中去，不久還將枯槁了」❸❶。這才是關鍵：嚮往作「世界民」的中國人最終想的是要將中國排到世界這一「大林」中去。

　　但到 1924 年春，周作人的世界主義已「收小範圍，修改為亞

❷❽ 周作人，《自己的園地・「舊夢」序》，《周作人全集》，第二冊，第 84 頁。
❷❾ 周作人，《藝術與生活・國語改造的意見》，《周作人全集》，第三冊，第605 頁。
❸❶ 同註❷❽。

洲主義」。辛亥革命前「黃白種爭」的潛臺詞已忽隱忽現。再到
1925年的第一天,周作人說:「我的思想今年又回到民族主義上
來了。」這是因為看到「清室廢號遷宮以後,遺老遺小以及日英
帝國的浪人興風作浪,詭計陰謀至今未已,我於是又悟出自己之
迂腐,覺得民國根基還未穩固,現在須得實事求是,從民族主義
做起才好」。這裡似乎仍在排滿,其實針對的已更多是「日英帝國
的浪人」。他雖然還是說「我不相信因為是國家所以當愛,如那些
宗教的愛國家所提倡」,聲明這是「為個人的生存起見主張民族主
義」;他也知道可能會被認為「太舊太非紳士態度」,但他仍堅持
要「表明我思想之反動,無論過激過頑都好,只願人家不要再恭
維我是世界主義的人就好了」❸。明確其「回到」的民族主義正
是針對「世界主義」而言。

　　早在近代講洋務的初期,就有人主張「破華夷之界」,因為西
學也是「天地間公共之道」,不得為西人所私有,華人也應當學
習。二十世紀初年講求無政府主義和世界主義的中國士人,實際
也想「破華夷之界」。不過洋務時期的破是為了給學西方的行為正
名,中國尚在主位;後者的破是想達到一種無中無西的境地,以
避開西強中弱的身份認同,中國已居客位。取向雖一致,而攻守
之勢迥異,兩時段間士人自信心的強弱對比亦甚鮮明。但兩者間
也有思想上的傳承關係。蓋只有相信西學是「天地間公共之道」,
才可以從心裡破華夷之界,才不致因尊西而心不自安。

　　但是,士人雖有超越民族國家認同的願望,卻超不了中西確

---

❸ 周作人,《雨天的書・元旦試筆》,《周作人全集》,第二冊,第345頁。

實有別這一現實。阿 Q 早就注意到，城裡人連切蔥的方式也與鄉下不一樣，而且他們常常並不打算以城裡人交往的方式來對待鄉下人。同樣，近代西人一般並不以待西人之同理待華人（包括尊西的華人）。故中國士人企圖超越民族國家的努力不過是一種自我化解，並不能改變現實存在。這些人雖然能自造一個大家無認同的精神世界並儘量生活於其中，內心深處仍有自我的文化認同不甚佳妙這一逃避不過的關口。近代中國士人不管自我意願多麼強烈，終不可能完全超越社會存在而懸想。

正是西人並不真正平等對待中國人的行為，最終使許多像周作人這樣已養成「世界民態度」的西向中國知識分子逐漸認識到，世界主義與民族主義的共存，仍然不過是「迂遠的」理想。到三十年代賽珍珠獲得諾貝爾文學獎時（主要因其描寫中國的小說，但也因其為父母所寫的動人傳記），不少中國文人頗感不平，其中就不無對世界文學的「大林」並不接受中國文學（不論鄉土與否）這棵樹木這一事實的怨艾。故「話語權勢」雖是近些年才傳入的新概念，中國讀書人早有相似的認知，也曾有過突破這一權勢控制的長期努力。

雖然如此，那些通常被認為「保守」其實又常與趨新者認知相類的士人，仍希望傳承早年那種魚與熊掌兼得的理想化觀念。《國風》的作者歐陽肅到 1936 年仍以為：「兩種判然不同之民族文化相接觸而起競爭，其結果恆有一種新文化產生，偉大卓越，超舊者而上之。」中國人如果努力奮鬥，這種「新文化」也可屬於中華民族。故此時仍應「舉國一致，並力直追；務求發展各種學術事業，本民族自信之決心，保持固有之文化，且吸取西方物

質科學之精華，採長補短，融會而整理之，使蔚為真正之新文化，以為民族復興之具」❸❷。

　　其實，西人在約略同時也曾有使民族主義世界主義化的類似追求。1934 年，在瑞士的蘇黎士成立了「民族主義國際行動」這一組織，簡稱「民族主義國際」。這是一個以謀求世界和平為宗旨的國際學術研究機構，主要成員是歐洲大陸的知名國際法學家和國際經濟學家。當年 12 月，該組織在柏林召開了第一次國際大會，有二十多個國家的代表出席。他們認為，在當時的時代條件下，最有效的和平宣傳不是宣傳「國際主義」，而是宣傳以國際理解與合作為根基的「新民族主義」，即一種主張每一民族都應尊重他民族的愛國（愛族）主義 (patriotism)。這些人進而提倡一種科學取向的「有機的民族主義」(organic nationalism)，主張國際關係和國際秩序不應建立在國與國的基礎上，而應建立在人民（民族）與人民的基礎上，就像自然界有機體一樣。在不破壞既存國家的前提下，他們希望將威爾遜提倡的「民族自決」落實到各民族的「文化自主」(cultural autonomy) 之上❸❸。

　　這一追求不久即因第二次世界大戰的爆發而湮滅。在戰爭形勢下，有排外或暴力傾向的愛國主義或民族主義恐怕才最容易為人接受。但隨著戰後世界範圍和平的長期出現，到八十年代，西

---

❸❷ 歐陽薈，〈救亡圖存聲中國民應有之民族覺悟〉，《國風》（南京），8 卷 8 期（1936 年 8 月），第 342～343 頁。

❸❸ 參見該組織於 1935 年 2 月 1 日出版的小冊子 *Organic Nationalism*（有機的民族主義），普林斯頓大學所藏馬慕瑞文件 (the John V. A. MacMurray Papers) 的第 155 箱中收存了這一小冊子。

方又出現類似的理念。喬諾維茲 (Morris Janowitz) 認為：愛國主義可以引發出各種形式的信念和行為：它既可導致增強一個民族國家道義價值的表現，也可能造成一種狹隘心態的排外行為。而考慮到世界範圍內各國廣泛的相互依存，「愛國主義的形式和內容都需要進行『更新』，使之能既有利於民族目標又能增進世界秩序。」❸這樣，八十年代西方的新觀念似乎又趨近於從先秦時代起就一直縈繞在中國人心目中的思考：怎樣形成一種「以不齊為齊」而兼顧國家與天下利益的世界新秩序？

孔子曾提出「君子和而不同，小人同而不和」（《論語・子路》）的觀念。周幽王時鄭國的史伯說：「和實生物，同則不繼。以他平他謂之和，故能豐長而物歸之。若以同裨同，盡乃棄矣。」故「聲一無聽，物一無文，味一無果，物一不講」（《國語・鄭語》）。晏子也認為：和與同是兩個概念。廚師烹飪時就是以和的方法「齊之以味」，也就是「濟其不及，以泄其過」，使異味相和。音樂亦然，要「和五聲」，使「清濁、大小、短長、疾徐、哀樂、剛柔、遲速、高下、出入、周疏，以相濟也」，故雖皆相反而能成音樂。以君臣言，則「君所謂可，而有否焉；臣獻其否，以成其可。君所謂否，而有可焉；臣獻其可，以去其否」這樣才能做到「政平而不干」（《左傳》昭 20 年）。

所謂可否相濟，即寓不同於「和」之中。換言之，「和」雖調節「異」而允許存異，雖追求「齊」而承認「不齊」。章太炎從

---

❸ Morris Janowitz, *The Reconstruction of Patriotism: Education for Civic Consciousness*, University of Chicago Press, 1983, p. 134.

《莊子・齊物論》中總結出「以不齊為齊」的觀念，正是此理。儒道思想在此根源處是相通的。孔子的「和而不同」，實即以「不同」為「和」，即在不同的基礎上和，和中可存不同，而不必同，也不必「求同」（與所謂「求同存異」是相去甚遠的兩個境界）。莊子的「以不齊為齊」亦然，只有任萬物萬事各得其所，存其不齊，承認並尊重每一個體自身具有的真理標準（道），然後可得徹底的「自由、平等」❸❺。這當然恐怕又是周作人所謂「迂遠」的理想主義了，但如果能存「雖不能至，而心嚮往之」的心態，朝此方向努力，不同的「文明」在二十一世紀或許終不至於「衝突」，亦未可知。

※※※

本書所收各文均是近兩三年寫成發表的，有兩篇文章的題目及一篇文章的注釋，曾為編輯（或因篇幅的考慮）所刪削，此次悉改回原狀。另〈胡適與社會主義的合離〉一文，在印發前臨時有一已故老先生的短文要插入，故授權任編輯的朋友在該文第一部分刪去約二千字，此次亦照原文恢復，俾文氣稍順。其餘各文除改正錯別字外，均依其發表時原狀，非謂已完善，蓋存之以誌修業問學之軌跡也。因各文多相互關聯而有的文章先寫而後發，少數文字容有重複處，改則只能重寫，亦仍其舊，敬乞見諒。

過去的史家寫書著文，完稿後總要放些時候，以就正於同人朋友，並期立說者自身修業問學更有進境，然後修改定稿，庶幾可以減少立說的偏頗。但對今日急功近利的學術氛圍而言，這樣

---

❸❺ 參見王汎森，《章太炎的思想》，第 155～162 頁。

做幾乎已成一種「奢侈」。就個人而言，當然並不能因為有此氛圍就可以取法乎下，但這種氛圍也有一個好處，就是催逼研究者多下苦功。本書所收的論文，雖然思考和收集資料已有相當長的時間，卻幾乎都是趕著寫趕著發的。不成熟之處，還要請讀者諸君見諒，更請多予指教。以文會友，乞教正於同道，期糾謬於將來，斯誠我所望也。

　　儘管本書所收各文尚不成熟，恐怕會有辱師教，但我仍願意在此衷心感謝從小學、中學到大學各位傳道授業解惑的老師以及這些年來我所私淑的各位老師（因頗有享大名於世者而不便書其名）。他們在我修業問學的各個階段中都曾給我以熱誠的關懷和第一流的教誨，在我畢業之後繼續為我師表，誨我不倦（其中指導我大學畢業論文的李世平師竟於前年歸道山，但在撒手仙去前一月仍教我以治學之道），這或許是我比一些同輩學人更為幸運之處吧！本書各文若幸有所獲，悉來自各師的教導。當然，所有謬誤之處，皆由我個人負責。

　　本書各文在研究期間曾蒙許多認識或未謀面的師友或贈送大作、或熱心代為購置搜求資料書籍，或指點迷津，在此要先對他們深表謝意！關於民族主義與近代中國思想的方方面面，數年來曾在不同場合與朋友和同道（亦因已成名者眾而不便書其名）多次討論，受益非淺，本書中有些觀點看法，或者即是論學的結果，這是特別要向諸位師友致謝的。

　　同時，本書倘僥倖偶有所得，都是建立在繼承、借鑑和發展既存研究的基礎之上。由於現行圖書發行方式使窮盡已刊研究成果成為一件非常困難之事，對相關題目的既存論著，個人雖已盡

力搜求，難保不無闕漏。另外，因論著多而參閱時間不一，有時看了別人的文章著作，實受影響而自以為是己出者，恐亦難免。故凡屬觀點相近相同，而別處有論著先提及者，其「專利」自屬發表在前者，均請視為個人學術規範不嚴，利用他人成果而未及注明，請讀者和同人見諒。

中國傳統主張「父母在，不遠遊」，可是我自十六歲以來，就或被動或主動離家遠出，其間雖有約十年與父母居住在同一城市，也只是在週末返家請安而已。二三十年來每次隨侍在父母身邊的時間最長也不過數月（就是在這些時候，其實至今也還是收受父母的關懷愛護，並未真正做到侍奉二字）。這大概是今日推促「競爭」的西化世風使然，父母也一直理解支持，但對個人來說，實是最大的遺憾。同時，由於文革期間失學十餘年，與我同齡者多爭分奪秒，希望能「挽回」一些逝去的年華。這些年來，內子一直包辦家務，這當然也就意味著她大大放緩自己業務上的長進。我心裡非常明白，多年來能夠專心問學，家人都有所付出，就連小兒也讓出一些本應和父親一起玩耍的時間。這裡面的種種甘苦，的確是只能意會不能言傳的！

1997 年 10 月於四川大學華西新村

民族主義與近代中國思想

目次

上 篇

近代中國民族主義
的本土思想資源

先秦的五服制與古代的天下中國觀

　　先秦的五服制，因其與古代的天下中國觀以及夷夏之辨觀等
基本觀念有密切關聯，可以說是治上古史者所不能避遁，已成一
個長期聚訟而至今無定論的題目。近百年各家所論，依據的材料
大致相同，除少許金文外，主要仍是周代文獻，以顧頡剛先生的
〈畿服考〉收集材料最富（論述也最詳）。然各家所用材料雖相
類，詮釋則不盡相同。本文主要在整合史料及各家說法的基礎上，
換個視角看問題，側重於此一制度背後隱伏的古人的觀念，並據
此提出些微新的詮釋❶。

---

❶ 關於先秦五服制的相關討論，參見顧頡剛，〈畿服考〉，收入其《史林雜
　識（初編）》，中華書局，1963，第 1～19 頁；徐中舒，《先秦史論稿》，
　巴蜀書社，1992，第 71～83 頁；杜正勝，《古代社會與國家》，允晨文
　化，1992，第 465～470、500～507 頁；邢義田，〈天下一家——中國人
　的天下觀〉，收入劉岱總主編，《中國文化新論・根源篇》，聯經出版公
　司，1981，第 425～478 頁；陳力，〈西周時代的分封制與貴族的土地等
　級占有制〉，《四川大學學報叢刊》，第 44 輯（1989 年 4 月），第 75～88
　頁。本文引用典籍史料，除非特別注明，凡引「十三經」文字均自中華
　書局 1980 年影印版《十三經注疏》，引《國語》用上海古籍出版社 1978
　年校點本，引《史記》用中華書局 1959 年標點本，引《漢書》用中華書
　局 1962 年標點本，以下只注篇名。又本文討論古人議論時，必須使用

　　本文的基本觀點是：從殷人的內外服制演化而成的周代五服制，雖然不無理想型的成分，卻也有史可徵，可以認為是存在的；但這一演化的過程甚長，對理解五服制而言，此過程恐怕比最後寫成的制度還更重要。尤其是殷周兩代服制所體現的內外之分觀念的衍化，頗值重視。上古中國人的地理認知，一般是詳近略遠、重中央輕邊緣。彼時各文化體系，皆視其本族群所居地為中央而標舉四方以成一統。只要有中央四方，便構成一完整的地理世界與政治世界。在這樣的語境中形成一種重民甚於重土的傾向，重視的是為同一文化認同的族群所居之中央本土，其外緣則可以是——實際上也確實是——伸縮波動的。故古人的國土觀，也可說是一種文化取向的向心性國土觀。由於重視的是住民的文化認同，自然與夷夏之辨的族類觀念也密切關聯。內外觀念、中央四方論，以及夷夏之辨觀念是構成古人天下中國觀的基礎理論。從上古直到近代前夕，其間演變頗多，但其主流卻一直得以傳承。西潮入侵之後，中國人的天下觀才逐漸發生了較根本的變化。

一、引言

　　中國文化本是一個邊緣無限開放的體系。詳近略遠，重中央輕邊緣。凡事涉及邊緣部分，都是「理想型」(ideal type) 與實際並存，不可全從字面意義視之。換言之，邊緣是實際與想像的交

「夷狄」等當時的字詞。在當日處於文化競爭之中的古人，這類強調族類區別的字詞或有貶義，但本文只在其代表族類認同的意義上使用這些稱謂。本文初稿承陳力先生審讀指教，特此致謝。

會處。實際的認知愈廣遠，邊緣即愈往外延伸，但仍允許有一更外的想像部分存在。想像與實際並存的邊緣既然具較大的伸縮性，因而也就蘊涵了開放的可能性。古人地理上的「四海之外」，雖然實際上可以說全然不知，仍許其存在，為其預留一席之地，即所謂「六合之外，聖人存而不論」《莊子・齊物論》之意乎？（但另一方面，古人說到具體的天下和中國時，常常是指已知的部分，這也是應該指出的。詳後。）故中國人即使在「定於一尊」之時，一般也都還網開一面，留有迴旋餘地，體現了胸懷開放的包容性❷。

　　中西文化的一個大區別，即西人的觀念通常都講究界定清晰嚴密，而中國的傳統觀念往往如上述：中心或主體基本穩定，但邊緣卻伸縮波動，變多於定。近代以還，西學在中國成為顯學，士人受西人界定嚴格風氣的影響，逐漸傾向於以說一不二的方式詮釋傳統，結果反而常常不能得其全貌。以今日流行的源於西方的眼光來看，中國傳統觀念多半是語義含混、概念不清。客氣些的，則據今日模糊數學的觀念說中國文化模糊；不那麼客氣的，乾脆說「籠統」是中國的「公毒」，必去之而中國始可復興❸。的

---

❷ 參見許倬雲，《西周史》，三聯書店，1993，第 317 頁。許先生十分強調中國文化體系的普遍性、開放性和包容性，說華夏文化「不致有強烈的排他性」，我都極為贊同。但他從周人的「理性主義」角度說「西周一代，周人文化的擴散，正由其不具排他性」，竊以為稍過。夷夏之辨，或者是東周人才更講究，實亦發端於西周，其開放性無疑是主流，但也有封閉（即含排他）的一面，恐怕也不宜否認。

❸ 參見季羨林，〈漫談中西文化〉，《中華文化論壇》，1994 年 1 期；黃遠庸，〈國民之公毒〉，《遠生遺著》，文海出版公司重印 1938 年上海版，第

確,古代中國人的國土觀以及與此相關聯的天下四方與中國關係（略近於今人所說的世界秩序）的概念,若用近代西方的觀念來按圖索驥,便無法理解。

其實,對古代中國人來說,外緣的伸縮波動並不影響中心的基本穩定。在特定時期的具體語境內,彼時的中國人正是以這樣的方式來觀察、認識和解釋他們的世界❹。立說者據此以指陳和詮釋其所處時代的世事固然得心應手,讀者聽眾對他們的表述也大多能心領神會。從這一層面看,即使是那些偏於理想型的觀念制度,也都可以說是實實在在的。

就先秦、特別是周代而言,由於社會多變（西周連年征伐,東周更變亂頻仍）,對此時代之文化制度等,尤須從動態的層面去考察,不宜以不變之眼光視之。大變動的時代,有些事物並不整齊劃一,有時在文獻中出現相互矛盾的現象,但都未必就不存在。兩千多年前,好言古事的孔、孟就是採取一種知道多少講多少,並不以知道的少就不講的態度對待歷史。傅斯年先生曾說:「以不知為不有,是談史學者極大的罪惡。」他特別提倡「於史料賦給者之外,一點不多說,史料賦給者之內,一點不少說」❺。今日學術規範鬆弛,確宜注意不多說;但傅斯年那一代史家中許多人,

---

120 頁。

❹ 參見葛佳淵、羅厚立,〈「取法乎上」與「上下左右讀書」〉,《讀書》,1995 年 6 期。

❺ 分別轉引自杜正勝,〈從疑古到重建——傅斯年的史學革命〉和杜維運,〈傅孟真與中國新史學〉,均刊《當代》（臺北）,第 116 期（1995 年 12 月 1 日）,第 17、57 頁。

恐怕有一種為了更「科學」而以「少說」代「不多說」的自律
(self-censorship)。實際上，凡史料不足以肯定一事時，應該說也
就不足以否定之。以事物的不整齊劃一和文獻記載中某些表面的
相互矛盾而斷定古事的「不有」，對史學的傷害恐怕也未必就比
「以不知為不有」更小。

　　這部分是因為過去的研究較偏重於古人有形的言說。其實，
如果能換個視角，細心體察古人的言外之意，或可得出進一步的
理解的同情。孟子論怎樣理解昔人的詩時說要「不以文害辭，不
以辭害志；以意逆志，是謂得之」(〈萬章上〉)。這裡的「文」，大
約指表達出的文字部分，「辭」可以理解為怎樣表達，「志」就是
詩的作者（不必是一個人）之所欲言，也就是其在特定時刻的心
意所指。在孟子看來，後者的重要性是遠在「文」和「辭」之上
的。的確，由滴水可以見太陽，如果以濃密閱讀❻的方式去解讀
不多的文獻，見微知著也並非不可為。

　　馮友蘭先生在討論關於中國古代的「天下」究竟何所指的疑
義時指出：「就（先秦）那個時候的人對於地理的知識說，他們的
所謂天下其範圍不過是今日的中國，但是他們作這個命題時，他
們的意義並不限於今日的中國。」❼此話雖不十分準確（詳後），

---

❻「濃密閱讀」(thick reading) 是王汎森先生總結的義大利史家金絲帛 (Carlo
　Ginzberg) 的微觀史學方法，意謂對有限的文獻作極為集中、精微的閱讀，
　以進入昔人的世界。參見金氏的 *Clues, Myths, and the Historical Method*,
　Baltimore: The Johns Hopkins University Press, 1992，及王汎森為該書寫的
　書評，載《新史學》，6 卷 3 期（1995 年 9 月），第 217～228 頁。

❼ 馮友蘭，《三松堂自序》，三聯書店，1989，第 281～282 頁。

卻頗能給人以啟發。我們考察古人的天下中國觀（以及其他任何古人的觀念）時，確實不宜用後起的觀念去理解和詮釋其行為的動機、目的和方式。必須注重「他們作這個命題時」的意義所指。英國史家湯普森 (E. P. Thompson) 指出：工業化社會的觀念未必適用於理解更早的社會。比如「經濟」這個範疇，對十八世紀的英國，就不具有今人認知中那麼大的詮釋力量；因為生活在十八世紀的英國人的「希望和動機是不能用與該時代不相屬的經濟概念來解釋的」 ❽。

　　從某種程度上說，理解今人和理解古人的關係呈現著某種詭論意味：一方面，我們基本能理解與我們相像的事物；另一方面，理解「非我」(the other) 卻必須拋棄我們自己的先入之見，把「非我」確實當做「非我」（即不當做「我」）來理解 ❾。即使對同一文化系統內的今人來說，古人實際已是「非我」。故研究古人的觀念，比較穩妥的方法，仍只有在承認古今有所不同的基礎上，自設為特定時間特定地域的古人，通過人的共性，返其舊心，以意逆志，從上下左右去知人讀書（人也是書），首先讀出昔日的上下左右來，然後從昔日的上下左右讀之，借共性以知其個性，才約略可接近昔人的心態，以重建古人立說時的場合情景、寫作意圖，並領會特定人物在特定時刻的心意所指，庶幾可以接近歷史的原狀。下文即在重視有形史料的基礎上，通過以意逆志的取向考察

❽ 轉引自沈漢，〈愛德華・湯普遜的史學思想〉，《歷史研究》，1987 年 6 期，第 25 頁。

❾ 參見保羅・利科，《法國史學對史學理論的貢獻》，中譯本，上海社會科學出版社，1992，第 44 頁。

先秦的五服制，希望能重建接近真實的古代的天下中國觀念。

二、內外與五服

《尚書·禹貢》的寫定年代較晚，其所述夏代的五服制，今人多以為實際上講的是戰國間事。值得思考的一點是，周人不僅自稱華夏，其文化確與古人傳說中的夏文化更近而與殷商文化稍遠❿。故〈禹貢〉的寫定年代雖較晚，其內容則不排除有周人口碑所傳的夏代之事。實際上，若嚴格論之，有關殷商服制的文獻其實也都是周人的敘述。從下文可看到，除〈禹貢〉外，講到五服或相近的服制的，即使是明確講殷代者，率皆周代文獻（包括金文）。殷商文獻雖在孔子時就不足徵，但現存〈商書〉中竟然全不涉及其服制，則「侯甸男衛」這些服的稱呼也有可能不過是周人口中的殷制，正如最近引起日韓兩國爭議的小島，一方呼為獨島，另一方則稱為竹島。不過，在文獻無徵的情形下，本文仍從眾，暫將〈禹貢〉的五服制放到周代討論。

殷人已有內外服的劃分，這在今日可以說是定論了。內外之分觀念是殷人天下觀的一個基礎理論；它仍具詳近略遠的特點，具體的關懷是由內及外，越外越鬆，點到為止，可變的邊緣不必十分準確。各家通常所據的史料，主要就是《尚書·酒誥》所述的殷事：「越在外服，侯甸男衛邦伯；越在內服，百僚庶尹惟亞惟

---

❿ 參見《禮記·表記》引孔子所說的「夏道尊命，事鬼敬神而遠之；……殷人尊神，率民以事神，先鬼而後禮；……周人尊禮尚施，事鬼敬神而遠之」。

服宗工，越百姓里居（君）。」周初的金文〈令彝〉記載：「眾卿事寮、眾者（諸）尹、眾里君、眾百工；眾者（諸）侯，侯田男。」頗能印證〈酒誥〉所述殷代內外服制，顧頡剛先生考之甚詳。徐中舒先生認為服就是服事，在殷代是指定服役制，其外服有侯甸男衛四服：甸事生產，男服勞役，侯、衛服兵役。到周代則發展為有職有貢和等級制的相互依存。杜正勝先生又將其具體分為臣服、「職業」（即服務），以及提供物質或替代品三方面❶。

關於殷周服制有繼承關係，學界沒有大的不同意見。但史家對周人是否有嚴格的「五」服制及這一制度的具體指謂，則歧意甚多。拙見以為，這裡最應注意的，是殷周之際服制的繼承、發展、衍化這一過程。有意思的是，後人所持觀點雖各有別，但不管持三服說、四服說還是五服說，各家所據的史料，實際大致相同。甲文雖有一二散見的字，實不足以作判斷的依據。除前引那條可作明確解釋的金文外，其餘有關材料基本出於《尚書》中的〈周書〉。若依其製作的時代排列（假設各篇自稱寫作時間都可靠），當如下：

1. 《尚書‧武成》：「丁未，祭祀於周廟，邦甸侯衛，駿奔走。」

---

❶ 顧頡剛，〈畿服考〉，第 9 頁（本文引用顧先生文較多，以下只在正文中括號內標出頁數，不再用注的形式）；徐中舒，《先秦史論稿》，第 71～83 頁；杜正勝，《古代社會與國家》，第 500～507 頁。按內外之分是殷人的一個重要觀念，最初大約更多只是血緣或政治的親疏，到運用於內外服制之時，應該已包含地理的意義。

2. 《尚書・康誥》：「四方民大和會，侯甸男邦采衛，百工播民和。」

3. 前引《尚書・酒誥》條。

4. 《尚書・酒誥》：「予惟曰：汝劼毖殷獻臣，侯甸男衛，矧太史友、內史友，越獻臣百宗工；矧惟爾事，服休服采，……」

5. 《尚書・召誥》：「周公乃朝周書命庶殷侯甸男邦伯。」

6. 《尚書・君奭》：「小臣屏侯甸，矧咸奔走。」

7. 《尚書・康王之誥》：「王若曰：庶邦侯甸男衛，惟予一人釗報誥。……皇天用訓厥道，付畀四方。乃命建侯樹屏，在我後之人。」

這些材料大部分屬於殷周之際這一時段。細觀以上史料，其中除第二條和最後一條外，皆明確述殷事（第四條顯然以「矧惟爾事」分斷，前面所列舉侯甸男衛等皆殷獻臣，後面所述才是周臣）。殷商之時的制度是否如今人想像的那樣嚴密到說一不二的程度，實很難說。至於周制，則周人的征服殖民戰爭歷時甚長，即使是史稱「刑錯四十餘年不用」的成康之世，其實也一直處於征戰之中❷。周人在對殷屬地或非殷屬邦國的長期征服過程中，最初或者不過據原有的周制和其所認知的殷制隨意性地封建諸侯（包括承認既存者）。其本非坐定後細排座次，故具體某一特定時間命名一服兩服三服乃至多服皆有可能。後來局勢大定，成康期

---

❷ 杜正勝，《古代社會與國家》，第 333～349 頁。

間前線與後方已大致形成，所以征戰期間後方仍能有暇將制度修訂得細密而統系分明。《史記・周本紀》說周成王「既絀殷命，襲淮夷。歸在豐，作《周官》，興正禮樂，度制於是改」，如果此說不錯，則此前周制當基本是「因於殷禮」，至成王歸豐始「損益」殷制而基本制定周制。故文獻所記前後略有歧異，應屬正常。要從動態的角度去觀察，注意殷周之際及周代本身這一制度的發展衍化過程。

其實，如前所述，「侯甸男衛」這些服的稱呼有可能不過是周人口中的殷制，這倒反能提示周人自己有類似的服制。不過，若西周人已有五服制（不論是「侯甸男采衛」還是「甸侯綏（賓）要荒」），似應在成王改制後的〈康王之誥〉中述及。而此誥仍說「庶邦侯甸男衛」，看去仍僅四服（有人將「邦」讀若「伯」，是謂五服，但與第五條邦伯連用衝突）。則周人準確的五服制，如果確立，也應該還在後。惟蹤跡卻可在前，前引第二條〈康誥〉是為康叔封於衛而作，著重於處理所封的殷遺民的關係。且既然說是「四方民大和會」，則四方所來的「侯甸男邦采衛」可以是有殷有周。徐中舒先生已指出：采是周人所特有，提示著此時的周制對殷制而言是有繼承有改動 ❸。但〈康誥〉所述，恐怕更可能是過渡時代兼殷周制度而並言之，未必就已是周人確立的制度。

徐中舒先生以為，〈禹貢〉的五服和《周禮》的九服，「都是依據（殷商）這四種服役制而加以改編的」❹，信然。從時人的

---

❸ 徐中舒，《先秦史論稿》，第 81～82 頁；更詳細的討論參見陳力，〈西周時代的分封制與貴族的土地等級占有制〉，第 83～84 頁。

心態看，殷人比較強調內外之別。可以說，內外觀念的是否得到強調，是一個既可區別殷周制度，也提示其承繼關係的重要因素。周人五服制的各種早期形態，多傾向於別內外，有明顯的殷周過渡時期接近殷制的表徵。周人言服制而重內外者，大致均可視為殷周過渡時期的產物。西周末太史史伯說：「王室將卑，戎、狄必昌。」其所云成周時各國「非王之支子母弟甥舅也，則皆蠻荊戎狄之人也。非親則頑，不可入也」，並說祝融八姓「皆為采、衛，或在王室，或在夷狄」（《國語‧鄭語》）。似乎都指向一條「非親則頑」的簡單劃分線，不在王室，即為夷狄。這在觀念上大約就是殷人的內外服制的遺緒，是繼承的一面。

　　但落實在地域上，則西周本是個夷夏雜處的複雜局面❶。周人以分出在外的采邑來維護中央統治的方式就是殷周制度的一大改變。西周分封之時，主要考慮的是親疏與功勞，即司馬遷所說的「親親」和「尊勤勞」兩個原則。有文獻可徵的周初封建，其疆域最廣者即魯、衛和齊，前兩者（周公子伯禽和康叔）是「親親」，後者（太公望）即「尊勤勞」（《史記‧漢興以來諸侯王年表》）。周人通過殖民戰爭所控制的地域，遠較殷商更寬廣，以「小邦周」起而代「大邑商」的周人，從政治考慮出發，既追封夏遺族，同時也大量承認以前殷屬或非殷屬的諸侯。這些不同類型的分封顯然使內外觀念不足以解釋和指導周人面對的時局。

　　〈禹貢〉的五服制就已不十分講究內外，這裡是否有夏人本

---

❶ 徐中舒，《先秦史論稿》，第 75 頁。

❶ 說詳邢義田，〈天下一家——中國人的天下觀〉，第 449～451 頁。

不講究內外之分的可能，文獻無徵，只能存疑待考。但不論其寫定在何時，〈禹貢〉的五服制至少反映了周王室政教所及之區域漸廣、夷夏雜處的局面仍較複雜，而夷夏之辨已被重視的情形（詳後）。至於《周官》的九服制，又大約是夷夏以地分內外的局面基本形成後，向以前的內外之分觀念的某種回歸。

殷周服制的過渡，也有跡可尋。《國語・周語上》有祭公謀父關於周人「五服」的一段話：「先王之制：邦內甸服，邦外侯服。侯、衛賓服，夷蠻要服，戎狄荒服。」〈周語〉這段話，徐中舒、顧頡剛二先生皆以為有問題而不甚可信。徐先生認為這是周人不解古意，「以後來的觀念改變過去的原意」❶⑥；顧先生疑古心較重，直指其為「文家所析出」（第 5 頁）。其實，此一敘述的不那麼嚴整，恐怕反提示著其更接近變動時代制度的原狀。

《逸周書・王會》講到成周之會時說：「比服次之，要服次之，荒服次之。西方、東面、正北方。伯父中子次之。方千里之內為比服，方二千里之內為要服，方三千里之內為荒服，是皆朝於內者」。孫詒讓以為「比當為賓一聲之轉」，故「此比服、要服、荒服即〈周語〉所謂『侯、衛賓服，夷蠻要服，戎狄荒服』也」（《周書斠補》）。周人言服制始終是據實際而有理想的發揮，這裡的三服當然不必是具體的夷夏地理之分，且這裡各服的里數不必也不能計較❶⑦，但這條材料頗能支持〈周語〉祭公謀父有此敘述

---

❶⑥ 徐中舒，《先秦史論稿》，第 75 頁。

❶⑦ 關於這裡所說各服的里數，劉師培《周書斠正》卷五指出：「案此疑前人注釋之詞」，信然。

的可靠性（不必是指具體內容的可靠）。

　　孔晁注《逸周書》同一段話說：「此服名因於殷，非周制也。」雖未必正確，但也提示著這裡所述的服制與後出的《周禮》所述頗不一致。蓋此所述大約是周人的「服」尚接近殷制時的早期指謂。顧頡剛先生關於五服制的結論是古有三服制而無五服制：「甸服也，侯服也，要服也，皆古代實有。賓服也，荒服也，則文家所析出。」（第4～5頁）《逸周書》這段話其實與顧先生古代只有三服制的意思（但三服的具體所指則大不同）可合。由「內外服」到「五服」，或者就是經過了一個「三服」的過渡，也很可能。〈周語〉所謂「邦內甸服，邦外侯服」，大約是承殷人的「先王之制」；隨著周人的地理認知漸寬，原來殷人的「侯、衛」等外服皆由遠而近，成為「賓服」；此外又增加了更外圍的「夷蠻、戎狄」所據的「荒服」。這與周人認知的和實際發生關係的「天下」比殷人的逐漸寬廣這個現實是合拍的。

　　古人受書寫材料的限制，記事求簡。秦始皇時李斯等奏：「昔者五帝地方千里，其外侯服、夷服；諸侯或朝或否，天子不能制。」（《史記·秦始皇本紀》）這段話頗支持顧先生的判斷。但夷服即要服已是「天子不能制」，再以外的荒服略而不提，亦無不可。《左傳》襄15年：「王及公、侯、伯、子、男，甸、采、衛、大夫，各居其列。」杜預就認為這裡的「甸采衛」是「侯甸男采衛」五服的略稱。若必以不書為不有，這段話豈不又添出另一種三服制來？

　　〈周語〉所述，雖未必就是準確的「先王之制」，倒基本接近稍後的實際。蒙文通先生引《爾雅》的「東夷、南蠻、西戎、北

狄」釋〈周語〉的「蠻夷要服，戎狄荒服」說：「蠻夷在東南而戎
狄在西北」，如是則〈周語〉的意思是「東南只有要服而無荒服，
西北只有荒服而無要服。這個說法就當時四裔民族來考察，是合
適的。周秦以來西北是游牧之族，是行國，故說他是慌忽不定，
是荒服；而東南則是農耕之族，可以要約羈縻，是要服」❸。

　　《爾雅》所說的「東夷、南蠻、西戎、北狄」這樣一種夷夏
分布的局面，大約是在東周後期才逐漸形成。以東南西北配夷蠻
戎狄，嚴格說也是一種出自華夏人的詮釋性敘述（詳後）；這裡族
類的劃分已可看出明顯的重文化甚於血緣的傾向，而這種觀念的
淵源或可早於東周。《禮記・王制》從社會生活的文化層面，對此
做出了更詳細的詮釋：「中國戎夷五方之民，皆有性也，不可推
移：東方曰夷，被髮文身，有不火食者矣；南方曰蠻，雕題交趾，
有不火食者矣；西方曰戎，被髮衣皮，有不粒食者矣；北方曰狄，
衣羽毛穴居，有不粒食者矣。」中國是既火食又粒食的，其東南
則不火食而西北不粒食。如果可以說夷夏之辨主要在文化而不在
種族（詳後），則生活習俗的差異不待《爾雅》所說的夷夏分布局
面的形成就已先引起時人的注意，也是可以理解的。

　　〈周語〉在前引那段話後緊接著說：「甸服者祭，侯服者祀，
賓服者享，要服者貢，荒服者王。」這裡的祭、祀等字的字義，
許多人解釋為只是繳納供祭或祀之用品（餘類推），而不是身與祭
祀。則有時也可從諸侯的納貢反觀其在五服中的位置。齊桓公伐

---

❸ 蒙文通，〈略論「山海經」的寫作時代與產生地域〉，《古學甄微》（《蒙文
　通文集》，第 1 卷），巴蜀書社，1987，第 64 頁。

楚時說：「爾貢包茅不入，王祭不共，無以縮酒」（《左傳》僖4
年），是楚所貢雖輕，卻是用於祭的。這裡的「祭」，如果廣義地
釋為也包括「享」，則楚當屬賓服。故荀子在引用〈周語〉這段話
後明言：「彼楚、越者，且時享、歲貢、終王之屬也。」時享還是
賓服，而歲貢與終王就是要荒之服了。那意思，則楚當在夷夏之
間，可夷可夏，這與春秋以來的史實大致吻合。荀子並針對當時
已有人以「楚、越不受制」而主張「湯、武不能禁令」而分析說：
「王者之制也，視形埶而制械用……故諸夏之國，同服同儀；蠻
夷戎狄之國，同服不同制。」（《荀子・正論》）

　　這個觀念正反映在〈禹貢〉的「五服」結構中：「五百里『甸
服』：百里賦納總，二百里納銍，三百里納秸服，四百里粟，五百
里米；五百里『侯服』：百里采，二百里男邦，三百里諸侯；五百
里『綏服』：三百里揆文教，二百里奮武衛；五百里『要服』：三
百里夷，二百里蔡；五百里『荒服』：三百里蠻，二百里流。」這
樣整齊劃一的五服結構及每服的五百里，當然是一種理想型的劃
分，然多少也以實際為基礎。要不在具體細部之有無，而在其思
想觀念之認知也。

　　細觀〈禹貢〉各服的服事，首先基本上仍維持了「甸事生產」
的舊制。正如子產所說：周制是「列尊貢重」，只有甸服才是「卑
而貢重」（《左傳》昭13年。按上古之職貢多重力役輕貨物，故王
畿之貢也可能形重而實輕，或根本就是物質之貢已重於力役時的
後來認知，此不贅）。以外侯、綏兩服，主要不重視物質利益，而
是包括服勞役、兵役等在內的臣服。再以外，實際上只要求不公
開否認周天子的共主地位而已。的確體現了「視形埶而制械用」

的原則。

　　顧先生已指出：「服者但以統治者之身份定之，非以疆域之遠近為別也。……是知王室懿親與前代遺裔皆周所封之侯國，其地參差，若犬牙交錯，此在統治者之民族上固易一一區別，若欲在地理上為作整齊之區劃則決不可。」（第4頁）這是符合實際的描述。問題在於，不能在地理上作整齊之區劃並不等於不存在。古人恰是重「統治者之民族」甚於地理之區劃，而在作區劃時也是重政治上的名分甚於具體分割的「整齊」。一般而言，在天下與中國二分時，在「中國」之內是以政治（含血緣）分親疏，在「中國」以外的天下則以大致的疆域分夷夏。這已牽涉較寬，不可不先結合《周禮》所說的九服制以探討古人的天下中國觀。

三、天下與中國

　　古人的天下中國觀的基礎理論是中央四方論。它同樣具有理想型的成分，所謂中央與四方是相對而開放的，仍是由內及外，邊緣可變。故「天下」的概念是可擴散的，各時代的人所實際認知的地理意義的天下越寬，其具體的所指就越廣。同時，古人的天下觀念又不僅是地理的，他們標舉四方以定中央，有時是為了要界定族類的文化體系，有時更多是出於政治的需要和考慮。

　　古代中國人的天下觀念，基本是以中央和四方構成[19]。蒙文通先生已指出，上古各文化族群，皆視其本族所居之地為中央。

---

[19] 說詳邢義田，〈天下一家──中國人的天下觀〉，第425～478頁。本節受邢先生文影響甚多。

如北方三晉的范雎即認為：「韓魏，中國之處，而天下之中樞
也。」越國的范蠡則認「陶為天下之中」。《山海經》的作者，其
族群以古巴蜀以至荊楚為聚居本土，又明言都廣（即廣都，在今
四川雙流縣）「其城三百里，蓋天下之中也」❷。中央既然不同，
四方也自然各異。可以說彼時各文化族群所認知的「天下」，其實
也是很不一樣的。

　　從文獻可徵的周代看，這也是有一過程的。周人就是從臣服
於殷商到強調其「西土意識」以推翻商，再到強調天下一統的華
夏意識（最初仍有針對殷人意，但愈來愈具天下意）❷。無論如
何，一旦各族群的聚居地大致確定，即如柳詒徵先生所言，「必駢
舉東西南朔所屆，以示政權之早歸於一」❷。蓋殷周政制，中央
四方的關係大體是由中央向周邊無限放射的理想型，與當時人的
地理認知略同。故只要舉出四方，中央自在，「天下」的概念不論
在地理上政治上都已可算完整，而不必計較「天下」的邊緣是伸
縮不定的。

　　蒙文通先生注意到，《山海經》對一些重要的上古傳統人物的
敘述與中原文化體系就很不一樣，特別是褒貶頗有異趣❷。這裡
的「敘述」(narrative)，實際上是詮釋 (interpretation)。褒貶之間，
親疏自見，人我之別也就得以確立。上古各大相鄰族群的文化競

---

❷ 說詳蒙文通，〈略論「山海經」的寫作時代與產生地域〉，第 35～66 頁。
❷ 參見杜正勝，《古代社會與國家》，第 322～330 頁；許倬雲，《西周史》，
　　第 94～97 頁。
❷ 柳詒徵，《國史要義》，上海中華書局，1946，第 52 頁。
❷ 蒙文通，〈略論「山海經」的寫作時代與產生地域〉，第 36～42 頁。

爭與相互影響之消息，已明顯透露於此。既然有競爭的因素在，
駢舉四方以早定一統的政治需要就十分明顯了。所以，古人的天
下觀之所以詳近略遠，不僅是為地理上的認知所限制，同時恐怕
更多是一種對文化體系的界定和對既存政治秩序（即天命所歸）
的肯定。

　　我們如果反其舊心，從詮釋的角度去解讀古人的敘述，許多
問題便更容易產生「理解的同情」了。比如文獻可徵的商周兩代
的天下「共主」，其本朝自身的敘述裡恐怕就包括著相當的詮釋
成分。湯、武以百里之地而使「天下為一，諸侯為臣」的情形，
據荀子的描述，也就是「通達之屬，莫不振動從服以化順之」
（《荀子・正論》）。「振動從服」四字是非常形象的。可以想見，
既然君臣之間並不一定要有實際的治理關係，則只要「通達之
屬」的範圍內沒有明確的挑戰者，自稱「天下為一」也不是太難
之事。至於不在通達之屬者，更可以存而不論。其實，天子所在
的城邑與遙遠的方國的聯繫，有時可能是有過一次也許是偶然的
軍事同盟，有時甚至可能雙方人員不過在相互運動中偶有接觸，
便被一方解釋為另一方承認了主從關係。假如那些方國的記載流
傳下來，君臣已異位的類似主從關係或者就在另一方的紀錄之
中，正亦未可知。

　　就國土而言，作為西方近代民族國家最基本的要素之一的固
定疆域，在中國古代便不那麼確定。孟子嘗謂：「諸侯之寶三：土
地、人民、政事。」這已與近代西方民族國家的定義接近❷。但

---

❷《孟子・盡心下》；參見余英時，〈國家觀念與民族意識〉，《中國時報》，

是，古代中國人並不像近代西人那樣特別強調固定的邊界。王玉哲先生近年提出了殷商疆域史中「點」與「面」的概念。他以為，先秦國、邑二字相通，三代所謂的國，即以一個大邑為都城，周圍不遠由國王直接控制的地區即是王畿。再以外遠近不等散布著屬於王朝的各諸侯的城邑，而其間更散布著不屬於王朝、或者還是敵對的許多方國。甚至還有無主的荒地，如《左傳》哀 12 年所說的宋、鄭之間的六塊「隙地」。也就是說，「商、周時人對每個王朝國家所控制的國土，只會有分散於各地的一些『點』的觀念，還沒有整個領土聯成為『面』的概念。」因此，「國家的國界或邊界的概念還沒有產生的可能。只是到了春秋特別是戰國中期以後，中原疆土開闢殆盡，各諸侯方國疆土由點到面，逐漸接壤，這時（才）出現了國與國之間的邊界」❷❺。

　　王先生的觀點對於認識商、周人的國土觀極有啟發性。不過事情大約沒有那麼絕對，疆域及邊界概念不明顯不宜簡單斷定為完全沒有。《詩・商頌・玄鳥》云：「邦畿千里，維民所止，肇域彼四海。」彼時已有由內及外並確定疆域的觀念，但「四海」的想像意義顯然是大於實際意義的。周人所說的「溥天之下，莫非王土」（《詩・北山》），就是疆域及邊界概念不明顯的時代的概括

1983 年 12 月 2～3 日。

❷❺ 王玉哲，〈殷商疆域史中的一個重要問題——「點」和「面」的概念〉，《鄭州大學學報》1982 年 2 期，第 40～43 頁。趙世超先生的《周代國野制度研究》（陝西人民出版社，1991）對此觀點有更詳細的論證。許倬雲先生也注意到周代諸侯「由『點』的戍守，逐漸演變成『面』的主權」這一趨向。參見他的《西周史》，第 306 頁。

指謂。根據這個概念，同詩後面的「率土之濱」的「濱」，或也可視為周所治地區的邊界；但那仍是一個模糊的引申概念，並非詩人歌詩時當下的直接關懷。這個「濱」與古人的「四海」概念相類，其實也是一種抽象意義的（很可能是開放的）土地邊緣。與今日的國土之邊界，仍不是一個概念。

〈禹貢〉述「五服」之外的地域是：「東漸於海，西被於流沙，朔南暨聲教，迄於四海。」可知是愈遠愈略。東西或已既知，南北則不言具體所至，尚有發展餘地。四海又當在此之外，更有充分擴散之可能性。孔門高弟子夏已說「四海之內皆兄弟也」（《論語‧顏淵》），《荀子》中也有「四海之內若一家」的說法。有內當然也就有外。《逸周書‧太子晉》說：「善至於四海，曰天子；達於四荒，曰天王。」孔晁注稱：「四海，四夷；四荒，四表。」可知四海之外還有四荒或四表。《爾雅‧釋地》云：「東至於泰遠，西至於邠國，南至於濮鈆，北至於祝栗，謂之四極。觚竹、北戶、西王母、日下，謂之四荒；九夷、八狄、七戎、六蠻，謂之四海。」❷❻《漢書‧蕭望之傳》記匈奴呼韓邪來朝，丞相黃霸等頌揚漢宣帝「光被四表」。顏師古注曰：「四表，四海之外。」可知四海之外這一地理概念仍在漢代人的認知中。

揆諸文獻較足徵的戰國時代，大約也只是屬於「諸夏」範圍裡接壤之各諸侯國有相對清晰明確的邊界，即所謂「國之有封疆，猶家之有垣墻」（《戰國策‧燕策三》）。各國也多修築長城以捍衛

---

❷❻ 劉師培《周書斠正》卷6指出，《爾雅‧釋地》這段話就是孔注四海即四荒所本。

其疆域。但再以外的夷夏之間，恐怕仍沒有什麼確定的邊界。若以周王朝所轄地（包括實際的和周人自認為屬於其所轄的）或諸夏之地為一單位，則邊界顯然仍是不定的。

　　古人所謂「天下」，至少有廣狹二義❷，而後人多只見其一。馮友蘭先生注意到，西方人對怎樣翻譯中國典籍中的「天下」頗感困惑，許多西方漢學家把天下譯為中華帝國，馮氏以為是不對的。他說：「先秦的所謂中國是指中原，而天下則還包括『蠻貊』」，也就是《中庸》所說的「天之所覆，地之所載」之意❷。其實他們雙方恰各見天下二義之一。在天下有二義時，言天下而指那個時候的「中國」的，也大有人在。孔子嘗謂：管仲「相桓公，霸諸侯，一匡天下」（《論語‧憲問》）。管仲時齊國所「一匡」的「天下」範圍其實不甚寬廣，是知彼時天下的確也可以指不包括「蠻貊」的中國。馮氏所本當在此。

　　然而，先秦的時段甚長，彼時的「中國」概念也是在發展變化的，未必就僅指「中原」。《詩‧玄鳥》云：「邦畿千里，維民所止，肇域彼四海。四海來假。」若以商為「中國」，這裡來假的四海諸侯，也應是中國的諸侯而非「蠻貊」，則四海應即是中國的範圍。就是馮氏所引的《中庸》那段話，更完整的文字應是：「天之所覆，地之所載，日月所照，霜露所墜，舟車所至，人力所通，凡有血氣，莫不親親。」「蠻貊」即使不在「舟車所至，人力所通」的範圍內，至少也在「凡有血氣」的範圍裡。而這裡的「天

---

❷ 邢義田，〈天下一家——中國人的天下觀〉，第 442 頁。

❷ 馮友蘭，《三松堂自序》，第 281～282 頁。

之所覆，地之所載」，更顯然已超出中原加「蠻貊」的範圍。則那時的天下，應該是有「自然的天下」和「人為的天下」兩義，與「中國」概念相通的，更多是後一種。

其實，居天下之中的「中國」這一概念，也有一個由複數到單數的過程。「中國」本由「諸夏」演變而來，當然也應該或至少可以是複數的。《公羊傳》（隱7年）說：冬，「戎伐凡伯於楚丘，以歸。凡伯者何？天子之大夫也。此聘也，其言伐之何？執之也。執之，則其言伐之何？不與夷狄之執中國也。」何休注此說：「因地不接京師，故以中國正之。中國者，禮義之國也。執者，治文也。君子不使無禮義之國制治有禮義，故絕不言執正之，言伐也。執天子大夫而以中國正之者，執中國尚不可，況以執天子之大夫乎。」可知此「中國」非一國，而是複數之所有禮義之國，其地位尚在天子大夫之下。到中國的概念變為單數時，大致已是夷夏以地分的局勢基本固定之後了。

而且，「天下」的概念是可以擴散，實際上也確實是隨著人們的時代認知而擴散的。各時代的人所實際認知的地理意義的天下越寬，其具體的所指就越廣。後來不論多少服或以其他名目呼之，要皆在某一界限劃分較具根本區別的「內外」。在大多數時候，這一內外區分是與夷夏之辨關聯呼應的。大約即以殷人的內外服為據，產生出了古人廣狹二義並存的「天下」觀念。同時，這一內外區別通常也就是（廣義的）天下與中國之分。

《周官·大行人》講畿外之服凡六，即「侯、甸、男、采、衛、要」，最外者為「要服」。其近者歲一見，遠者六歲一見，依次遞減，皆有貢物。同時明確指出，「九州之外，謂之藩國，世一見，

各以其所寶貴為摯。」這裡的六服，實即「侯、甸、男、采、衛」五服加上一「要服」，大致可以視作華夷以內外分的大勢初步形成時的見解。「要服」之外，籠統稱為「藩國」，是知那外圍實即所知不詳或根本不知而又覺需要鎮、藩之處。但終要寫上多半虛擬的「世一見」，這正是舉四方以定中央之一統的典型體現。既有「六合之外，聖人存而不論」之意，又可見「王者無外」的心態。

《周官・職方氏》已有九服，王畿之外，有「侯、甸、男、采、衛、蠻、夷、鎮、藩」九服，《周官・大司馬》有同名的「九畿」。其後面的四服或四畿，很可能就是〈大行人〉中的要服衍化而出。「藩」的外移，或外圍諸服的衍出，表明華夷以內外分的大局面已基本定形，時人對大致居外圍的夷狄也所知漸詳。「九畿」的最外的一層就是「蕃畿」。賈公彥疏曰：「云蕃者，以其最遠，故得蕃屏之稱。」如果賈氏理解不錯，則蕃屏之外，仍有不可知者，是天下猶未盡也。但「蕃屏」的大大外移，說明時人的地理認知顯然漸廣，天下的具體所指已更寬。

這裡的天下與中國顯然是分開的，而且天下大於中國。賈公彥據上文將九服劃為兩部分，自蠻服「以上六服，是中國之九州，自此以外，是夷狄之諸侯」。九州之內，當指「中國」，由於已包括了「蠻服」（約即以前「要服」之一部），比以前所謂「華夏」的地域顯然要寬（嚴格地說，恐怕要采、衛之內才是華夏），但比包括「藩國」的「天下」要小，似乎是一種過渡的狀態。此時「中國」一詞的含義已跨越「諸夏」而走向「天之所覆，地之所載」的「天下」了。

顧頡剛先生認為《周禮》欲總合相互矛盾的諸說，實更糟糕，

故一一辯駁之，以為「讀者稍具理智，亦不屑接受」（說詳第 8 頁）。然而，顧先生這裡的駁論，頗受他所謂「理智」這一先入之見的影響，有些牽強。且不說他用以駁斥此九服的論據多自其前已否定之五服說，而他更將千百年間各服秩序皆視為固定不動。其實若據彼時政治、疆域變動頻仍之局勢觀之，他所駁的各服秩序之互易，或更合於史實（這當然需要逐項論證，非本文篇幅所允許）。

顧先生引《禮記・王制》的「千里之內曰甸，千里之外曰采，曰流」為三服制到漢仍流傳之據，就未必妥當。〈王制〉成書雖晚，所述則可以是很早的制度。這裡頗重內外，當挾近殷周過渡時的心態。與《逸周書》所說的二服，約略相近。即使以〈王制〉成書時漢人的心態言，此篇約成書於漢文帝時，即漢初實行休養生息政策之時，朝野所重視的，是「中國」而非天下，與武帝時的「外多欲」恰相反，正是「王者不治夷狄、不臣要荒」（詳後）的時代。這裡〈王制〉所討論的，大約就是所謂「中國」的地域。此時「中國」的範圍本相對偏小，其言三服也僅統言甸、采、流，並不細分，知所重視在內而不在外。言三服而不及要、荒，並無不通。且既然只言「中國」，則此外尚有二服，亦屬可能。

其實顧先生也已指出「〈周語〉尚近事實，而〈禹貢〉多出想像」，但他在論證時卻常常忘掉「〈禹貢〉多出想像」這一點，堅持要「以五服圖蓋於九州圖之上」，當然感到「北方實嫌太促而南方又感太舒」。蔡沈《書集傳》以五百里硬套之法，以為從堯所都之冀州，北方難有二千五百里地，有也都是沙漠不毛之地；「而東南財賦所出則反棄於要、荒；以地勢度之，殊不可曉。」夫蔡氏

以經濟重心南移後之地勢反觀「爾貢包茅不入」時之理想制度，實即以後人之心度千百年前先人之腹，宜乎其頗覺「不可曉」❷。顧先生進而舉漢武帝〈封廣陵王策〉中所說「揚州保疆，三代要服，不及以正 （政）」為例，以五百里的範圍，劃出「閩中當為荒服」，並質問道：今嶺南兩廣之地「不審又何以呼之」？（第7～8頁）但他似未能注意到（也可能是不願接受）蒙文通先生關於「要服」在東南而「荒服」在西北的詮釋。漢武帝的話恰證明了「要服」在東南的說法。〈大行人〉講畿外之服凡六，以「要服」為斷；賈公彥劃九服為兩部分，將最靠近五服的「蠻服」劃入「中國之九州」，都提示著前面所說「粒食」的「要服」逐漸脫離夷狄而變為華夏之一部，是有史可徵的。

　　夷夏與天下、中國之間關係的變動值得進一步討論。顧頡剛先生已注意到，〈禹貢〉的觀念，中國之境，迄於「綏服」之「奮武衛」；天下之境，迄於「荒服」之「流」（第13頁）。但是他又以為：「春秋之義，『中國而夷狄則夷狄之，夷狄而進於中國則中

---

❷ 可知但有先入之見，便易被誤導。胡適在1932年與人討論歷史研究時說，「凡先存一個門戶成見去看歷史的人，都不肯實事求是，都要尋求事實來證明他的成見。」（耿雲志，《胡適年譜》，四川人民出版社，1989，第198頁。）以顧頡剛先生為代表的「古史辨」派治史的不足之處正在此。他們倒並非有意「不肯實事求是」，實因為其先認定古人有意作偽，故見到能支持其先入之見的材料便覺親切而信手拈來。顧先生本最注意歷史變化、最講究舊說之時代性，竟引蔡說以為據，發出「誠哉其未可曉也」的同調。正因其有先入之見，才無意中被誤導而站到自己治學主張的對立面去了。

國之。」誠以文化推進為不可抗拒之勢力，而郅治之盛，期於大同，既來之則安之，不當於人我之間築長城以深拒之也。今綏服中『奮武衛』，是已將中國境界硬性規定為方三千里，雖有遠人來賓，亦將限於制度，弗克受之，是豈所謂『王者之政』之應有事耶！」故〈禹貢〉實有「拒人之譏」（第5～7頁）。

實際上，〈禹貢〉或有「拒人」之疑，卻無「拒地」之意。觀其對實際上可以說全然不知者，仍允許在實際的認知以外有一想像的邊緣部分存在，且為其預留一席之地，還是體現了胸懷開放的包容性。這恐怕恰寫定於夏夷以內外分已基本成定局之時。這裡實已含以綏服分夷夏的思想：再以外要服的內三百里，不正是「夷」嗎？到後來仍如顧先生所說：《周官》「稱蠻夷於邊內，則〈禹貢〉拒人之譏可以消除，且亦示王者無外之大義」。不過，不僅〈禹貢〉的地域是想像的，《周官》的「稱蠻夷於邊內」，恐怕也是理想超過實際。

詳近略遠、詳內略外的文化特點本身已含有對邊遠夷狄可以不臣不治的意味，體現了夷夏之辨開放的一面。前引祭公謀父那段話的主旨就是「先王耀德不觀兵」。先王之時各服雖然有職有貢，對於要、荒二服，並不直接治理，只要求其「歲貢、終王」，略表敬意即可。如果「有不貢則修名，有不王則修德。序成而有不至則修刑。於是乎有刑不祭，伐不祀，征不享，讓不貢，告不王。於是乎有刑罰之辟，有攻伐之兵，有征討之備，有威讓之令，有文告之辭。布令陳辭而又不至，則增修於德，而無勤民於遠。是以遠無不聽，近無不服」（《國語·周語上》）。這裡明確指出遠只要求聽，近則必須服。近者不服，就要動手，或刑或伐或征；

而遠者不聽時，僅僅動口，不過布令陳辭而已，此仍不奏效，又返回去以修德為手段。實即重名不重實，也就是後人所說的王者「不治夷狄、不臣要荒」。

荀子之時已有人以「楚、越不受制」而指責「湯、武不能禁令」（《荀子・正論》）。秦始皇時李斯等奏：「昔者五帝地方千里，其外侯服、夷服；諸侯或朝或否，天子不能制。」（《史記・秦始皇本紀》）漢武帝〈封廣陵王策〉也說：「揚州保疆，三代要服，不及以正（政）。」漢哀帝時揚雄上書言匈奴事，更說「北地之狄，五帝所不能臣，三王所不能制」（《漢書・武五子傳、匈奴傳下》）。在在表明王者「不治夷狄、不臣要荒」既是古義，也是古代史實。

到漢宣帝時匈奴呼韓邪來朝，丞相黃霸和御史大夫于定國在討論以何種禮儀接待時更明確指出，遠方夷狄像這樣「奉珍朝賀，自古未之有也」。當黃、于提出「其禮儀宜如諸侯王，位次在下」時，蕭望之即據「戎狄荒服」的古訓，提出「宜待以不臣之禮，位在諸侯王上」。蓋「羈縻之誼」的關鍵就在於「讓而不臣」，這樣，即使以後荒忽無常的匈奴又不來朝，因其本未臣，漢也不失面子。宣帝從蕭望之議。下詔說，戎狄是「五帝、三王教化所不施。不及以政」，故僅待以客禮。自此以後，對匈奴等的政策就基本是「欲朝者不拒，不欲朝者不強」（《漢書・蕭望之傳、匈奴傳下》）。

這一段君臣討論還有進一步的提示意義。教化不能施則不及以政，充分體現了古代中國人的文化政治觀 ❸，即實際的政治管理必須在教化可及的基礎上。《禮記》所說的「禮聞來學，不聞往

教」這一傳統行為準則同樣適用於夷夏關係。何休注《公羊傳》
隱 2 年春的「公會戎於潛」一句，即以「躬自厚而薄責於人」這
個與人相處的倫理準則延伸到對外關係上：「故略外也，王者不治
夷狄。錄戎者，來者勿拒，去者勿追。」後者恰是孟子對學生的
態度❸，則有視戎狄為未學之人的意思：門戶對其開放而並不勉
強其入學。

　　古人的夷夏之辨本是以文化區別為主的。對夷狄修文德以來
之，首先是在文化意義上的「來」；倘若夷狄不改變其文化認同，
則即使其來稱臣，「中國」也並不真正接受。由於對文化歸附的嚴
格要求，結果是夷狄「奉珍朝賀，自古未之有」。可知對夷狄修文
德以來之的取向自始不過是一種理想，很少達到實踐的層面。不
臣不治才是現實政治中運用的真正方略。蕭望之指出的「羈縻之
誼」在於「讓而不臣」，深得制夷之古意。因為只有不臣然後無釁
臣，無釁臣才不必討伐。文化自豪感甚強的中國人，大約也很能
體會要別人放棄文化認同的困難，所以才發展出這樣一種「門戶
開放」而又可以不負實際管理責任的政策。

　　觀此可知對夷狄不臣不治至少已是漢代士人的一般認知。班
固從理論與實踐兩層面反覆分析因遠近之勢異而對夷狄只能「昭
文德」而不能「修刑政」，他總結古代「聖王制禦蠻夷之常道」

---

❸ 類似的觀念一直延續到近代。晚清張之洞在〈勸學篇序〉裡所說的：「世運
　之明晦，人才之盛衰，其表在政，其裡在學」，就是一例。張氏所說的
　「學」，既指學術，也不僅僅指學術，近於今人所說的文化（然不全相同）。
❸ 《孟子・盡心下》。參見羅志田，〈束脩我見〉，《四川師範大學學報》，
　1986 年 6 期。

說：《春秋》內諸夏而外夷狄的實質即是「外而不內，疏而不戚，政教不及其人，正朔不加其國；來則懲而禦之，去則備而守之。其慕義而貢獻，則接之以禮讓；羈縻不絕，使曲在彼」（《漢書·匈奴傳贊》）。實即儘量少打交道，不要圖其利，只要不吃虧，所謂「羈縻不絕，使曲在彼」，真是畫龍點睛之筆。

　　從表面看，「王者不治夷狄、不臣要荒」的觀念與漢代流行的「王者無外」、「天下一家」等觀念是相衝突的。不過，荀子所說的四海之內「若」一家，意謂四海並不在「一家」的範圍之內，是天下有二義的又一證據。而《荀子·王制》針對「王者」所說的「近者不隱其能，遠者不疾其勞」提示著「王者無外」是政治意義大於地理意義的。天下既然二義，則王者無外也可有二義。在天下等同於中國時，「不臣」則自可不算在中國之內；「不治」者本不以治中國之法待之，「當然便不應包括在所謂的『中國』之內」❸❷。在此定義的天下之內，王者仍可聲稱已達到無外的境地。在天下是普天之下的意義時，是否要做到真正的天下一家多本當時具體情形而論。

　　後世的發展，從民族擴張的層面說，通常是一張一弛，擴充時皆擴充之。但農耕者尚可合，而游牧者終離異，要以《禮記·王制》所說之是否粒食及是否能粒食的實際情形為依歸。蓋火食只是食品的加工方式，較易改變；粒食則涉及食品的來源，區別就比較帶根本性了。故華夏向外擴張和夷狄向內擴張的方向雖四面皆有，相對說來，仍是在不火食的東南較成功，而在不粒食的

---

❸❷ 蒙文通，〈略論「山海經」的寫作時代與產生地域〉，第64頁。

西北則較少成功。大抵是原擬臣而不治的要服皆慢慢納入一家，或治或臣；而原擬不臣的荒服則基本不治，很多時候也不臣。倒是在原居荒服的少數族入主時對荒服才能既臣且治。最終還是為自然條件所決定，正是孔子所說「天不必言」❸之意。從民族融合的層面言，亦復如此。後世的民族融合，多在粒食（含原不粒食而可改為粒食）的大範圍內，一到自然條件不能改為粒食即農耕之地區，不論夷夏之一方或雙方人為的努力有多強，多半都難以成功。

故中國古代的國土觀實際上也帶一種向心性的文化取向。本土基本不變，外沿則可因邊境異族或主動「變夏」，或被征服，或入侵之後自覺不自覺地「變夏」（即後世所謂漢化）等諸多原因而擴展；亦可因被異族掠地而夷狄化，有時或因自然變化無法農耕而變成游牧區域等。此時則土地外沿又內縮。要仍在居民的文化認同之為夏或為夷。

這種重視住民的文化認同的傾向與先秦重民甚於重土的觀念相通。「民為邦本，本固邦寧」（《尚書‧五子之歌》）的觀念自古有之。在疆域觀念已甚強的戰國時代，孟子列舉的諸侯之三寶是「土地、人民、政事」，似乎置土地於第一。但他也明確指出：「民為貴，社稷次之。」（均見〈盡心下〉）社稷者，正是今日所謂國家的主要象徵了，尚且次於民，國土自然又次之了。《詩‧玄鳥》云：「邦畿千里，維民所止。」已提示著國土即國人所居之地，這大約就是後人總結的「有民此有土」（《禮記‧大學》）的意

---

❸ 《論語‧陽貨》：「天何言哉，四時行焉，百物生焉。」

思了。由於重民甚於重土，故國土的版圖可伸縮，而國的概念仍不覺不清楚。

《漢書・地理志》說：「古有分土無分民。」看上去像是重土，實際還是重民。呂思勉先生以為，這裡的民是貴族，「無分民」是指同一始祖之後的一族之民不可分❸但周初分封，諸侯中已有少部分是異姓，各封國的主要居民更非同族。故分封的本意或為分土不分民，但在以「小邦周」君臨天下的形勢下，人我之別不可以不講。則我民不分，「人」之民卻是被分割給各同姓諸侯的。周雖允許殷遺民保持相當的原有文化認同（如舊「社」的維持），但「分」他人之民的意圖卻不可否認。《穀梁傳》（襄 29 年）說：「古者天子封諸侯，其地足以容其民，其民足以滿城而自守也。」分封時首先考慮的是民。不論是維護我之民和分他人之民，其主要的傾向都是重民。

從統治者一面看，上古重民甚於重土，部分即因那時主要實行力役之征，土地的意義相對不那麼大。後來隨著布帛之征愈來愈占主導地位，土地的意義也逐漸增強。許倬雲先生已指出：西周分封實「是人口的再編組，每一個封君受封的不僅是土地，更重要的是分領了不同的人群」。只是到了西周晚期，授土地的觀念才日漸增強❸另外，上古之人有時也並不主要從物質角度考慮問題。那時作為天下共主的天子，恐怕更重視的是對其共主地位的承認，即重視對天下土地在理論上的領有遠超過對每一塊土地

❸ 參見呂思勉，《中國制度史》，上海教育出版社，1985，第 374 頁。

❸ 參見許倬雲，《西周史》，第 150、170、300 頁。

的實際占有。所以古之天子十分重視巡狩。孟子說：「天子適諸侯曰巡狩。巡狩者，巡所守也。」（〈梁惠王下〉）巡之所到，即守之所及。前些年周原出土的甲骨文中有「衣（殷）王田，至於帛」的記載，即是殷周間主從地位的表徵，其實也是對主從地位的一種相互確認 ❸❻。

　　從被統治者一面看，重民甚於重土的關鍵即在民是可以徙居的。孟子與齊宣王的一段話，生動地描述了各國之君極不願意其國之民離境，百般阻撓而又終不能禁之的情景。當民「有故而去」時，君主則「搏執之，又極之於其所往；去之日，遂收其田里」。雖如此，民仍然離去。可知在講究「德治」之域，遷徙是基本自由的。只有在實行「法治」的秦國，才禁止屬民移民出境 ❸❼。反之，有德之君，不僅對於夷狄之人可以「修文德以來之」，即使對於諸夏之民，也可用同樣的方法招致之。孟子勸梁惠王「發政施仁」，以使「天下之仕者皆欲立於王之朝，耕者皆欲耕於王之野」。

---

❸❻ 周原甲骨文轉引自陳全方，〈陝西岐山鳳雛村西周甲骨文概論〉，《四川大學學報叢刊》，第 10 輯（1982 年 5 月），第 332 頁。本條材料蒙陳力先生提示，特此致謝。關於西周土地所有權，參見陳力，〈西周時代的分封制與貴族的土地等級占有制〉，第 85～87 頁。

❸❼ 雲夢秦簡：「臣邦人不安其何長而欲去諸夏者，勿許。」轉引自余英時，〈國家觀念與民族意識〉。附帶言之，這與儒家重民而法家重國這個傾向也有關聯。《韓非子・姦劫弒臣》：「嚴刑重罰者，民之所惡也，而國之所以治；哀憐百姓，輕刑罰者，民之所喜，而國之所以危也。聖人為法國者，必逆於世。」處處以民與國對立，而兩只能擇一。近人好言儒家重國家輕個人，多因不讀書故。

惟梁王之「野」何能供天下人耕？其結果必然是「辟土地」。有此基礎便可以「朝秦楚，蒞中國而撫四夷」了。故孟子自己給「民為貴」所下的注腳即是「得乎丘民而為天子」（〈離婁下〉、〈梁惠王上〉、〈盡心下〉）。

　　後來秦雖未施仁政，故孔孟之徒不西向入秦❸。但秦自有一套吸引文化更接近的北方人才之法。所用將相，從百里奚到李斯、蒙恬，亦多為北方人為主的六國中人，終於能打敗六國，一統中原。可知「有民此有土」這一取向在政治上是切實可以的。

四、秦統一後觀念的變化

　　秦統一前，諸夏居中而夷狄居邊陲的局面已由理論變成現實，實際的國土以夷夏分已是一個潛存的事實。鄒衍的「大九州說」出於戰國，中國僅為天下之一小部分就是一個明證❸。此時夷夏之分，主要仍在文化。因重民甚於重土，中國之國土即為華夏文化熏染之人所居之地。其外沿雖伸縮波動，但其本土則基本不變。這在秦統一前即已如此，秦統一不過將其固定化而已。正因為如此，秦統一後的中國歷代邊界也是繼續伸縮波動的，而且伸縮的幅度有時還相當大。即使不論南北朝和宋、遼、金一類，就是完全大一統的「盛世」如秦漢隋唐以至元清等，中國版圖的伸縮，除了濱海一面以外，進退亦常以千里計。一般而言，華夏尚文，

---

❸ 參見吳裕垂等，《歷朝史案》，巴蜀書社，1992 年點校本，第 87、97 頁。
❸ 參見顧頡剛，〈秦漢統一的由來和戰國人對於世界的想像〉，《古史辨》二，上海古籍出版社，1982 年影印版，第 1～10 頁。

除漢武帝「外多欲」而好征伐以外，凡所謂「華夏」之朝，通常是外拒四夷，內修「文德」以鞏固其統治。反之，夷狄尚武，傾向於武力擴土者，多為與夷狄有某種文化聯繫或乾脆是異族入主者。故中國歷代版圖之大，首推元而次屬清，亦良有以也。

　　但秦統一是個大轉折，特別對中國人的天下觀念有較大的影響。當時人已指出秦統一是「自上古以來未嘗有，五帝所不及」（《史記・秦始皇本紀》）。周人的「溥天之下，莫非王土」的觀念是建立在天子被尊為共主（至少是象徵性的）這一前提之下的，普天之下的中央四方也就是天子統治的全境。當夷狄自外於諸夏而不欲為「王臣」之時，天下皆為王土的概念實已受到潛在挑戰。但因天下之共主多數時是虛位，象徵多於現實，四方實際上是否服從共主是可以有較大伸縮的。若無公開的反叛，在共主及諸侯的認知中，都可以視天下為一家。秦統一使天子由共主而成唯一之治主，天下四方是否真正在天子治下就成為實際問題了。所謂政教所及之區，其意義已漸由文化的變為主要是政治的。中國由過去實操國政的諸侯尊奉一個主要是象徵性的共主天子這樣一種層級向心性政治體制，轉為秦漢以降的禮樂征伐和國政均由中央政府直接掌握的政治體制。

　　戰國時形成的國土以夷夏分的狀況同樣由文化到政治，最後得到確定。複數的諸夏已成為單數的統一之華夏，夷夏關係由以眾對眾變為以一對眾。此時的「天下一家」，就必須是在天子治下，所有的「王臣」必須是王所治之臣。但原在「天下」之內而居於四方的夷狄，卻已明顯不在政教所及之區。中國人的國土觀及相應的天下概念，也都因此而產生相關的變化。天下的地理概

念和政治概念就兩分了。此後中國人言天下，或持自然意義（雖然也是不很精確的）的普天之下，或稱中國政教所及為天下。後者又或者是沿舊說而襲用之；或者竟可能是天子之治下。要之，天下之概念既兩分，則各人所言，當視其語境而辨。一般情形下，據其語境不難判斷出立說者所指之意。故舊時之人也並不覺得有加以界定的必要。

對漢代人來說，不論周代的五服制有多少理想的成分，正如余英時先生所說，五服說已決非空論，而是他們認識和解釋世界及構建世界秩序的主要理論參照系統。作為前世遺留下來的「傳統」之一部，五服說是漢代人「現實」的一個不可或缺的組成部分❹。顧頡剛先生注意到，王莽改制，就有與〈大行人〉基本相同的六服制。但其內五服之名目又多從《詩・大雅》之〈板〉，略據〈禹貢〉訂正而施行之（第 13 頁）。而《詩・板》所列五種人皆王之屏藩，是九州之內已無夷夏之分。藩國則仍列於九州之外，天下仍大於以九州為範圍的中國。與漢時情形，正復相合（按莽本號稱博學，實整合諸說以成其制。劉師培的〈西漢周官師說考〉即多據莽制以反推西漢經說）。可知到王莽之時，五服說之發展型已成漢人對世界的實際認知。

天下觀念一變，重民甚於重土的觀念及中國與四方之夷狄的關係也發生了相應的變化。春秋以前重民甚於重土，是基於民可自由遷徙。秦未統一六國前，已禁民遷出。統一後，更有自上而

---

❹ 參見余英時，〈漢朝的對外關係〉，《劍橋中國史・秦漢卷》，中譯本，中國社會科學出版社，1992，第 410～411 頁。

下強制六國之民遷徙之舉。對民之遷徙已控制較嚴。且七國既已一統，民亦無處可走。夷夏之間飲食衣服差異日大，也實無多少「遠人」可來。重民甚於重土之勢遂衰。且夷之主動變為夏既已甚難，王者要達到「天下一家」就不得不多由征服一途。夷狄勢強時更反過來侵夏，要使天下變為彼之「一家」，以後夷夏之勢此長彼消，攻守互易，卻很少能達到天下一家的局面。結果土地成為與夷夏之爭的一個主要目標，國土至少達到與國民同等重要的程度。

對「中國」君主而言，生而非天下共主，要做到「王者無外」、「天下一家」，則不論是採「修文德以來之」還是取「夷狄是膺」的方式，概念上均與以前不同。「王者無外」的觀念本是針對夷夏之「內外」而言❹，但秦以後，則又多見「中外」之辭。其間頗有變化。由內外轉至中外，或可說是一種質的變化。蓋講內外之時，天下或可說本來就是一家，尚可由近及遠。到講中外時，天下已實非一家，「王者」的負擔已大大加重了。

對夷狄而言，在天下本為一家時，由夷變夏在理論上只是在同為「王臣」的基礎上變換文化認同，且為王臣並不一定實際受之治。今則變換文化認同的同時還要變換政治認同，且政治隸屬關係的有無必落實在受治或不受治之上。對個人而言，變化或不那麼大。對群體來說，是否維持其自身的認同就有很不相同的意義了。故秦漢以後，異族大規模歸附中原均較困難。如此流風所播，到胡漢攻守勢異，夷狄占上風時，除北魏孝文帝曾有一次

❹ 關於夷夏與內外，參見同上，第411～412頁。

不十分成功的徹底改變民族認同外，其餘入主「中國」部分或全體之異族政權，不論其實際的漢化深淺，均要在不同程度上維持其原有的族類的認同，自有其實際的政治考慮。夷夏以疆域分居的局面到後來遂演化成夷夏之辨即因其所生所長之地域不同的觀念，致使夷夏之辨時常游移於開放和封閉之間❷。

　　中國古代的國土觀本以帶向心性的文化取向為特徵，本土基本不變，外沿則可因邊境異族的或主動「變夏」，或被征服，或入侵之後自覺不自覺地「變夏」（即後世所謂漢化）等諸多原因而擴展；亦可因被異族掠地而夷狄化，有時或因自然變化無法農耕而變成游牧區域等。此時則土地外沿又內縮。要仍在居民的文化認同之為夏或為夷。其實際的邊界，大約亦因自然條件而定。中國歷代之北擴到一定程度便不再進展，而改為南向發展，實因北邊到一定地區即無法進行農耕以保持華夏文化也。這當然只是今日的後見之明，而非昔人的有意識行動。

　　因此，如果確認「中國」這一實體和概念超乎於各朝代之上的話，若以今日西方概念的領土言，歷史上的「中國」實是一個外沿未嚴格界定的實體和概念。「近代」世界的國際秩序本是以西方觀念為基礎，中國傳統觀念的外沿伸縮便與之不合，難免產生各種問題。所以清代與帝國主義列強締約雖割地甚廣，但在西人所遵行的國際法上將中國的邊界基本確定且為列國所承認，亦未嘗不是不幸中之一幸。換言之，若必以固定疆域為民族國家的標準，依此按圖索驥，則中國直要到清季才算一個「國家」。但若不

---

❷ 這個發展過程極為曲折複雜，只能另文探討。參見本書第40～69頁。

以今日源自西方的觀念而以昔日中國重民之文化認同甚於重土的觀念來看，邊界的不確定也並不影響「中國」概念的完整。

　　邢義田先生說，古代中國人「將中國看成一文化體系，而不是一定的政治疆域」❹。所謂不是一定，當指邊界的伸縮而言。至於具體時代的具體中國人，其心目中「中國」的疆域應該是很清楚的。蓋中國之名，源自殷商，秦以前已明確形成其代表華夏人居住之地，即所謂「政教所及之區」的意思❹。其贏縮可以不同，地望可以互異，對具體時代的當時之人卻並無什麼疑義。中國涵義之成為一個問題，乃是西潮東漸之後以西人觀點看中國之事了。

（原載《學人》，第 10 輯）

---

❹ 邢義田，〈天下一家——中國人的天下觀〉，第 452 頁。

❹ 參見于省吾，〈釋中國〉，中華書局編輯部編，《中華學術論文集》，中華書局，1981，第 1～11 頁；胡厚宣，〈論五方觀念與中國稱謂的起源〉，《甲骨商學史論叢》，初集第 2 冊，第 2～3 頁；柳詒徵，《國史要義》，第 52 頁；王爾敏，〈中國名稱溯源及其近代詮釋〉，收在其《中國近代思想史論》，臺北商務印書館，1995，第 447～486 頁。

夷夏之辨的開放與封閉

　　中國傳統的以夷夏之辨為表徵的族類觀念❶與近代西方的民族觀念有一重大區別：西人關於民族概念的界定早已汗牛充棟，而至今尚無一家為眾人所普遍接受。但一般較為廣泛接受的界定，都強調族內的同及與外族的人我之異，對外基本上為一封閉的體系。中國的夷夏之辨雖然也有同樣的強調，對外卻有開放與封閉的兩面，而且是以開放的一面為主流。夷夏之辨是以文野之分為基礎的。一般而言，文野是後天可變的。故夷夏也應該是可以互變的。夷夏之間的族類區別雖然主要是文化的，但在此觀念的演變中，有時也因政治局勢的影響，發展出非文化詮釋夷夏之辨的認知。此時則傾向於以一條線劃斷夷夏，而不允許夷可變夏，夷

❶ 本文討論古人議論時，必須使用「夷狄」等當時的字詞。在當日處於文化競爭之中的古人，這類強調族類區別的字詞或有貶義，但本文只在其代表族類認同的意義上使用這些稱謂。本文引用典籍史料，除非特別注明，凡引「十三經」文字均自中華書局 1980 年影印版《十三經注疏》，《國語》用上海古籍出版社 1978 年校點本，《戰國策》用巴蜀書社 1987 年繆文遠新校注本，《史記》用中華書局 1959 年標點本，《漢書》用中華書局 1962 年標點本，《後漢書》用中華書局 1965 年標點本，以下只注篇章名。

夏之辨乃成一封閉體系。這一傾向雖是非主流的，卻也長期存在，在特定的時段還曾成為占主導地位的思潮。對晚清「收拾西方學理」以發展中國民族主義那一代人來說，占上風的恰是夷夏之辨封閉的一面，蓋其與西方觀念有相通之處也。今日講到夷夏之辨者，常常僅見其一面，且多數是看見其封閉的一面，正是受晚清以來觀念的影響。本文注重考察夷夏之辨的兩面性，希望能重建接近原狀的傳統夷夏觀。

一、族群認同與夷夏之辨

蒙文通先生注意到，「晚周各家，言往史之跡各異」。如《山海經》對一些重要的上古傳統人物的敘述與中原文化體系就很不一樣，特別是褒貶頗有異趣。實際上，蒙先生劃分的上古三大相鄰文化體系之「書傳所陳古史」，相互矛盾衝突處都多。而「三方稱道古史不同，當即源於三方之思想各異」，因思想不同，「論為治之術亦殊。是其知識不同，而施為亦別。相互因果，故稱述各異」 ❷。這裡不同的 「敘述」 (narrative)，實際上是詮釋(interpretation)。褒貶之間，親疏自見，人我之別也就得以確立。上古各大相鄰族群的文化競爭與相互影響之消息，已明顯透露於此。

因此，各文化體系那些詮釋性的敘述就不僅是為了記載歷史，而且是出於當下的實際需要。這充分體現在古人的天下觀之中。

---

❷ 蒙文通，《中國史學史》，《經史抉原》(《蒙文通文集》第 3 卷)，巴蜀書社，1995，第 241～261 頁；〈略論「山海經」的寫作時代與產生地域〉，《古學甄微》(《蒙文通文集》第一卷)，巴蜀書社，1987，第 36～42 頁。

古代中國人的天下觀念，基本以中央和四方構成。如蒙文通先生所說，上古各文化族群，皆視其本族所居之地為中央。中央既然不同，四方也自然各異。可以說彼時各文化族群所認知的「天下」，其實很不一樣。一旦各族群的聚居地大致確定，即如柳詒徵先生所言，「必駢舉東西南朔所屆，以示政權之早歸於一。」❸蓋殷周政制，中央四方的關係大體是由中央向周邊無限放射的理想型，與當時人的地理認知略同。故只要舉出四方，中央自在，「天下」的概念不論在地理上政治上都已可算完整。所以，這種詳近略遠、駢舉半出想像的四方以定中央的天下觀，固然是為地理上的認知所限制，但恐怕更多還是出於要早定一統以肯定既存政治秩序（即天命所歸）這樣一種實際政治需要。

同樣，古人族類觀念的生成發展，常常也由於現實的軍事政治需要。古代族群間的競爭不僅是文化的，同時也是一種生存競爭。在此競爭時代，人我之別的意義首先是強調族群意識以維護群體內的凝聚力。夏文化在今日尚少公認確定的實證（但殷周人都承認夏代表一極高的文化，也是事實），文獻不足徵，無以置論。關於殷人，現在尚未發現有表述明確的族群意識，但其觀念仍有跡可尋。殷族為天下共主是與夏族爭奪而來❹，顯然也有要特意體現其與夏族不同的意願。《逸周書・周月》說：「其在商湯，

---

❸ 說詳蒙文通，〈略論「山海經」的寫作時代與產生地域〉，第35～66頁；柳詒徵，《國史要義》，上海中華書局，1946，第52頁。

❹ 杜正勝先生對夏商之間的爭霸戰做了精彩的歷史重建，參見其《古代社會與國家》，允晨，1992，第251～264頁。

用師于夏，除民之災，順天革命。改正朔，變服殊號。一文一質，示不相沿。以建丑之月為正，易民之視。」用今日的話說，「示不相沿」就是新統治族群強調自己與前不同的獨立文化認同，而「易民之視」則是要各被統治族群棄舊迎新，至少在表面形式上承認新統治族群的「共主」地位。張舜徽先生以為此二語道盡「新王必須改制之故」❺，誠為會心之論。《逸周書》不論寫成多晚，總是周人的作品。周人自己代殷後，就有「改正異械」的作為，所以很能體會殷人的苦心。

關於周人的文獻頗可徵，這一族類競爭的過程就特別明顯。以「小邦周」起而代殷的周人，出於實際政治的考慮，最初臣服於殷商，繼而強調其「西土意識」以推翻商。通過殖民戰爭逐漸控制了遠較殷商更寬廣的地域後，周人即面臨以少數統治多數的現實，他們一方面以為殷所代的夏後裔自居，強調自身對夏的認同，並追封夏遺族（但一追封實不啻承認自己並非真「華夏」）以針對殷人，更進而發展出「華夏」之名，強調其所代表之夏文化的華美，顯然都有政治意味。同時，周人在分割殷人以示征服者地位的基礎上，也從實際出發，大量承認以前殷屬或非殷屬的諸侯，由此將華夏意識逐漸發展到強調天下一統（包括實際和想像）的層面。但周族畢竟是以寡臨眾，為了維護其來之不易的「共主」地位，周人沿其特有的人文傾向發展出逐漸強化的「親親」原則以維護其族群內的凝聚力❻。在這樣的語境下，進而生成發展出

❺ 張舜徽，《舊學輯存》，齊魯書社，1988，中冊，第 1153 頁。

❻ 參見杜正勝，《古代社會與國家》，第 322～330 頁；許倬雲，《西周史》，

講究夷夏之辨的族類意識。

　　夷夏之辨與周代的文野之分、君子小人之辨等觀念相類，都有一個由陳述事實到價值判斷日重的發展過程。其特點是開放，通常都可以互變；但出於實際政治考慮等原因也不時走向封閉。君子小人，早期本是治人者與治於人者之分，後來卻漸演化成有德無德、有文無文的文野高下之分。特別是春秋以後，君子小人多由自身的修養學問而定。凡「困而知學」以上者，均可通過修身進學而成為君子。反之君子亦可變為小人。故為君子為小人，實是一種個人的選擇。同樣，從個人到族群、國家，為文為野也基本是後天可變的，而且這改變仍視自我的選擇而定。

　　夷夏之辨的發展也略同。從下文可見，夷夏之辨主要是以文野之分為基礎的。文野既然是後天可變的，夷夏也應該是可以互變的。早年的諸夏與夷狄，基本是地域和血統族類之分，並無明顯的高下之別。從殷人的內外觀念和周人的「親親」原則衍化出的「內其國而外諸夏，內諸夏而外夷狄」（《公羊傳》成 15 年）的說法，不過表述了一種由近而遠的層級親疏關係，其本身並不像後人理解的那樣帶有強烈的價值判斷意味。故古人稱他人為蠻夷，有時即類今人之稱他人 (the other) 為土包子，雖也含某種「文化」上派生的貶義，但也不過是以文野之分名人我之別，不一定就是實際狀況的「寫生」。

三聯書店，1993，第 94～97、150～161 頁；邢義田，〈天下一家——中國人的天下觀〉，收入劉岱總主編，《中國文化新論・根源篇》，聯經，1981，第 447～450 頁。

　　如果從血緣方面考察，先秦種族上的夷夏大多經不起認真推敲。即使據文化的種族觀，先秦種族的夷夏名實也未必能一一核驗。杜正勝先生結合古器物與典籍記載的研究表明，周人推崇的夏族和周族自己，如果不是正宗的「戎狄」，也具有甚強的「戎狄性」❼。余英時先生注意到，秦在統一六國前已自稱夏❽。歷代古人每有自稱華夏而互稱對方為蠻夷之例，即司馬光所總結的「南謂北為索虜，北謂南為島夷」(《資治通鑑》卷 69 魏文帝黃初二年)，錢鍾書先生於此舉例尤詳❾。後之治史者最好是返其舊心，據當時的語境分別觀察理解每一特定稱謂之所出，不必一定非將一方（或雙方皆）定為當時人所認知的「真正」蠻夷不可。

　　有周一代直到戰國中期，基本是夷夏雜處，相互間既有戰爭，也有聯姻和結盟，各自的文化也在相互轉換交流之中。早期為夷為夏，認同自選，高下之別的觀念不十分明顯，此時最能體現中國文化體系的開放性。隨著各族群文化禮儀差別的擴大，到褒貶親疏已寓於人我區別之中時，文野之分也就愈來愈多地帶有價值判斷之意蘊了。孟子嘗謂：「人之異於禽獸者幾希，庶民去之，君子存之。」為君子為小人固可自選，但小人若對不斷修身而兼具仁禮忠的君子取橫逆之態度，則其「與禽獸何擇焉？」（〈離婁下〉）文野之分既成人禽之別，則「飲食衣服，不與華同」的夷狄

❼ 杜正勝，《古代社會與國家》，第 492～500 頁；〈周秦民族文化「戎狄性」的考察——兼論關中出土的「北方式」青銅器〉，《大陸雜誌》，87 卷 5 期（1993 年 11 月 15 日），第 1～25 頁。

❽ 余英時，〈國家觀念與民族意識〉，《中國時報》，1983 年 12 月 2 日。

❾ 錢鍾書，《管錐編》，中華書局，1979，第 4 冊，第 1486～1490 頁。

之族自然也就與禽獸相近了。

　　夷狄各族之名稱，特別是後出者，許多字義就有禽獸的含義，文野之分觀念更進一步從理論上為夷性犬羊之說提供了詮釋的依據。所以，齊管仲說「戎狄豺狼，不可厭也」（《左傳》閔元年），周大夫富辰因之，也說「狄，封豕豺狼，不可厭也」（《國語・周語中》）。晉魏絳言「戎狄無親而貪」（《左傳》襄 4 年）。周定王更說「戎狄冒沒輕儳，貪而不讓，其血氣不治，若禽獸焉」（《國語・周語中》），都是此一思路的表達。

　　但是，夷狄「若」禽獸者，則本非禽獸也。後人愛說夷狄「犬羊之性」，也是認為其性若犬羊，不足以為人。且古人對人禽之別，看得並不像後人那樣嚴重。人禽區別不過「幾希」，高下之間相去亦不甚遠。孟子本人即云：「君子之於禽獸也，見其生，不忍見其死。」（〈梁惠王上〉）基本是以近於待人之道待之。這裡說的是真禽獸。若對他認為與禽獸相近的「小人」，則更取「於禽獸又何難焉」的態度（〈離婁下〉）。蓋彼既生而為人，卻自擇不文（即野）之途而認同於禽獸，對此亦可放任之，不必與之計較。這個態度，與孔子提倡的對夷狄以「修文德而來之」的態度（詳後）是一致的。

　　真正推動夷夏之辨走向封閉的，還是各族群間的生存競爭。既然族群間的競爭已達到與生死相關的程度，則「對敵手總是惡言相向」❿，呼對手以帶貶義的名稱，也是自然的發展，原不必深論有無歧視的存在；退而言之，至少也是敵視大於歧視。但不

---

❿ 邢義田，〈天下一家——中國人的天下觀〉，第 451 頁。

論敵視歧視，這類實際政治考慮客觀上都起到使夷夏之辨由開放走向封閉的作用。文化禮儀之選擇既已由人我之別演化成敵我之別，《左傳》所云「非我族類，其心必異」遂變得鬥爭性十足，而成為攘夷的基本理論支柱了。西周末太史史伯所云成周時各國「非王之支子母弟甥舅也，則皆蠻荊戎狄之人也。非親則頑，不可入也」（《國語・鄭語》）。《詩・魯頌・閟宮》所云「夷狄是膺，荊舒是懲」，應該都是這一思路的發展。其出發點，實際上主要不是種族之別，而更多是長期爭戰形成的敵意使然。

　　的確，夷夏之辨的實際政治軍事含義顯然大於君子小人的文野之別。小人若一味對君子取「橫逆」之態度，或可置之不理。在「率土之濱，莫非王臣」的時代，當夷狄並不想作「王臣」而與諸夏取戰爭之手段時，便不能不計較了。許多時候，諸夏之國為闢土掠地也會主動對夷狄取戰爭的手段（比如晉人就認為「狄之廣莫，於晉為都，晉之啟土，不亦宜乎？」語見《左傳》莊28年）。當此之時，即很可能出於政治考慮而強化夷夏之別，則夷夏之辨的負面影響便凸顯。平素開放之體系此時便趨於封閉，文野之別意義退而人為強調的種族之別意義顯。總的來說，夷夏之辨兼具開放與封閉兩面。而且可以說，不論在理論上還是實踐層面，仍以開放的一面為主流。

　　如果仔細檢核史實，通常被認為主張攘夷的孔子和儒家都在不同程度上被後人誤讀了。孔子的確說過表揚管仲攘夷的話，但他也曾稱讚「東夷之子」的少連、大連「善居喪，三日不怠，三月不懈，期悲哀，三年憂」（《禮記・雜記下》）。鄭玄注說這是「言其生於夷狄而知禮也」，語氣中暗含夷狄本不知禮的預設。這恐怕

還是後人的理解，就孔子本人言，他未必就以為東夷之人在禮樂方面比別人差。孔子本殷人後裔，也曾明確自居殷人（《禮記·檀弓上》）。他曾說：「先進於禮樂，野人也；後進於禮樂，君子也。」（《論語·先進》）這裡的野人，傅斯年先生認為是指殷遺民，其說可從。的確，作為殷人之後的孔子在周王治下「食毛踐土」，且頗欣賞周文化，多少也有點認同的尷尬。邢義田先生在談到周人的文化燦爛時指出：「連孔子也不得不說：『郁郁乎文哉，吾從周』。」⓫這個「不得不」頗具「瞭解之同情」，用得甚好！《論語》中這句話前面說「周監於二代」，正孔子說此話時的當下語境，他彼時所思兼含夏商周三代，而他下意識中的自我認同仍是殷人；若其本以周人自居，又何必「從」？

孔子也說過「道不行，乘桴浮於海」（《論語·公冶長》）；又曾「欲居九夷」（《論語·子罕》）。他心境不佳時首先冒出來的去處便是殷文化所存最多的淮泗與東海，也都暗示了其潛意識中殷遺民的認同並未泯沒。當有人說九夷之地陋時，孔子明確指出九夷的陋與不陋，端視其是否為他那樣的君子所居住，這提示著夷夏之辨主要仍在後天的文化。孔子又曾說，「夷狄之有君，不如諸夏之亡也。」楊樹達《論語疏證》說此意謂夷狄尚有賢明之君，而諸夏反無，其說可從。

《荀子·大略》記載說：「氐羌之虜也，不憂其係壘（累）

⓫ 傅斯年先生論孔子的殷認同頗詳，參見其〈周東封與殷遺民〉，收在《胡適論學近著》，第一集（上），上海商務印書館，1935，第82～89頁；邢義田，〈天下一家——中國人的天下觀〉，第448頁。

也，而憂其不焚也。」蓋氐羌之俗，死而焚屍。今為人虜獲，恐死而不能焚，是以憂。過去的注家都把這段話與其上下文連起來解釋，說這表明氐羌之虜蠢而無遠慮。其實這段話連起來讀意思並不順。原文是：

> 公行子之之燕，遇曾元於塗，曰：「燕君何如？」曾元曰：「志卑。志卑者輕物，輕物者不求助。苟不求助，何能舉？」氐羌之虜也，不憂其係壘（累）也，而憂其不焚也。利夫秋毫，害靡國家，然且為之，幾為知計哉！

可見即使將此解釋為愚蠢，上與志卑輕物而不求助無邏輯聯繫，下與利秋毫害國家更無關聯，實不知曾元意之何在。〈大略〉篇本雜錄，倘若把曾元的話斷在「何能舉」處，並將「利夫秋毫」以下另作一段，也就是將整段分成三段不相連的話來讀，文意實更順。實際上，俗亦禮也❷，是否依禮而葬直接關係到死後世界多方面的關懷，對古人至為重要。被虜獲則死的可能性大，此虜憂其不能依本族的禮俗下葬，死而違禮，所憂者實遠大；荀子的真意，或謂雖氐羌之虜而能所憂者大，正與孔子說夷狄有君意同。若彼僅憂其係累，反僅見其小，又何足道哉。

　　實際上，夷狄不僅不是不知禮，而是自有其禮。（魯僖公27年）杞桓公朝周室事曾為許多人所引用：杞本禹後，血緣上是正

---

❷ 《戰國策・趙策二》中趙武靈王實行胡服騎射那段君臣辯論即是俗亦禮的最好註腳。

宗的諸夏之一，但《春秋》記為「杞子來朝」，貶公以稱子。《左傳》解釋說，這是因為杞桓公「用夷禮，故曰子」，崔述已指出，據此則「夷未嘗無禮」⓭。且夷禮的具體內容也還有跡可尋。《周禮・旄人》之「舞夷樂」，鄭玄說這是「四夷之樂」，賈公彥疏引《孝經緯》說：「東夷之樂曰韎，南夷之樂曰任，西夷之樂曰株離，北夷之樂曰禁。」《左傳》對夷狄也有其禮（即其從風俗到倫理政治觀念等一整套制度體系）的正式承認是重要的，兩禮或多禮並存是夷夏可以自選的大前提。文野之分強調的是自我認同，故夷夏可以互變。通常是用夏禮則夏，用夷禮則夷。杞子用夷禮，乃其自我選擇，周室或諸夏雖貶之，卻並無迫使其改遵夏禮之意。

廣為引用的《左傳》（襄 14 年）所載戎子駒支的話：「我諸戎飲食衣服，不與華同，贄幣不通，言語不達，何惡不能為」，最能體現夷夏各有其禮而自我選擇其文化認同之意願和可能。故北戎之由余，可以笑中夏之禮樂法度為亂源，而自認「戎夷之政」才是「聖人之治」⓮。他們說這些話時那種理直氣壯的心態很能說明夷夏之辨所本的文野之分在許多時候並無後人所認知的那樣強的價值判斷意味。兩千年後清雍正帝在其頒下的《大義覺迷錄》中還據此夷夏之辨的古義明言：滿人所以被認為是夷狄實因「語言文字不與中土通」，故此文野之別不過是（平等的）文化不同。既然文野之分不體現價值的高下，則「夷狄之名，本朝所不諱」⓯。

⓭ 《崔東壁遺書》，上海古籍出版社，1983，第 354 頁。

⓮ 轉引自蒙文通，〈周秦民族史・序〉，《古族甄微》（《蒙文通文集》第 2 卷），巴蜀書社，1993，第 18 頁。

⓯ 《大義覺迷錄》，文海出版社影印 1730 年版，第 85、108～109 頁；參見

　　同樣被廣為引用的孟子所謂「吾聞用夏變夷者，未聞變於夷者也」（〈滕文公上〉），只是從夏的立場出發強調夏這方面的「始終正確」，而且是在論辯時說出，正與其所說「聞誅一夫紂，未聞弒君也」（〈梁惠王下〉）同，都是其出於特定立場的詮釋（聞即是詮），換一人則完全可以從反面立說，故此語尚不能作為帶詮釋性的歷史敘述來理解。而且，就時代言，這也只能是後出的孟子所處時代的詮釋，未必就代表孟子所講述的時代的當下認知（雖然許多人正是當成後者來引用的）。實際上，華夏系統的古人對於「用夏變夷」並不那麼執著。孔子曾說：「遠人不服，則修文德以來之。」到戰國時趙公子成仍說：「中國者，聰明睿智之所居也，萬物財用之所聚也，賢聖之所教也，仁義之所施也，詩書禮樂之所用也，異敏技藝之所試也，遠方之所觀赴也，蠻夷之所義行也。」（《戰國策‧趙策二》）公子成是講究夷夏之辨而反對胡服的，故歷數（其心目中的）「中國」之優越，但最後兩句明確體現了華夏一方並無主動「輸出」其「優越」文化之意，必須夷狄來「觀赴」和「義行」。

　　古代行為準則的一個要點即《禮記‧曲禮》所謂「禮聞來學，不聞往教」。要別人先表示了「向學」的願望且肯拜師，然後才鼓勵教誨之。這便是孔子要求弟子納贄以正名分的意思。到孟子時雖然已不十分講究納贄，而是「往者不追，來者不拒」，但仍要學生主動向學才施教，且有所謂以不教為教的處置方式。主動向人

輸出知識，即是「好為人師」，這樣的行為是不被提倡的 ⑯。這一準則同樣適用於夷夏關係。何休注《公羊傳》隱 2 年春的「公會戎於潛」一句，即以「躬自厚而薄責於人」這個與人相處的倫理準則延伸到對外關係上：「故略外也，王者不治夷狄。錄戎者，來者勿拒，去者勿追。」後者恰是孟子對學生的態度，則有視戎狄為未學之人的意思：門戶對其開放而並不勉強其入學。在「修文德以來之」的大方向下，對於傾慕華夏文化的夷狄固表欣賞且予鼓勵，亦可向之傳播華夏學問。若夷狄本身無「變夏」的願望，華夏一方似無要努力使其「變夏」的責任感和使命感（到清代甚至禁止向不友善的夷狄輸出中國文化）。

即使在有「用夏變夷」的可能時，也是如後來《禮記・王制》所總結的，由於氣候和地勢的不同，「民生其間者異俗」，所以合適的方式應為「修其教不易其俗，齊其政不易其宜」，夷夏雖有別，其立意尚非簡單的排拒夷狄。用今日的話說，就是修改其上層文化，保留其下層文化；政治上有所管理，生產生活則因地制宜。實際上，約在孟子逝世之時，趙武靈王那次實行「胡服騎射」的改革，就是典型的「夏變於夷」。更早還有「舜舞有苗」之事。《尚書・大禹謨》說禹征討有苗，三旬而苗民仍「逆命」，後採用益的建議改「誕敷文德，舞干羽於兩階，七旬有苗格」趙相肥義即以「舜舞有苗」之事來勸說趙王改胡服。鮑彪已注意到禹這種作法是「異於俗」，後來金正煒在《戰國策補釋》中提出，干羽或苗出，禹效苗民而舞之，「為師夷制夷之計」⑰。〈大禹謨〉寫成

---

⑯ 說詳羅志田，〈束脩我見〉，《四川師範大學學報》，1986 年 6 期。

或較晚，但不排除此傳說甚早。至少在肥義的認知中，禹「誕敷文德」確有「師夷制夷」之意（肥義既以當時成說引，孟子其實也有聞知的可能）。

在此基礎上更形成一種入鄉隨俗的「素行」準則。《呂氏春秋・貴因》說：「禹之裸國，裸入衣出，因也。」（說亦見《戰國策・趙策二》）《中庸》詳細闡述這一觀念說：「君子素其位而行，不願乎其外：素富貴行乎富貴；素貧賤行乎貧賤；素夷狄行乎夷狄。」正西諺所謂「素羅馬行乎羅馬」(When in Rome, do what Romans do) 也。孔穎達解釋說：「素，鄉也。鄉其所居之位而行其所行之事，不願行在位外。」在思想上，這也是孔子關於夷狄之是否陋在於是否有君子居住這一觀念的延續，即孔穎達所謂「鄉夷狄之中，行道於夷狄；夷狄雖陋，雖隨其俗，而守道不改」。也就是說，下層文化的俗可隨夷狄而改，上層文化的道就必須堅守不變，這是從反面言「修其教不易其俗」之理。孔穎達進而指出：「若身入夷狄，夷狄無禮義，當自正己而行，不得求於彼人，則彼人無怨己者。」對夷狄無所求而使其不怨己，正是整個取向的精義所在。既然無所求，自然也不一定要求實質上的「用夏變夷」。

楚人在先秦的經歷最能說明夷夏的可以互變❸。據《史記・楚世家》，楚人本正宗的黃帝之後，「夏之時嘗為侯伯」，到殷商時衰微，「或在中國，或在蠻夷」。但楚人與周人早有較密切的關係，周原甲骨文中已有「今秋，楚子來告」的記載❹，周初的長期征

---

❶ 轉引自繆文遠，《戰國策新校注》，第 659 頁。
❸ 這裡討論的楚人是廣義的，參見杜正勝，《古代社會與國家》，第 72 頁。

伐，楚人也曾參與，故因「尊勤勞」而被「封以子男之田」。後因
「甚得江漢間民和」而發展到與周對峙，〈楚世家〉兩載楚人自稱
蠻夷，不僅不以為侮，實是從文化認同的區別上尋找對峙的依據。
所以周人說楚是「蠢爾蠻荊」（《詩‧小雅‧采芑》），周公曾主張
「戎狄是膺，荊舒是懲」（《詩‧魯頌‧閟宮》），恐怕也半為楚人
所自擇。

　　到春秋時，楚又處於一種夷夏之間的地位。孟子在戰國時仍
說「楚產」的陳良「北學於中國」，意即楚非中國，應當像周公一
樣對之取「膺懲」的態度（〈滕文公上〉），恐怕只能看作是他辯論
時興之所至的隨口之言。荀子在引用《國語‧周語》「甸服者祭，
侯服者祀，賓服者享，要服者貢，荒服者王」這段話後明言：「彼
楚、越者，且時享、歲貢、終王之屬也。」（《荀子‧正論》）按照
〈周語〉的五服制，歲貢與終王自是要荒之服，時享則是賓服。
那意思，則楚當在夷夏之間，可夷可夏，這與春秋以來的史實大
致吻合（《左傳》僖 4 年齊桓公伐楚時說：「爾貢包茅不入，王祭
不共，無以縮酒。」是楚所貢雖輕，卻是用於祭的。這裡的
「祭」，如果廣義地釋為也包括「享」，楚即當屬賓服）。到戰國
時，作為「六國」之一的楚已是名副其實的「冠帶之國」，完全由
夷變夏了。

　　可見，「諸夏而夷狄則夷狄之，夷狄而諸夏則諸夏之」雖是相
當晚出的說法，其實也是對「率土之濱，莫非王臣」時代史實的

---

⑲ 周原甲骨 H11‧83，引自陳全方，〈陝西崎山鳳雛村西周甲骨文概論〉，
　《四川大學學報叢刊》，第 10 輯（1982 年 5 月），第 394 頁。

準確概括。古代的詮釋者正是以類似的原則處理史實的。最講究夷夏之辨的《公羊傳》就多次讀出《春秋》中或進夷狄為諸夏，或貶諸夏為夷狄的意蘊。《公羊傳》昭 4 年夏，「楚子」與眾多諸侯及「淮夷」會於申，為齊國誅叛臣慶封。其記載並不將「淮夷」單列為夷狄，何休認為這是因為「楚子主會行義，故君子不殊其類」。不僅如此，這裡根本就是「順楚而病中國」之不義。這一次還只是以記載的方式進行褒貶，二十年之後（昭 23 年），《傳》的本文已因中原君臣上下壞敗，王室亂而莫肯救，而直接說「中國亦新夷狄也」；蓋不講區別夷夏的「義」，則「中國」與夷狄無異（因「中國」的「不義」而以夷狄「待遇」處理者，還可參見襄 2 年，昭 12 年事）。

　　有時記載中的夷夏互變相當快，如《穀梁傳》襄 5 年吳與諸侯會時，尚屬諸夏，到襄 10 年時吳會諸侯滅傅陽，卻又「殊其類」以「外之」，注謂「復夷狄」。五年間吳的文化自不可能有大變，也未見有大變的記載，則是否詮釋為夷狄簡直可以隨時變換。這裡所據的「義」與「不義」提示著夷夏之辨表面上雖然據文化區分，有時也不完全如此，顯然仍是與實際的政治考慮發生了直接的關聯。其《傳》文所言的「存中國」、「不以中國從夷狄」等雖是後出的詮釋，但經文的記錄中能使其看出這方面的意思，很可能最初的記載的確寓褒貶於文字之中，而這樣的褒貶實不排除當下的政治考慮。

　　《公羊傳》襄 7 年述楚圍陳，晉侯會諸夏往救，鄭伯擬從諸夏會，其大夫則認為「中國不足歸」，不如站在楚一邊。因為「以中國為義，則伐我喪（參見襄 2 年）；以中國為強，則不若楚」，

這顯然是出於鄭之國家利益的實際政治考慮。結果鄭大夫殺了鄭國君。但《春秋》經文卻記為鄭伯「卒」而不說是大夫「弒」其君。《穀梁傳》解釋說，這是「不使夷狄之民，加乎中國之君也」，這一回楚可說是集文化的夷狄與政治的「不義」於一身，夷狄之認同本可自選，但鄭大夫的出發點並不在此，詮釋者也是據其當下行為的「不義」而不是據其文化認同將其判定為「夷狄」的。其實鄭大夫的判斷更合乎實際：當「義」本身已不再是大部分諸侯國遵守的政治倫理準則時，任何治國者都不得不從實際的國家利益出發。後人曾說「春秋無義戰」，至少到此時「義」已不復成為實際的判斷基礎，此後到戰國再到秦統一，大致都是以鄭大夫所側重的「力」勝，夷夏以文野分的意義就漸漸與夷夏以外內分的地理現實結合起來，夷夏之辨的開放與封閉也都是在另一層意義上言了。

二、實踐層面夷夏之辨的開放與封閉

夷夏之辨的開放與封閉不僅在理論上有系統的表述，在實踐的層面，也有一整套施行的具體方略。《逸周書》所說周人代殷後「改正異械」的後半部分，即與夷夏之辨的具體處置有關。荀子說：「王者之制也，視形埶而制械用……故諸夏之國，同服同儀；蠻夷戎狄之國，同服不同制。」（《荀子·正論》）荀子所指的，就是《國語·周語上》祭公謀父關於周人「五服制」的一段話：「先王之制：邦內甸服，邦外侯服。侯、衛賓服，夷蠻要服，戎狄荒服。甸服者祭，侯服者祀，賓服者享，要服者貢，荒服者王。」這個「視形埶而制械用」的原則在〈禹貢〉的「五服」結構中表

現得還要明確。細觀其各服的服事，基本上仍維持了「甸事生產」的舊制。以外則「五百里『侯服』：百里采，二百里男邦，三百里諸侯；五百里『綏服』：三百里揆文教，二百里奮武衛；五百里『要服』：三百里夷，二百里蔡；五百里『荒服』：三百里蠻，二百里流。」侯、綏兩服，主要已不重視經濟利益，而是包括服勞役、兵役等在內的臣服。再以外，實際上只要求不公開否認周天子的共主地位而已❷⓪。

　　最後這一點是處置夷夏之辨的精要所在。「遠人不服，修文德以來之」當然只是一個理想型的表述，但在天下之「共主」很多時候對各方國其實只要求不公開挑戰的情形下，「修文德」確不失為一較實際可行的選擇。《尚書・大禹謨》說，當「有苗弗率」時，舜命禹征討，三旬而苗民仍「逆命」，後採用益的建議改「誕敷文德」，七旬而「有苗格」。此篇寫定或晚，但仍可能是古傳說中的禹事。《淮南子・原道訓》也說禹改鯀之武力政策，「壞城平池，散財物，焚甲兵，施之以德。海外賓服，四夷納職。」兩文的精神是一致的，至少可說是戰國秦漢間有這樣傳說在。如果把「修文德」理解為對方國放棄征服而只要求名義上的服從，則欲征服時「諸侯背之」，改修文德而「海外賓服」，達到一種〈大禹謨〉所說的「四方風動」（風動即不必那麼實在）的效果，或者並不算過分誇大的敘述。

⓴ 學界對五服制多有爭論，我個人的看法參見拙文〈先秦的五服制與古代的天下中國觀〉，《學人》，第 10 輯（1996 年 10 月）。亦收入本書，第 1～39 頁。以下凡言及先秦服制變化，不再詳細論證。

　　本來詳近略遠、詳內略外的古代文化特點已含有對邊遠夷狄可以不臣不治的意味，體現了夷夏之辨開放的一面。前引祭公謀父那段話的主旨就是「先王耀德不觀兵」。那時各服雖然有職有貢，但對於要、荒二服，並不直接治理，只要求其「歲貢、終王」，略表敬意即可。即使出現問題，也只是「有不貢則修名，有不王則修德，序成而有不至則修刑。於是乎有刑不祭，伐不祀，征不享，讓不貢，告不王。於是乎有刑罰之辟，有攻伐之兵，有征討之備，有威讓之令，有文告之辭。布令陳辭而又不至，則增修於德，而無勤民於遠。是以遠無不聽，近無不服」（《國語・周語上》）。這裡明確指出遠只要求聽，近才必須服。近者不服，就要動手，或刑或伐或征；而遠者不聽時，僅僅動口，不過布令陳辭而已，此仍不奏效，又返回去以修德為手段。實即重名不重實，也就是後人所說的王者「不治夷狄、不臣要荒」。

　　荀子之時已有人以「楚、越不受制」而指責「湯、武不能禁令」（《荀子・正論》）。秦始皇時李斯等奏：「昔者五帝地方千里，其外侯服、夷服；諸侯或朝或否，天子不能制。」（《史記・秦始皇本紀》）漢武帝〈封廣陵王策〉也說：「揚州保疆，三代要服，不及以正（政）。」漢哀帝時揚雄上書言匈奴事，更說「北地之狄，五帝所不能臣，三王所不能制」（《漢書・武五子傳、匈奴傳下》）在在表明王者「不治夷狄、不臣要荒」既是古義，也是古代史實。

　　春秋時楚國的沈尹戌述古制說：「古者天子，守在四夷。天子卑，守在諸侯。諸侯守在四鄰。諸侯卑，守在四境。」（《左傳》昭 23 年）杜預注說守在四夷指的是「德及遠」，正孔子所謂「柔

遠人，則四方歸之」（《中庸》），則此守仍是文守而非武守。日人竹添光鴻解為「言其和柔四夷，以為諸夏之衛也」，甚得古意❷。故守在四夷，是德尚能及遠時，到守在諸侯，則已不能修文德，而必須奮武衛。於是又發展出「德以柔中國，刑以威四夷」（《左傳》僖 24 年）這樣一種內外不同的戰略。

　　由和柔四夷到奮武衛這一轉折，約與周之東遷略同時。周之東遷，固因氣候劇變，蒙文通先生論之甚詳；但牽一髮而動全身，因此而夷夏均勢不再，戎狄乃入中原，於是不得不奮武衛。守在諸侯大約即始於周桓公所說的「我周之東遷，晉鄭焉依」❷。可以說，春秋五霸實均以夷狄興，亦均以「攘夷」而有功於諸夏，是典型的守在諸侯。《左傳》莊 28 年驪姬對晉獻公說的「狄之廣莫，於晉為都，晉之啟土，不亦宜乎？」以及襄 4 年晉大夫魏絳在列舉和戎的好處時所說的「戎狄事晉，四鄰振動，諸侯威懷」，正是「守在諸侯」時代戎狄對晉能稱霸所起到的多方面作用的形象表述。其實，「攘夷」本身也是一種後出的詮釋，若細觀諸夏長期征伐的令之所出，並不見得是以「攘夷」為其征伐的理由。

　　不僅「攘夷」基本不是征伐的動機，從「無義戰」的春秋到六國稱雄並稱王的戰國，就是後儒愛說的「尊王」也從思想論說中消失。不管出於什麼原因，長期征伐的結果，以前天下夷夏雜

---

❷ 轉引自邢義田，〈天下一家──中國人的天下觀〉，第 445 頁。後來晉人江統卻解此為是指四夷「與中國壤斷土隔，不相浸涉；賦役不及，正朔不加」（《晉書・江統傳》）反是晉代後出之意了。

❷ 關於周之東遷，參見蒙文通，〈周秦民族史・序〉，第 5～11 頁，周桓公語引自第 11 頁。

居的局面到戰國中期以後改變為諸夏獨據中原，而曾居中原的夷狄不是被同化（含征服和自我遵行諸夏文化）便是被逐往邊陲。至此，以前的天子居中，和柔四夷為諸夏之衛的構想已基本失落，連守在諸侯的理想情形也不復存在。但「內其國而外諸夏，內諸夏而外夷狄」的格局倒大致由理論變成地理上的現實。諸夏居中而夷狄居邊陲的局面意味著實際的夷夏以地分已是一個潛存的事實。鄒衍的「大九州說」出於戰國，中國僅為天下之一小部分就是一個明證。不久夷戎蠻狄更與東西南北四方觀念形成固定搭配。逐漸地，夷夏之分已不再是自選認同，而成為「中國戎夷，五方之民，皆有性也，不可推移」（《禮記・王制》）的一套各自封閉的文化區別體系了 ❷❸。

　　戰國時形成的夷夏以地之內外分的情形有著多重意義，其中很重要的一點即是基本結束了若干文化體系及其載體在中原作生存競爭的局面。戰國晚期不僅六國都已是冠帶之國，就是在文化上與六國頗不相同的秦也自視為夏。從廣義言，今日中國疆域核心部分的「書同文」，即一種共通的全國性思想論說，要先於政治上的「四海一」，當然也就更先於物質上的「車同軌」。後來的科舉制更使「書同文」制度化為一種統一的全國性思想意識市場，恰起著類似近代西方全國性經濟市場所起的維繫作用。後來中國人看問題總傾向於往思想文化方面著眼，亦良有以也。

---

❷❸ 參見顧頡剛，〈秦漢統一的由來和戰國人對於世界的想像〉，《古史辨》，二，上海古籍出版社，1982 年影印版，第 1～10 頁；邢義田，〈天下一家——中國人的天下觀〉，第 444～445、452～453 頁。

　　秦統一進一步消除了中原之內的夷夏之分。過去部分因為「小邦周」對「大邑商」遺民禮俗取半壓抑半容忍的態度，東夷之人在政治上不強調獨立的前提下，一直長期維持著與周人自認的「華夏」有所區別的特定文化認同。至秦入主中原，原來的「華夏」實不復存在，無華夏則亦無夷狄，故東夷之人的自我認同似乎也不如以前重要。《後漢書・東夷傳》說：「秦滅六國，其淮、泗夷皆散為民戶。」頗類民國代清時滿人一夜皆散。這當然與秦不施周人提倡的「仁政」有關（不願妥協者即遠避往今日的東北甚至朝鮮），但夷夏之辨的突然失據，顯然是一個重要原因。

　　對更廣義的天下言，秦統一使戰國時形成的國土以夷夏分的狀況由文化到政治，最後得到確定。複數的諸夏成為單數的統一之華夏，夷夏關係由以眾對眾變為以一對眾。大約在華夷以內外分的地理大勢初步形成時，出現了五服制往九服制的轉化。《周官・大行人》講畿外之服凡六，即「侯、甸、男、采、衛、要」，最外者為「要服」。其近者歲一見，遠者六歲一見，依次遞減，皆有貢物。同時明確指出，「九州之外，謂之藩國，世一見，各以其所寶貴為摯。」其實那籠統的「藩國」多半是所知不詳或根本不知而又覺需要鎮藩之處，「世一見」也多半為虛擬的，這正是舉四方以定中央之一統的典型體現。既有「六合之外，聖人存而不論」之意，又可見「王者無外」的心態。

　　但在周人為「共主」的時代，普天之下的中央四方也就是天子統治的全境。當夷狄自外於諸夏而不欲為「王臣」之時，天下皆為王土的概念實已受到潛在挑戰。但因天下之共主多數時是虛位，象徵多於現實，四方實際上是否服從共主可以有較大伸縮。

若無公開的反叛，在共主及諸侯的認知中，都可以視天下為一家。秦統一使中國由過去實操國政的諸侯尊奉一個主要是象徵性的共主這樣一種層級向心性政治體制，轉為秦漢以降的禮樂征伐和國政均由中央政府直接掌握的政治體制。天子由共主而成唯一之治主，天下四方是否真正在天子治下就成為實際問題了。此時的「天下一家」，就必須是在天子治下，要做到「王者無外」，所有的「王臣」必須是王所治之臣。所謂政教所及之區，其意義已漸由文化的變為主要是政治的。居於四方的夷狄雖可被認為仍在「天下」之內，卻已明顯不在政教所及之區。天下的地理概念和政治概念就此兩分，夷夏關係的處置也需要有相應的轉變。

對「中國」君主而言，生而非天下共主，要做到「王者無外」、「天下一家」，則不論是採「修文德以來之」還是取「夷狄是膺」的方式，概念上均與以前不同。夷夏關係由以眾對眾變為以一對眾後，「中外」之辭漸取代了以前夷夏之「內外」。這可說是一種質的變化。蓋講內外之時，天下或可說本來就是一家，尚可由近及遠。到講中外時，天下已實非一家。隨著夷夏之間飲食衣服差異日大，即使修文德也實無多少「遠人」可來，王者要達到「天下一家」就不得不多由征服一途。王者要做到「無外」，其負擔已大大加重了。

秦漢的對外征伐，當然與王者無外的心態有關，實際也曾被定為主要的國策❷。但這也有不得不如此的實際困難，秦漢間來自西北的外患決非僅是空言。華夏固然想做到天下一家，夷狄勢

---

❷ 說詳邢義田，〈天下一家——中國人的天下觀〉，第 456～463 頁。

強時也會反過來侵夏，要使天下變為彼之「一家」。從古到今，以攻為守的戰略始終都在任何軍事家的考慮之中。不過，「郁郁乎文哉」的周文化的一個主要特點就在尚文不尚武，漢代雖然是霸王道兼用，到底傳承了周文化的主流，尚武的心態基本是不被提倡的。王莽初繼位而起兵伐匈奴，莽將嚴尤諫曰：上古對夷狄並不征伐，周人始征之，但只是「盡境而還」，可算得中策。漢武帝連年征伐，雖有克獲，但「兵連禍結三十餘年，中國疲耗，匈奴亦創艾，而天下稱武，是為下策」（《漢書‧匈奴傳下》）。的確，對外用兵不僅物質利益方面時常得不償失，關鍵是一旦用兵成為上所提倡之事，則「天下稱武」，直接違背尚文的儒家傳統，對任何在理論上承傳儒家文化的統治者來說，也未必有利。實際上，如果前此「天下稱武」，則王莽便不一定能以禪讓得位；既得位，出現「天下稱武」的情形對他尤其不利。

　　所以，在前後兩漢的大多數時候，雖然西北邊患不絕，但正如班固所說，漢代對夷狄一直有「和親」與「征伐」兩途並存（《漢書‧匈奴傳贊》），政策制訂者多根據其理解的當時政治軍事形勢做出決策。在走和親之路時，傳統的「素夷狄行乎夷狄」的取向就發展到極致。武帝時嫁給烏孫的江都王之女和元帝時嫁匈奴之王昭君，都曾出現被所嫁之人的子孫再娶的情景。本來「父子無別」是華夏認為夷狄野而不文甚至近於禽獸的主要表徵之一，而「父子有別」也是華夏倫理的最基本原則之一，但在這兩次事例中，雖然兩女皆反對再婚並曾上書漢廷尋求支持，但兩次的答覆都相同，即「從其國俗」和「從胡俗」（《漢書‧西域傳下、匈奴傳下》），頗能體現華夏一方並不一定要「用夏變夷」，反可接受

一定程度的「變於夷」。當然，這裡主要不是從文化的角度，而是從國家利益這一實際政治的角度考慮問題，但其思想武器，仍是以文野分夷狄的傳統理論。

漢宣帝時匈奴呼韓邪來朝，丞相黃霸和御史大夫于定國在討論以何種禮儀接待時，明確指出遠方夷狄像這樣「奉珍朝賀，自古未之有也」。當黃、于提出「其禮儀宜如諸侯王，位次在下」時，蕭望之即據「戎狄荒服」的古訓，提出「宜待以不臣之禮，位在諸侯王上」。蓋「羈縻之誼」的關鍵就在於「讓而不臣」，這樣，即使以後荒忽無常的匈奴又不來朝，因其本未臣，漢也不失面子。宣帝從蕭望之議。下詔說，戎狄是「五帝、三王教化所不施。不及以政」，故僅待以客禮。自此以後，對匈奴等的政策就基本是「欲朝者不拒，不欲朝者不強」（《漢書‧蕭望之傳、匈奴傳下》）。

這一段君臣討論提示了教化不能施則不及以政的古代文化政治觀，即實際的政治管理必須在教化可及的基礎上。真到了教化可及而必須負起實際的政治「管理」之責時，一般的原則仍是荀子論五服制時所說的：「視形埶而制械用」，也就是《禮記‧王制》總結的「修其教不易其俗」。這樣的統治方式，尚不致十分擾民，相對較易被接受。大約是周人由西土一隅而發展到統治超過殷商的廣大地域這一漫長過程中逐漸積累下來的經驗總結。且夷夏之辨本是以文化區別為主的。對夷狄修文德以來之，首先是在文化意義上的「來」；倘若夷狄不改變其文化認同，則即使其來稱臣，「中國」也並不真正接受。由於對文化歸附的嚴格要求，結果只能是夷狄「奉珍朝賀，自古未之有」。

　　可知對夷狄修文德以來之的取向自始不過是一種理想，很少達到實踐的層面，不臣不治才是現實政治中運用的真正方略。蕭望之指出的「羈縻之誼」在於「讓而不臣」，深得制夷之古意。因為只有不臣然後無釁臣，無釁臣才不必討伐。文化自豪感甚強的中國人，大約也很能體會要別人放棄文化認同的困難，所以才發展出這樣一種「門戶開放」而又可以基本不負實際管理責任的政策。很明顯，對夷狄不臣不治既是古意，也是漢代士人的一般認知。班固總結的古代「聖王制禦蠻夷之常道」，就很能體現這個思想，值得引證在這裡：

> 先王度土，中立封疆，分九州，列五服，物土貢，制外內，或修刑政，或昭文德，遠近之勢異也。是以《春秋》內諸夏而外夷狄。夷狄之人，貪而好利，被髮左衽，人面獸心；其與中國殊章服，異習俗，飲食不同，言語不通，辟居北垂寒露之野，逐草隨畜，射獵為生。隔以山谷，雍以沙漠，天地所以絕外內也。是故聖王禽獸畜之，不與約誓，不就攻伐：約之則費賂而見欺，攻之則勞師而招寇。其地不可耕而食也，其民不可臣而畜也。是以外而不內，疏而不戚，政教不及其人，正朔不加其國；來則懲而禦之，去則備而守之。其慕義而貢獻，則接之以禮讓；羈縻不絕，使曲在彼。(《漢書‧匈奴傳贊》)

這裡從理論實踐兩層面反覆分析因遠近之勢異而對夷狄只能「昭文德」而不能「修刑政」，實即儘量少打交道，不要圖其利，只要

不吃虧，正「不得求於彼人，則彼人無怨己者」之意。所謂「羈縻不絕，使曲在彼」，真是畫龍點睛之筆。

對夷狄而言，在天下本為一家時，由夷變夏在理論上只是在同為「王臣」的基礎上變換文化認同，且為王臣並不一定實際受王之治。今則變換文化認同的同時還要變換政治認同，且政治隸屬關係的有無必落實在受治或不受治之上。對個人而言，變化或不那麼大。對群體來說，是否維持其自身的認同就有很不相同的意義了。故秦漢以後，異族大規模歸附中原均較困難。如此流風所播，到胡漢攻守勢異，夷狄占上風時，除北魏孝文帝曾有一次不十分成功的徹底改變民族認同外，其餘入主「中國」部分或全體之異族政權，不論其實際的漢化深淺，均要在不同程度上維持其原有的族類的認同，自有其實際的政治考慮。雖然夷夏之辨仍游移於開放和封閉之間，但已出現走向封閉的趨向。

由此看來，夷夏之辨由種族地域而文化，由文化而政治，更因政治考慮而由開放走向封閉，變化不可謂不大。但是夷夏之辨開放的一面，雖時被掩蓋，卻並未被取代。故夷夏之辨的開放與封閉，猶如一個錢幣之兩面，共存而成一體。其主流是文化至上，體系開放，但就具體場合情景言則當下的政治考慮常能左右實際的開放與封閉。其開放性的一面，可以為有「遠略」之主為達「王者一家」而用武的理論基礎；但更多仍是允許夷變為夏，夷狄而中國則中國之。其封閉的一面，雖源於「夷狄是膺」的主動用兵的傳統觀念，實則漸多用於防禦。其要點是中國之事不允夷狄參與，文化上亦不許夷狄可以變為華夏。

歷代凡盛朝則多發揮其開放性之正面。到夷夏勢均力敵或夷

勢盛於夏時，士人則往往強調其封閉性的負面。要仍多從政治考慮也。這只是以大趨勢處言之。到具體之時，則常常是兩者並存而互競，時有妥協之局。不過，通常取勝的還是與政治情勢相近的一派。或可以說，秦漢以後士人言及夷夏之辨時，其根本處雖仍是重文化之分，但其表達則常以族類觀念為形式，其運用則多依當時政治情勢之發展。套一句舊人喜歡用但或不十分精確的話：夷夏之辨的觀念雖以種族為表達形式，實已漸成文化為體、政治為用的格局了。

這政治為用的一個顯例，即是在異族壓迫甚烈時產生的正統論㉕。正統論之淵源，固可追溯到《公羊傳》的「王正月，大一統」（隱公元年）及鄒衍的「五德說」。但真正的講究起來，恰是在天下並不大一統，且朝代興替頻繁到五德說已難解釋之時。顧亭林說：「正統之論，始於（晉人）習鑿齒。」㉖蒙文通先生循其說，更進而指出：正閏論「其義獨盛於東晉南宋二代」，自有其不可忽視的「微意」。習氏著《漢晉春秋》，於蜀吳魏三國崇蜀黜魏。蓋因其著書之時「中原淪胥，胡虜僭差，冠帶流離，托根江表」，習氏之旨無非是「黜魏即所以黜羌胡，存蜀正所以存中國」。同樣因此「微意」，正統論才大興於異族壓迫甚烈的宋代，到明王洙著《宋史質》，可以說發展到極點。從習鑿齒到王洙，或痛於五胡，或痛於遼金，或痛於元，要皆「顯為種族之痛」也。故蒙先生一

㉕ 饒宗頤先生的《中國史學上之正統論》（香港龍門書店，1977）收集歷代有關正統論資料甚詳。關於夷夏之辨與正統論以及相關的道統論、道治關係等方面的關聯，當另文探討。

㉖ 轉引自饒宗頤，《中國史學上之正統論》，第 6 頁。

言以蔽之曰:「正閏論者,固政治民族主義也。」❷從表面上看,
言正統者並非都涉及夷夏之辨。但其言外之意,卻因此而起,為
此而發,應是可以確定的。

　　值得注意的是,夷夏之辨的趨於封閉雖然基本是出於政治考
慮,卻仍以種族文化之別為其主要的表達形式。夷夏以疆域分的
局面到後來演化成夷夏之辨即因其所生所長之地域不同的觀念。
南宋以降,士人每好言之,而陳亮、鄭所南、王夫之所論尤甚。
很明顯,這樣的發展,仍是異族入侵或入主的政治情勢使然。而
且,自宋以降,基本上是政治情勢愈不利於華夏,則夷夏之辨就
愈嚴;愈嚴則愈是從非文化層面去詮釋夷夏之辨。到夷夏之辨向
封閉一面推到極致之日,已是中國被異族完全征服之時。彼時要
嚴夷夏之辨,也只能落實在不仕異族了。

　　不過,夷夏之辨的封閉一面在大多數時間裡並不占上風。如
前所述,兩漢對待匈奴西羌等,均曾待以和親之策,期以人倫糜
之;且亦常招撫懷柔,引之入塞。要均許夷可變為夏。自己就有
夷狄背景的唐太宗說 :「自古皆貴中華 、 賤夷狄 ,朕獨愛之如
一。」 ❷韓愈能總結出夷狄進於中國而中國之的觀念,自有其語
境在。宋以降雖然夷夏之辨的封閉一面講得較多,卻仍非主流。
陳亮反對空言性理,與彼時據思想界主流的理學家頗有些距離。
鄭所南的《心史》出於明季,船山的主要著作要到同治年間才為

---

❷ 蒙文通,〈膚淺小書〉,轉引自柳詒徵,《國史要義》,第 66 頁;並參見蒙
　文通,《中國史學史》,第 276~278 頁。

❷ 轉引自邢義田,〈天下一家──中國人的天下觀〉,第 465 頁。

世人所知，要皆不居所在時代之主流。可以說，周秦以來，基本上還是夷夏之辨開放的一面占據著主導地位。正統論興起後這一發展過程，只能另文探討了。

（原載《中國文化》，第 14 輯）

夷夏之辨與道治之分

　　中國傳統的以夷夏之辨為表徵的族類觀念❶在強調對內的族群認同及與外族的人我之異的同時，對外兼有開放與封閉的兩面，而且是以開放的一面為主流，這是其與近代西方民族主義的一大不同。夷夏之辨是以文野之分為基礎的。一般而言，文野是後天可變的。故夷夏也應該是可以互變的。夷夏之間的族類區別雖然主要是文化的，但在此觀念的演變中，有時也因政治局勢的影響，發展出非文化詮釋夷夏之辨的認知。此時則傾向於以一條線劃斷夷夏，而不允許夷可變夏，夷夏之辨乃成一封閉體系。這一傾向雖是非主流的，卻也長期存在，在特定的時段還曾成為占主導地位的思潮。關於夷夏之辨的開放與封閉，我另有文討論。本文以魏晉至清代夷夏之辨觀念的演變為中軸，主要探討其與正統論、道治關係、及仕與隱的多層面關聯，並略及在文化天下觀影響下

---

❶ 本文討論古人議論時，必須使用「夷狄」等當時的字詞。在當日處於文化競爭之中的古人，這類強調族類區別的字詞或有貶義，但本文只在其代表族類認同的意義上使用這些稱謂。本文引用典籍史料，除非特別注明，凡引「十三經」文字均自中華書局 1980 年影印版《十三經注疏》，引《戰國策》用巴蜀書社 1987 年繆文遠新校注本，引二十四史均用中華書局標點本，以下只注篇章名。

的晚清人吸收西方近代民族主義後的思想轉變。

一、「文化為體、政治為用」的夷夏之辨

　　夷夏之辨觀念的演變與歷史上夷夏關係的實際狀況之發展相表裡，而秦統一則是一個重要的轉折點。上古中國的疆域分布，從先秦的夷夏雜居到戰國時形成的華夏居中、夷狄居四圍的狀況，秦統一更使之由文化到政治，最後得到確定。中原之內的夷夏之分到秦統一時已基本消除。東夷之人過去一直長期維持著與周人的「華夏」有所區別的文化認同，秦入主中原後，由於原來的「華夏」實不復存在，無華夏則亦無夷狄，故東夷之人的自我認同也不如以前重要，中原之內的夷夏之辨既突然失據，「淮、泗夷皆散為民戶」（《後漢書・東夷傳》）。

　　這樣，先秦時複數的諸夏如今成為單數的統一之華夏，夷夏關係由以眾對眾變為以一對眾，夷夏關係的處置就產生了相應的轉變。以前描述夷夏的「內外」之後也逐漸為「中外」之辭所取代。這可說是一種質的變化：蓋講內外之時，天下或可說本來就是一家，尚可由近及遠。到講中外時，天下已實非一家。當夷狄自外於諸夏而不欲為「王臣」之時，普天之下皆為王土的傳統概念就受到挑戰。「中夏」之君主要做到「王者無外」、「天下一家」，不論是採取「修文德以來之」或是「夷狄是膺」的方式，概念上均與以前不同。隨著夷夏之間飲食衣服差異日大，即使修文德也實無多少「遠人」可來，王者要達到「天下一家」就不得不多由征服一途。王者要做到「無外」，其負擔已大大加重了。

　　對夷狄而言，在天下本為一家時，由夷變夏在理論上只是在

同為「王臣」的基礎上變換文化認同，且為王臣並不一定實際受
王之治。今則變換文化認同的同時還要變換政治認同，且政治隸
屬關係的有無必落實在受治或不受治之上。對個人而言，變化或
不那麼大。對群體來說，是否維持其自身的認同就有很不相同的
意義了。故秦漢以後，異族大規模歸附中原均較困難。如此流風
所被，到胡漢攻守勢異，夷狄占上風時，除北魏孝文帝曾有一次
不十分成功的徹底改變民族認同外，其餘入主「中國」部分或全
體之異族政權，不論其實際的漢化深淺，均要在不同程度上維持
其原有的族類的認同，自有其實際的政治考慮。夷夏之辨已出現
走向封閉的趨向。

　　值得注意的是，夷夏之辨的趨於封閉雖然基本是出於政治考
慮，卻仍以種族文化之別為其主要的表達形式。由於夷夏之辨觀
念的兩面性，有時也可能因為政治需要而有意無意間發掘其負面
因素。「胡」這一稱謂從不帶褒貶之義到變成明確貶義的過程，就
是一個最明顯的例證。本來「胡」是據其形貌稱呼北方鬍鬚較濃
的民族，並不像許多夷狄稱謂那樣帶有犬羊一類的偏旁，可說是
一平等的稱呼。但後來胡也變成與其他夷狄之名一樣帶有貶義，
正是出於胡為邊患即敵對勢力這一實際政治的考慮，是因政治需
要而從文化觀念中發掘出可以增強敵視的因素。故其表現形式雖
然是文化的，其真正的關懷卻是政治的。從南北朝到五代胡漢之
間互稱夷狄，也基本是以文化形式表達政治關懷，其心路歷程是
相同的。

　　總的來說，秦漢以後夷夏之辨的開放與封閉，猶如一個錢幣
之兩面，共存而成一體。其主流是文化至上，體系開放，但就具

體場合情景言，則當下的政治考慮常能左右實際的開放與封閉。其開放性的一面，可以成為有「遠略」之主為達到「王者一家」而用武的理論基礎；但更多仍是允許夷變為夏，夷狄而中國則中國之。其封閉的一面，雖源於「夷狄是膺」的主動用兵的傳統觀念，實則漸多用於防禦。其要點是中國之事不允夷狄參與，文化上也不許夷狄可以變為華夏。

晉人江統就是後者的一個範例，他在〈徙戎論〉中解釋「天子有道，守在四夷」說：這是指夷狄與中華不僅種族文化（他未用此詞）不同，更「與中國壤斷土隔，不相浸涉；賦役不及，正朔不加」（《晉書‧江統傳》）。江氏雖然傳承了漢儒對夷狄不臣不治的取向，但其解釋與前大不相同，顯然是要以地分夷夏，而且不准夷變為夏。他反對當時允許氐羌居關中的主張，而提出將其盡數遷往邊地，理由是「非我族類，其心必異。戎狄志態，不與華同。而因其衰弊，遷之畿服，士庶玩習，侮其輕弱，使其怨恨之氣毒於骨髓。至於蕃育眾盛，則坐生其心。以貪悍之性，挾憤怒之情，候隙乘便，輒為橫逆」，如果遷至邊遠，「縱有猾夏之心」實際危害不大。所以，「華夷異處，戎夏區別，要塞易守。」

江統這種以地分夷夏的觀點是有其歷史淵源的。秦統一後夷夏以疆域分的局面到後來遂演化成夷夏之辨，即因其所生所長之地域不同的觀念。《禮記‧王制》篇所云：「五方之民，皆有性也，不可推移。」已開此傾向之端。鄭玄注這句話就明說是「地氣使之然」。但是，以產地分夷夏的潛在危機在於，當夷狄占據華夏本土時，其是否也自動變成了華夏呢？韓愈的學生皇甫湜已注意及此，他特別強調「所以為中國者，以禮義也；所謂夷狄者，無禮

義也」，故夷夏之分，「非繫於地」。皇甫湜雖然也贊許北魏孝文帝
的「用夏變夷」，卻不能承認原為夷狄的北魏因占據華夏之疆域即
得「正統」❷。

　　但以產地分斷夷夏的觀念在很長時間裡並不占上風。兩漢對
待匈奴西羌等，均曾待以和親之策，期以人倫縻之；且亦常招撫
懷柔，引之入塞。要均許夷可變為夏。這就是韓愈後來總結的夷
狄進於中國而中國之。韓愈能見及此，可能與其所處時代的政策
有關。唐之興起，頗類春秋五霸，本與夷狄有關，陳寅恪先生論
之甚明。唐太宗明確指出：「自古皆貴中華、賤夷狄，朕獨愛之如
一，故其種落皆依朕如父母。」（《資治通鑑》卷198 太宗貞觀21
年）這些話固不可全從字面去看（李唐一家從血緣到習俗都有胡
的成分，且與突厥結為兄弟，本與夷狄「一家」也），然唐代也確
曾遷夷狄於內地，太宗此言，到底有傳統觀念為據，終說明夷夏
之辨開放的一面。

　　不過，反對遷夷狄於內地的晉人江統也看到一個關鍵，即他
指出的：氏羌居關中原非他們「懷我德惠而來柔附」，而是因為
「勢窮道盡，智力俱困，懼我兵誅以至於此」。彼既非因華夏修文
德而來，則「怨恨之氣」先存。如果想要使其變為夏，必先消此
「怨恨之氣」。

　　但同樣關鍵的是，如果內地士庶不「侮其輕弱」，則彼即使有
「貪悍之性」，也無「憤怒之情」，多半不會「候隙乘便，輒為橫
逆」。正如清儒駁江統所說：「天下一家也。誰非吾之赤子，而狼

---

❷ 皇甫湜，〈東晉魏正閏論〉，《唐文粹》，卷34。

子之，宜戎之有野心也。且戎居內地，歷數朝也。心存保赤者，誠能散其部曲，編其戶口，制其田里，俾賣力買犢，鑄劍戟為農器，出作入息，一如中國之民。再傳而後，戎且忘其為戎，曾何有於北鄙殺伐之習哉。乃駕馭無策，俾辱在奴隸，年豐則驅充軍役，歲欠則賣充軍實，流離其父子，迫辱其妻孥，雖在中原黎獻，何以堪此。」❸

　　清儒說這樣的話，或不免有其時代的考慮，但這的確點到了問題的關鍵所在。唐太宗早就說過：「夷狄亦人耳，其情與中夏不殊。人主患德澤不加，不必猜忌異類。蓋德澤洽，則四夷可使如一家；猜忌多，則骨肉不免為仇敵。」（《資治通鑑》卷 197 太宗貞觀 18 年）唐與夷狄關係特殊，所以體會很深。但太宗能見及此，恐怕也與南北朝時這樣的事例較多且特別明顯有關。蒙文通先生注意到：「高齊時尊世族，如盧、李之流，而又專任鮮卑，漢人不得為兵，民族矛盾較大。而宇文泰入關則未形成世族，且多用漢人為兵，民族矛盾較小，故能自弱以漸強，進而滅齊，又進而弱梁、陳，至隋而成一統。」❹正所謂求仁得仁，求赤子得赤子，求狼子得狼子，原不必論其所生是否異地也。

　　蒙先生論秦統一後又迅速失敗的原因說：秦滅六國後的各項政策，「惟日以貧弱天下以自富強」，故秦之亡即在其「惟知所以為國，而不知所以為天下」❺。說到底就是秦統治者內心之中缺

---

❸ 吳裕垂等，《歷朝史案》，巴蜀書社，1992 年點校本，第 154 頁。

❹ 蒙文通，〈治學雜語〉，收入蒙默編，《蒙文通學記》，三聯書店，1993，第 6 頁。

❺ 蒙文通，〈周秦民族史・序〉，《古族甄微》（《蒙文通文集》，第 2 卷），巴

乏自信，雖然統一了天下，心態還是西土一國之心態，故自外於六國。秦既然自居外來入主之國，不把六國人當自己人，則六國人終起而推翻秦的統治，自然在情理之中。中外歷代多民族國家的政權，成敗大體不出此理。凡能對老百姓一視同仁，保護其治下各族利益使其能安居者，即使數族雜居，也多能安然相處。反之則即使全為一族，也會出現求狼子得狼子的結局。

　　但皇甫湜在唐代既覺有必要強調夷夏不以地分，實是感到重疆域那種觀念的壓力。後來司馬光著《通鑑》，自稱不足以識前代之正閏，乃以能統一九州者為正 ❻。蘇軾也說：「正統云者，猶曰有天下云爾。」（〈後正統論〉）顯然都是重疆域的那一條思路。由於宋以前尚無夷狄統一九州之事，故此時重疆域之一統尚與夷夏之辨無大關聯。到南宋偏安時，夷夏各據一方，士人實不便再以疆域定正統。蓋宋理學興起，已有理氣之分的觀念來作為以疆域產地分夷夏這一觀念的理論基礎。依此理論，夷狄既所生異地，稟氣不同，便成異種。但南宋時夷勢早已強過華夏，進據了中原，若從地域之稟氣上講，南宋所居之地已不如夷狄所居之地。理氣之分的觀念雖從理論上支持了以疆域分夷夏的思路，卻又因政治軍事的攻守勢異給同一思路帶來了困擾。而且，理學的一般觀念，除上智下愚不移外，本是允許且鼓勵以後天修養改變先天所稟之氣的，則夷狄進於中國之門仍開著。

　　故即使是強調以「封疆限夷狄」的宋人陳亮，也知道那種不

蜀書社，1993，第 38 頁。

❻ 參見柳詒徵，《國史要義》，上海中華書局，1946，第 56 頁。

准夷狄參與中國事務的古之「常道」已不足以對待當時之夷狄。陳亮與皇甫湜一樣，以為夷狄之所以為夷狄，正在其「不習於禮義」。但處於夷夏攻守勢異時代的陳亮對中國文化的信心顯然已不如皇甫氏，他不認為用夏可以變夷，故主張對夷狄不可「以人倫縻之」，從根本上言就是「中國不與夷狄共禮義」。結果，陳亮所謂以「封疆限夷狄」也就是「不與夷狄共中國」。一言以蔽之，陳希望一條線把夷夏劃斷。不過陳亮是當時的主戰派，本欲在實際政治上有所為。夷狄既然勢強，「越疆而來參，竊中國之文以自尊異」，在實際政治中，也不得不依時勢退讓一步，允許夷狄參與中國之政事。在此情形下，只能於夷夏「混然無辨之中而致其辨」，以保留一點「人道」以待能嚴夷夏之辨的後世❼。南宋夷夏之辨趨嚴本因政治情勢使然，陳既欲實際有為，只能採取理論可高而實際可讓的妥協取向。這樣，陳氏雖然基本上已不允許夷可變夏，仍未將門關死。

　　明季所出鄭所南的《心史》（不論其是否鄭著，總之出於明季），進一步嚴夷夏之辨，以為「得天下者未可以言中國，得中國者未可以言正統」（此句則更像是元明人所作）。並云：「四裔之外，素有一種孼氣，生為夷狄」，與中國人自是「其類極異」。故夷狄要行夷狄之事，才是「以天其天」，若夷狄而行中國之事，則「古今天下之太不祥，莫大於是」❽。要在以種類劃斷夷夏，不

❼《陳亮集》，中華書局 1974 年版，上冊第 46～47 頁，下冊第 443 頁。參見 Hoyt C. Tillman（田浩），"Proto-Nationalism in Twelfth-Century China? The Case of Ch'en Liang," *Harvard Journal of Asiatic Studies*, 39:2 (1979), pp. 403～428，此文承冀小斌先生提示，特此致謝。

允許夷可變為夏。

明清之際，王夫之乃據理氣之分觀念明言「夷夏分以其疆」。因其「所生異地，其地異，其氣異矣。氣異而習異，習異而所知所行蔑不異焉」是以「地界分，天氣殊，而不可亂」❾。船山雖也認為夷夏之辨是文野之分，卻歸其根於產地疆域之不同，以為不可以亂。後來王氏鄉人曾靜亦持同樣看法，以理氣產地分夷夏。兩人皆同意華夷之別因理氣殊而實即人禽之別，應高於君臣之義。故異族政權不僅不可仕，更必須推翻之❿。

很明顯，這樣的發展，仍是異族入侵或入主的政治情勢使然。而且，自宋以降，基本上是政治情勢愈不利於華夏，則夷夏之辨就愈嚴；愈嚴則愈是從非文化層面去詮釋夷夏之辨。到夷夏之辨向封閉一面推到極致之日，已是中國被異族完全征服之時。彼時要嚴夷夏之辨，也只能落實在不仕異族了。不過，宋以降雖然夷夏之辨的封閉一面講得較多，卻仍非主流。陳亮反對空言性理，與彼時據思想界主流的理學家頗有些距離。鄭所南的《心史》出於明季，船山的主要著作要到同治年間才為世人所知，要皆不居時代之主流。夷夏之辨開放的一面，基本上仍占主導地位。

歷代凡盛朝則多發揮夷夏之辨那開放性之正面，到夷夏勢均力敵或夷勢盛於夏時，士人則往往強調其封閉性的負面，要仍多

---

❽ 鄭思肖，〈古今正統大論〉，《鄭思肖集》，上海古籍出版社，1991 年校點本，第 132～137 頁。

❾ 王夫之，《讀通鑑論》，卷 14，「哀帝三」。

❿ 曾靜語皆載《大義覺迷錄》，說詳王汎森，〈從曾靜案看十八世紀前期的社會心態〉，《大陸雜誌》，85 卷 4 期，第 174 頁。

從政治考慮也。這只是以大趨勢言之。到具體之時，則常常是兩者並存而互競，時有妥協之局。不過，通常取勝的還是與政治情勢相近的一派。或可以說，秦漢以後士人言及夷夏之辨時，其根本處雖仍是重文化之分，但其表達則常以族類觀念為形式，其運用則多依當時政治情勢之發展。套一句舊人喜歡用但或不十分精確的話：夷夏之辨的觀念雖以種族為表達形式，實已漸成文化為體、政治為用的格局了。

二、從族類意識到正統論及道治關係

這政治為用的一個顯例，即是在異族壓迫甚烈時產生的正統論⓫。正統論之淵源，固可追溯到《公羊傳》的「王正月，大一統」（隱公元年）及鄒衍的「五德說」。但真正的講究起來，恰是在天下並不大一統，且朝代興替頻繁到五德說已難解釋之時。歷代修史，凡是「正統」成為必須面對的問題時，也就是存在兩個以上的政權並立的時代。當此並立的諸政權又屬於不同的文化體系時，族類意識就自然與正統論發生關聯了。

顧亭林說：「正統之論，始於（晉人）習鑿齒。」⓬蒙文通先生循其說。更進而指出：正閏論「其義獨盛於東晉南宋二代」，自

⓫ 饒宗頤，《中國史學上之正統論》（香港龍門書店，1977，以下簡作《正統論》）收集歷代有關正統論資料甚詳，以下所用材料，有許多轉引自此書。饒先生之長序對正統論與歷代修史關係之淵源多有闡發，讀之頗受啟迪。但本文的取向與饒先生不同，並不重在史學史，而是要由此觀察士人的心態。

⓬ 轉引自饒宗頤，《正統論》，第6頁。

有其不可忽視的「微意」。習氏著《漢晉春秋》，於蜀吳魏三國崇
蜀黜魏。蓋因其著書之時「中原淪胥，胡虜僭差，冠帶流離，托
根江表」。習氏之旨無非是「黜魏即所以黜羌胡，存蜀正所以存中
國」。同樣因此「微意」，正統論才大興於異族壓迫甚烈的宋代，
到明王洙著《宋史質》，可以說發展到極點。從習鑿齒到王洙，或
痛於五胡，或痛於遼金，或痛於元，要皆「顯為種族之痛」也。
故蒙先生一言以蔽之曰：「正閏論者，固政治民族主義也。」❸章
學誠先已從語境角度論及此事：陳壽生於西晉，司馬光生於北宋，
「苟黜曹魏之禪讓，將置君父於何地？」而習鑿齒和朱熹「固江
東南渡之人也，惟恐中原之爭天統」，當然一定要崇蜀（《文史通
義‧文德》）。從表面上看，言正統者並非都涉及夷夏種族之辨。
但其言外之意，卻因此而起，為此而發，應是可以確定的。

　　梁啟超嘗言：中國數千年無持種族之意以論正統者❹。梁氏
彼時不欲對清廷取革命手段，其言論背後自有其不得不如是之時
代今典，但其或者也真未能看到這一層言外之意。其實，種族與
正閏早有關聯。夏殷周鼎革時改制，已寓此意。古人族類觀念的
生成發展，常常也由於現實的軍事政治需要。古代族群間的競爭

---

❸ 蒙文通，〈膚淺小書〉，轉引自柳詒徵，《國史要義》，第 66 頁；並參見蒙
　文通，《中國史學史》，《經史抉原》（《蒙文通文集》第 3 卷），巴蜀書社，
　1995，第 276～278 頁。錢鍾書先生據習鑿齒之〈晉承漢統論〉，指出習
　氏所謂「漢」，是指東漢而非蜀漢，則史稱習鑿齒著《漢晉春秋》（原書
　佚）以蜀為正統，未必準確，亦一說。參見《管錐編》，中華書局，
　1979，第 4 冊，第 1240～1241 頁。
❹ 梁啟超，《正統論》，轉引自饒宗頤，《正統論》，第 249 頁。

不僅是文化的，同時也是一種生存競爭。在此競爭時代，人我之別的意義首先是強調族群意識以維護群體內的凝聚力。殷族從夏族手裡爭奪到為天下共主的地位後❺，就曾特意體現其與夏族的不同。《逸周書‧周月》說：「其在商湯，用師於夏，除民之災，順天革命。改正朔，變服殊號。一文一質，示不相沿。以建丑之月為正，易民之視。」用今日的話說，「示不相沿」就是新統治族群強調自己與前不同的獨立文化認同，而「易民之視」則是要各被統治族群棄舊迎新，至少在表面形式上承認新統治族群的「共主」地位。張舜徽先生指出，此二語已道盡「新王必須改制之故」❻。

　　直接以種族言正閏者也早已有之。柳詒徵駁梁啟超的說法時，即指出唐代皇甫湜之〈東晉魏正閏論〉就已明確以種族夷夏來論正閏了。柳氏自述其《國史要義》之〈史統〉一篇，全在申論蒙文通先生上文之意（蓋蒙說較簡）。他在一一檢討宋以降歷代持正統論者和自稱不持正統論者之言論後，得出的結論是兩方面的觀念實際上並不怎麼相異。各家所說，雖然或重傳授，或重疆域，或重種族，或重道義，但最終皆以正道義為鵠。此說與柳氏所謂「中國乃文明之國之義，非方位、界域、種族所得限」❼相表裡，亦有其時代的「今典」在（與抗戰有關）。細觀柳氏的論證，他所

❺ 杜正勝先生對夏商之間的爭霸戰做了精彩的歷史重建，參見其《古代社會與國家》，允晨文化，1992，第251～264頁。

❻ 張舜徽，《舊學輯存》，齊魯書社，1988，中冊，第1153頁。

❼ 柳詒徵，《國史要義》，第50～66頁；《中國文化史》，上海東方出版中心，1988年影印版，上冊，第33頁。

說的「道義」，其實即類今人口中的「文化」。

　　這恰好體現了夷夏之辨理論上重在文化的開放一面，歷代此類例子頗多。西元 382 年，秦王苻堅以「四方略定，唯東南一隅，未沾王化」，擬大舉伐晉。秘書監朱彤支持說，這是恭行天罰，「返中國士民，使復其桑梓。」苻融則反對，以為「國家本夷狄也，正朔會不歸人。江東雖微弱僅存，然中華正統，天意必不絕之」（《資治通鑑》卷 104 晉太元 7 年）。這段話很有意思。據胡三省注，朱彤所說的「中國士民」是「永嘉之末避亂南渡之子孫」，則他不視晉為「中國」，自然也不可能讓其居正統；而苻融則不視秦為「中國」，故仍承認晉居正統。可知當時夷夏之辨已含混，且苻融說「國家本夷狄」，也暗含現已不那麼夷狄之意（然根本處仍有不同），大家所著眼的，顯然是文化，故為夷為夏確是可變的。後來北齊之高歡說：「江東復有一吳兒老翁蕭衍者，專事衣冠之樂，中原士大夫望之以為正朔所在。」（《北齊書・杜弼傳》）則為夷為夏，端看是否「事衣冠之樂」，而文化上為夏者又自然居正統，意思甚為明顯。

　　實際上，在華夏基本為一而夷狄是複數時，尤其在幾國並峙之時，每一國都有文化選擇的可能性存在，比如，在遼（契丹）、金（女真）、宋（華夏）幾大勢力對峙時，雖然每一方都是實際或假想的戰略敵手，但同時各方也都至少有兩種以上文化和政治制度的選擇可能。具體地說，對於五代各國，承認誰是正統不僅是個名義問題，其實也意味著文化和政制的選擇（當然還存在著有意識地選和無意識地變等多層面的區別，此非本文所能深究）。例如，當金征服遼時，就有華夏和契丹兩種文化政制可供其選擇，

金人也分別學習了雙方的一些內容，最後主要選了華夏文化。更具體一些，金人在選擇其繼承了何者之正統時，更有遼、宋、五代之國、以及更遠的唐等幾種可能性；金人最後在選唐還是選宋之間長期徘徊，實際上是在面臨正在敵對之中的宋朝這一政治現實的同時，既要選擇宋朝代表的文化政制，又希望仍可以視宋人為島夷，這中間曲折的苦心，很值得研討。以今日的後見之明看，雖然宋是軍事上和治統方面的失敗者，但華夏文化和政制卻是當時各方最後的選擇❸。

　　其實，不僅正統論本身，本此而產生的道統論、治統論等影響上人甚多的重要觀念，也都與夷夏之辨息息相關。中國士人講道治關係起源甚早，其系統化遠早於正統論。春秋戰國之際關於道治關係的觀念及其系統化，余英時先生已有清楚的論述，此不贅❹。簡言之，道治關係的提出及此觀念的系統化與周代政治由「以德撫民」向「親親」這樣一種民先於神的人文方向發展過程

---

❸ 關於這方面的研究，參見吳天墀，《西夏史稿》，四川人民出版社，1980；陶晉生，《女真史論》，食貨出版社，1981，及《宋遼關係史研究》，聯經出版公司，1984；陳學霖，*Legitimation in Imperial China: Discussions under the Jurchen-Chin Dynasty* (1115～1243), University of Washington Press, 1984；宋德金，〈正統觀與金代文化〉，《歷史研究》，1990 年 1 期，〈遼朝正統觀念的形成與發展〉，《傳統文化與現代化》，1996 年 1 期。

❹ 參見余英時，〈道統與政統之間〉，《士與中國文化》，上海人民出版社，1987，第 84～112 頁；〈反智論與中國政治傳統〉，《歷史與思想》，聯經出版公司，1976，第 1～46 頁。以下幾段論述也多參考此兩文，引述不確之處，責任由筆者自負。

相表裡。周人很重視天人關係，在整個周代，特別是東周以後，
周人認知中的神基本視人的行為是否有德而定其支持與反對，並
衍生出民是「神之主」，所以神不僅「依人而行」，而且「惟德是
依」這樣一種開放型的以德政為基礎的天命觀（參《左傳》襄
24、桓6、僖5、莊32年）。神既然「惟德是依」，意味著誰能行
德政誰就有「天命」。這與後來興起的五德終始說同樣是開放型
的，但這裡人和神都更主動：神的主觀傾向取決於人的主觀努力
（此點與基督教的「上帝選民」說依稀相通）。由於其開放的特
性，這兩種理論都為欲改朝換代（包括夷夏間的改朝換代）者所
樂道。

　　道統觀念的產生也與此重人文的發展方向有關。從春秋時的
「太上以德撫民，其次親親」（《左傳》僖24年）到戰國晚期《中
庸》所說的「天之所覆，地之所載……凡有血氣，莫不親親」及
「仁者人也，親親為大」，提示著一條從行天道的以德撫民到行人
道的親親的轉變之路。「親親」由「其次」到「為大」，意味著政
治所重已由天人關係轉到君民關係以及由此而衍生出的君臣關
係❷　此時代表天的「德」已退居二線，總要有新的最高權威。
儒家根據「君君、臣臣（君不君則臣可以不臣）」這樣一種類似契
約的相互職責關係，提出了「道」為共同在上的最高權威，而道
的載體是在春秋戰國社會大變動期間由貴族之末變為四民之首的
「士」。法家和黃老學說一邊則主張最高權威應是集精神物質於一

---

❷ 說詳羅志田，〈中國文化體系之中的傳統中國政治統治〉，《戰略與管理》，
　1996年3期。

身的君主，由此而發展出系統的君尊臣卑說。換言之，儒家學說實際上是主張存在道統與治統（尚未使用這樣的詞語）兩個統系，而法家則強調治統即道統。

儒家所說的二統之分，落到實處，便是其載體君主與士人之分。而二者之關係，主要在仕與不仕。在春秋戰國國際競爭的遊士時代，士如果不仕，可以藏，所謂「天下有道則見，無道則隱」（《論語・泰伯》）；也可以走，且可以遠走到夷狄之地，如孔子說：「道不行，乘桴浮於海」（《論語・公冶長》）；又曾「欲居九夷」（《論語・子罕》）❹。但由於「道術為天下裂」後，諸子「皆思以其道易天下」（章學誠，《文史通義・原道》），到底是以道自任的積極一面為主。故孔孟皆周遊列國，雖有所不仕，亦皆欲仕也。可藏可走，可不仕可求仕，皆提示一種道高於「勢」或「位」（即後來所說的治統）的觀念。仕與不仕的主動權基本是在士人手中。

到戰國中期，因各國競爭，從理論到實踐對「道」及其載體士都有需要。荀子說：「君人者，愛民而安，好士而榮，兩者無一焉而亡。」（《荀子・君道》）這就是說，君主思內部安定，則愛民；要想在外部競爭中成功，則必須好士。戰國中期國際競爭激烈，實已不允許僅思內部的安定。思想上的道高於位正由於社會需求所致，士的地位乃達到高峰，孟子將士與君的關係具體到師、友、臣幾個層面。從士的一面言，荀子明確提出「從道不從君」

---

❹ 「九夷」或以為是淮夷，離魯不算太遠，但「浮於海」則無疑是遠走之意。

（《荀子‧臣道》）。由君的一面看，郭隗對燕昭王說：「帝者與師處，王者與友處，霸者與臣處，亡國與役處。」（《戰國策‧燕策一》）這段話的意思要反過來讀，即「與師處者帝」（餘類推），與孟子所說，正相表裡。

到戰國晚期，形勢又變。那時相互爭奪的各國，許多早已是在同姓之間進行，「親親」的原則漸失凝聚力。《管子‧明法》明確指出：「尊君卑臣，非親也，以勢勝也。」由法家集大成的君尊臣卑觀念也講「道」和「無為」，但道不再超越於君臣之上，而是與君一體同在；無為則是在「臣有其勞，君有其成功」的基礎上，即「有功則君有其賢，有過則臣任其罪……是故（君）不賢而為賢者師，不智而為智者正」（《韓非子‧主道》）。由於不講「親親」而講上下之「勢」，君臣之間類似契約的相互職責由淡而無，漸漸只剩以「勢」分上下的尊卑了。士人仕與不仕的主動權也因此轉到君的一邊，戰國後期大量士人入仕無門，只能為各國重臣之門客、舍人。這樣，代民參政執政的「士」的地位，從戰國初期求仕而為臣，到中期不仕而為師，再到晚期求仕而難為臣，恰從社會側面揭示了民與君輕重關係的變遷❷。

以上所述是道、治觀念演變的沿革，而道、治之成為「統」且作為專有名詞的出現，卻與正統論的發展直接關聯，且都是在夷夏關係頗為尷尬之時。習鑿齒於三國史不予魏正統，即以「其道不足」為據。故饒宗頤先生說習氏創「據王道以論位」的先例❷。道統、治統作為專有名詞，應是在南宋以後之事。錢大昕

❷ 參見杜正勝，《古代社會與國家》，第87～91頁。

以為道統二字連用始見於與朱熹同時的李元綱之《聖門事業圖》，其第一圖即云「傳道正統」❷。不久後朱子即大講道統。過去所謂正統，實際上說的都是治統。南宋勢弱，君臣敢爭天下治統者實遠少於主偏安者。偏安而欲居正，不得不別求以道正統。這應是道統名詞出現的外因。道既別成一統，自然又有治統名詞的出現。元儒楊維禎提出：「道統者、治統之所在也。」（《正統辨》）便是以道正統的最明確表達。後楊慎之《廣正統論》及王夫之論道治二統關係，基本上循此將二統結合的取向。至清儒之講道統以至於學統，則多在漢宋之爭，其重門戶之「統」甚於重「道」，又等而下之❷。

　　但楊維禎的觀念，也只是儒生一片面的理想而已。實際上的道治關係，大約也只有在戰國的一段時期，才有此佳境。戰國時道高於勢，固然因各國競爭，對「道」及其載體士都有實際需要，部分也因為諸子之「道」皆意在「天下」，故可高於諸侯之一邦的「勢」。秦漢大一統首先意味著「勢」的一統，即天下已在一個治主之下。如是則這兩個因素均不復起作用。在觀念上，從此以後的兩千年間，「道高於位」和「君尊臣卑」兩大原則就像一個錢幣的兩面，與傳統中國政治共始終。兩者之間有鬥爭有妥協有融合，總的趨勢是前者主要在理論上為士人所推崇，而後者更多在實際政治中得到貫徹。

❷ 習鑿齒，〈晉承漢統論〉，收在饒宗頤，《正統論》，第 61 頁，饒先生語在是書第 7 頁。

❷ 錢大昕，《十駕齋養新錄》，卷 18，轉引自饒宗頤，《正統論》，第 380 頁。

❷ 參見饒宗頤，《正統論》，第 44、380 頁。

　　國際競爭局面既消失，以周遊而仕或不仕皆不可行。同時，一方面因治主統治地域太寬，一方面夷夏在飲食衣服方面已相差甚遠，在名分上也區分較嚴，遠走不仕的可能性也已縮到極小。且大一統之「勢」亦不肯屈於「道」，已不許士隨意遊走。西元502 年，梁王蕭衍迫齊和帝禪位，自稱帝以代齊。琅邪顏見遠「不食數日而卒」。蕭衍大不以為然地說：「我自應天從人，何預天下士大夫事，而顏見遠乃至於此。」（《資治通鑑》卷 145 梁天監元年）以蕭衍意，則士大夫應慮之事，似乎即在「道統」的範圍之內；至於治統，大概主要已是君主考慮的事情了。這樣詮釋道治之分，或者只是一個特例，但二統之分，終使士人可游移其間。走不太可能之後，仍有仕與隱的活動餘地。惟除個別人物外，仕與隱皆是 「臣」，師與友的日子隨遊士時代的逝去已基本不復存在。漢代獨尊儒術以後，儒生成為士的主流。對儒生而言，不論仕與隱，最終是為了守道，大致是無問題的。

　　再後來夷夏攻守之勢互易，遇異族部分或全部入主華夏之時，仕與隱就與夷夏之辨直接關聯起來。道治二統何者為尊，已不再是簡單的道勢之間的對峙了。若推到極致而言，夷夏之辨也可以包括在「道義」範圍之中。宋以降中國歷代或受夷狄嚴重威脅，或為夷狄完全占據。可以說，大凡言正統者，心目中總有夷夏之辨的影子在。歷代修史者固可斟酌是否將以前的異族政權納入所謂正統，但身處異族政權之下的士人，當下就必須做出抉擇。若以華夏治統為正，則決不可以允許出仕異族政權。反之，既然華夷之辨本身是以文野之分為基礎，而道統又高於治統，則只要有利於中華文化的延續發展，為了衛道，出仕異族政權以達到用夏

變夷的目的，似乎也是可以容忍的。

三、夷夏道治與仕隱

　　凡改朝換代之初，不少士人對異族統治是難以接受的，為尊道而尊治之正統，更提高了夷夏之辨在中國士人心目中的地位。陶宗儀的《輟耕錄》（卷二）記載元大儒許衡應召入仕，途中拜訪另一大儒劉因。劉責備許「一聘而起，毋乃太速乎？」許即答以「不如此則道不行」。後來劉因也一再被徵，卻累辭不就。其理由乃是「不如此則道不尊」。一要行道，一要尊道，關懷是一致的，出發點卻有別。許衡所持，應是夷夏之辨開放的一面，允許夷能變夏，故必出而行道，化異族政權於華夏之風教。為了最上的道，暫可不計政權興替於何人之手。劉因所據，顯然是夷夏之辨封閉的一面，夷夏不能互變，則政柄操於何人之手至關重要，決不能承認異族政權，故以不仕為尊道。且道統說本認為孟子到韓愈或宋儒之間道統已先斷而復續，一時而道不行應無妨。

　　但是前此道統之中斷與治統並無直接關係，今道既可因治統之斷而虛懸，意即道只有治統之正者可行之，暗含道治二統合一之義。夷夏之辨實已置於道治之分之上了 ❷。中國不待近代民族主義傳入，已產生了將外患置於內政之上的思想。故正統論雖因異族壓迫而起，其發展又反過來增強了夷夏之辨的封閉性一面，趨向於從非文化層面來詮釋夷夏之辨，以強化夷夏之別的不可轉移。

---

❷ 顧炎武，「君臣之分猶不敵華夷之防」，《日知錄》，卷9，「管仲不死子糾條」。此承王汎森先生提示。

　　明清之際境遇相似的王夫之是站在劉因一邊的。他以為許衡不過是要「標榜自鬻於蒙古之廷」。在船山看來，理想的常規政治應是道治二統「並行於天下而互為興替」。但萬一治統中絕，「儒者猶保其道以孤行而無所待，以人存道，而道可不亡。」所以，「天下自無統，而儒者有統」。如是則不論道行不行於世都不致中絕，只要能存以待後人即可。這當然是道高於治了。但道統之中絕與否仍繫於治統之上，是船山同樣隱含夷夏之辨高於道治之分的觀念❷❼。

　　王氏顯然傳承了陳亮的觀念。陳亮那種不允許夷可變為夏及存「人道」以待將來的觀念，雖然也體現了士人的長遠信心，同時也暗示了當下對中國文化或道統的信心有所不足。但船山對華夏道統信心的不足表述得更為直接。他一向反對君子小人或華夏夷狄相混雜，以為君子小人之分或華夏夷狄之分都是天所分，「非人之故別之也，一亂而無不可亂矣。」歷史上夷狄入主中國之時，只要「小人終不雜於君子」，則治統雖廢而道統可不廢；若一混雜，結果必然是兩統俱廢。由此引申開去，他根本就反對君子去教化小人：「將引小人而納之君子，實夷君子於小人也。小人雜於君子而仕與同官、學與同師、遊與同方、婚姻與同種姓，天下無君子，皆小人矣！中國皆夷狄矣！」❷❽換言之，凡君子小人或華夏夷狄相接觸時，被「同化」的必然是也只能是君子或華夏一方。

---

❷❼ 王夫之，《讀通鑑論》，卷 15，「文帝十三」。

❷❽ 王夫之，《讀通鑑論》，卷 15，「文帝十一」。陳亮時尚可號稱有半壁江山，船山時幾已全為異族入主，可知這些士人的自信實與治統的盛衰成正比；他們潛意識中還是把治統看得極重。

這樣缺乏「免疫力」的文化，其實是無法與人競爭的，當然只能隔離。

　　所以，王夫之後來說：「漢唐之亡，皆自亡也。宋亡，則舉黃帝堯舜以來道法相傳之天下而亡之。」船山之意，明亡自然亦同。實即異族入主，而道治二統皆斬。夷夏之辨顯然已置於更高的位置。這裡的一個關鍵當然是道統是否必須道行於世才可延續。實際上，假如元、清統治者決意要斷絕華夏道統，而全以其「夷統」變夏，則船山所謂以人存道使之不亡確有實行的困難。而且，即使是劉因、王夫之，也必然同意道行於天下既對天下有利也對道統的延續有利。所以這根本上還是許不許夷狄變為夏的問題。船山是不准夷變為夏的，故他最恨敗類之儒鬻道統於夷狄盜賊以教之竊，蓋他以為道治二統都是「天下所極重而不可竊」者㉙。但「不可竊」只是抽象的理論，關鍵還在於異族入主者實際上是否想要「竊」華夏之政教而行之。船山顯然是以為即使竊而行之也不算數的。但許衡一流，恐怕是寧願其竊華夏道統而行之，且甚望能推進此一取向。

　　對於那些生逢異族入主的第一代士人來說，道高於治且統必須續的觀念乃是其可以出仕異族之朝而不致十分於心不安的最重要心理支持。（從這個角度看，同族易姓改號，文化未斷，可不必仕，異族易姓改號，文化可能斷，反必須仕。）後人或可認為這不過是掩飾其貪祿位之私欲（那樣的人的確不少見），但平情而論，終不能排除有不少人真是為了衛道行道而出。治統已為異族

㉙ 王夫之，《宋論》，卷15，「恭宗等二」；《讀通鑑論》，卷13，「成帝七」。

所據，而道仍可衛可行，多少提示著這些人相當的文化自信。倒是像陳亮、王夫之等將夷夏之辨置於道統之上者，反而對自身文化道統的信心不十分足（當然，何者是真正為了衛道行道而出，並不容易判斷，稍一不慎，此論即可為「二臣」緣飾）。

　　對於生在異族之朝的第二代以降的士人來說，也只有在確立道統高於治統的觀念而自我心安之後，才能接受諸如「滿漢一家」的觀念而不覺十分抵觸於心。特別是元、清二朝，執政者自己就並不否認其與漢人的種類差別，而且實際上是努力維持其本族的認同。滿漢一家的口號正提示著其原非一家的事實。統治者既反客為主，原住民實亦反主為客。此時食毛踐土而不覺不安，同樣必須在思想理念上有所憑依。道高於治實是眾多士人自我綏清的法寶。反過來，士人求心安的努力，又更增強道高於夷夏之辨的觀念。晚清李慈銘即云：「正閏當論（道之）邪正，不當論（華夷）之內外。」❸雖然有其不得不如是說的語境，到底也反映了士人以文化之道統為尊的思想。

　　退一步說，即使是為心安而求依據，說得久了，也即真以為相信了。只要異族入主者大體能尊華夏道統，食毛踐土日久的士人便不致與之過不去。於是夷夏之辨遂淡，士人乃逐漸認同於所生所仕之朝。前引楊維楨尊本朝許衡為繼承朱子的道統傳人，說「道統者，治統之所在也」時，絲毫不是敷衍或趨附元廷，而是完全認同於元室。明滅元後，楊即以遺民自居，拒仕新朝。不僅楊氏，元代儒者，大抵如錢穆先生所云：「以為斯文所在，即道統

---

❸ 李慈銘，《越縵堂讀書記》，12，轉引自饒宗頤，《正統論》，第 48 頁。

所寄」，在朝在野，多注重「學業文章有以自守，行己主身有以自完」，於夷夏之防，反而「有所不知」。明初諸儒，大多是人仕明而心仍認同於元。到明確揭櫫元明之夷夏之辨時，已在開國七十餘年之後了 ❸。

　　後人觀此，或覺有不可思議處。對時人來說，亦未嘗不是久據道高於治、亡國而未亡「天下」（詳後）的觀念使然。錢穆先生注意到，不僅元儒，即起兵逐元的明太祖本人，不僅承認元曾居正統，更暗以元之草澤叛逆自慚。故明討元之文，僅一檄語及夷夏之辨（有意思的是，史家引用最頻繁的，恰是這唯一的例外）。即使該文之中，對「非華夏族類」的蒙古色目人，只要其「能知禮義，願為臣民」，便皆「與中國之人撫養無異」，是仍准夷變為夏也。朱元璋這種重實際的態度，或者即與元明之際許多士人仍認同於元這一大語境有關。故他明知「元時任官，但貴本族，輕中國之士」是很不「公道」的處置，卻並不對元遺民報復，反而強調「蒙古諸色人等，皆吾赤子」，自詡「朕之用人，惟才是使，無間南北」❸。

　　清初士人，頗重元史研究，顯然欲從前此異族入主時士人的因應中尋找進退的依據。故王夫之、呂留良等對許衡等人仕元痛加譴責，而吳偉業則看到元儒如帶之緒、以傳斯文的文化傳承功

---

❸ 錢穆，〈讀明初開國諸臣詩文集〉，《新亞學報》，6 卷 2 期（1964 年 8月），第 245～326 頁。

❸ 《明實錄・太祖實錄》，中研院史語所，1962 年校印本，卷 51、70，第999、1176 頁，轉引自謝貴安，〈從朱元璋的正統觀看他對元蒙的政策〉，《華中師範大學學報》，1994 年 1 期，第 89～90 頁。

用。雙方立場雖迥異，欲在相似的歷史中尋找思想資源卻同。吳梅村為宋濂的文集作序，特別強調宋濂的文章直接「淵源於宋之逸老」。則宋明之間，實賴元儒相傳。錢穆先生指出，梅村此文，實即自況，信然。惟梅村多少有些扭捏，尚不像許衡那樣理直氣壯也。稍後於吳偉業的顧嗣立讀元史，也強調宋元之際，「詩書遭兵燹，滅沒無一存，偉哉姚公茂，絕學能相承。」姚樞固仕元之大儒也。學幾絕而由仕元之漢儒傳承之，是出仕異族之朝確有助於「道之行」。以顧氏之見，中國文化自宋至明，「斯文如江河，源遠流不絕」，就是由姚樞、許衡到宋濂一脈相傳。吳、顧之言，多少代表一種時代認知。元儒出仕既然有助於中國文化的傳承，清之士人自可仿效之。清初士人研究元史的興趣，實有其苦心在焉㉝。

　　清初大儒顧亭林也是拒絕仕清的。但他的不仕，大約更多是不作「二臣」仕異朝。顧氏有一段亡國與亡天下之辨的名言，已廣為引用，但確實重要，仍值得引在這裡：

㉝ 錢穆，〈讀明初開國諸臣詩文集〉，第 260～261 頁；孫克寬，《元代漢文化之活動》，臺灣中華書局，1968；鄭鶴聲，〈清儒對於元史學之研究〉，《史地學報》，3 卷 4～5 期（1924 年 12 月，1925 年 3 月）；顧嗣立，〈讀元史八首選四〉之一、之四，宋犖編，《江左十五子詩選》，掃葉山房本，卷七，第 20 頁；John D. Langlois, Jr., "Chinese Culturalism and the Yuan Analogy: Seventeenth Century Perspectives," *Harvard Journal of Asiatic Studies*, Vol. 40 (1980), pp. 355～398，此文承裴德生 (Willard Peterson) 教授提示，特此致謝。

> 有亡國有亡天下。亡國與亡天下奚辨？曰：易姓改號，謂
> 之亡國。仁義充塞，而至於率獸食人，人將相食，謂之亡
> 天下。……是故知保天下然後知保其國。保國者其君其臣，
> 肉食者與謀之。保天下者，匹夫之賤，分與有責焉耳矣。
> （《日知錄・正始》）

這裡顯然是道高於治，即全中國的文化高於朝代的興替。由此高
度言夷夏之辨，主要看入主之異族是否採中華文化而定「天下」
是否已亡。只要清接受華夏文化，主動向變為夏的方向走，則與
明王朝無「食祿」關係的第二代士人，亦可以換代之主而非夷狄
視之，也就可以出仕。故顧氏不仕清，卻並不阻止其後輩子姪仕
清。

四、餘論：從文化天下觀到近代民族主義

　　顧亭林的話說明，對主流士人來說，道高於治的原則實際上
超越於夷夏之辨的觀念。同時，顧氏的話也是中國古代從文化的
角度來界定「中國」與「天下」這一觀念最為簡明扼要的總結❸❹。
顧氏所謂的「天下」，與今日我們所說的「文化」，如果不是同義
詞，至少也是近義詞。其演化的過程，大致是由文化中國觀到文
化天下觀，起初「天下」既是地理的，也是文化的，後來「天下」
的文化含義逐漸疏離其地理含義而取得獨立的意蘊，其在具體行

---

❸❹ 說詳羅志田，〈先秦的五服制與古代的天下中國觀〉，《學人》，第 10 輯
　　（1996 年 10 月）。亦收入本書，第 2～39 頁。

文中的指謂就視上下文的語境而定了。

　　顧炎武之所以不阻止其後輩子姪仕清，也因為清廷接受華夏政教之意，確比元室殷切許多。大體言之，清廷對其認為重要的武衛，主要留給滿人；對其認為次要的文事，則讓漢人去競爭（兩者到後來都有頗大的變化）。究其根本，還是從保持鞏固滿人的統治這一政治目的出發。康熙八年一份關於停止將民間房地圈給旗下的上諭，特別強調皇帝對「滿漢軍民，原無異視」（蔣良騏，《東華錄》卷九）；其實說無「異視」正是針對實際的「異視」，因為那時的「民間房地」當然只能是漢人的，而「旗下」雖也包括漢軍各旗，其認同則大致在「滿」的一邊。且康熙帝有意無意間以「滿漢」與「軍民」對應稱謂，最能提示清廷的重武輕文心態。入關之初，清廷在滿漢文化取捨上，也是採取重武輕文的妥協政策。對可以當兵的男子，必強迫其變髮式，易服色。服色髮式，自古以來就是中國人極重視的文化象徵，清必變之以強調其「為中夏之主」的征服性質，是明顯的用夷變夏。但對僧道、戲子、及女性這些與軍事關係不大者，則基本任依其舊❸❺。在政治

---

❸❺ 這也有個過程。清入關之初也曾多次下詔禁婦女纏足，然康熙七年即對漢人開禁。這基本體現了尚武的清人對與軍事關係不大者的放鬆，正類其對僧道、戲子的政策。清季以來，常有人說這是滿清故意要讓漢種體弱，實則這只能是西潮入侵之後，特別是清季革命運動興起後才產生的觀念，康熙如何會有這樣的認知。同樣，後人也曾強調漢族女子反抗堅強，是所謂「男降女不降」；意思雖與前說截然相反，卻仍是清季革命運動興起後才出現的後起詮釋。且不說明清之際的婦女很難超越「女子不問外事」的傳統，假如清廷像對待男子髮式一樣逼迫漢族女子易俗，婦

制度、綱常名教及學理上，清廷基本採漢制，這又是用夏變夷。

根據教化不能施則不及以政的古代文化政治觀，以前華夏各朝對夷狄真到教化可及，而必須負起實際的政治「管理」之責時，一般的原則是《禮記·王制》總結的「修其教不易其俗」。用今日的話說，就是改變其上層文化，保留其下層文化。清人則反其道而行之，對漢人是基本「易其俗不修其教」，故雖易服改髮，終留其教。雙方妥協之大處尚存，「教」的載體士人尤知之。

有清一代的政策，基本上是一面對漢人講滿漢一家，要漢人忘掉自己的族類認同意識；同時又強化滿人自己的族類意識。但雍正帝是個例外。他在因曾靜案頒下的《大義覺迷錄》裡多次自稱「外國」、「外夷」，明言清人是「外國人承大統」。雍正帝對儒家華夷之辨開放一面的觀念十分熟悉，從孟子到韓愈，列舉引用，如數家珍。他對曾靜以產地分夷夏的觀念，即全用文野之分、華夷可互變的道理駁斥之。雍正帝說：滿人所以被認為是夷狄實因「語言文字不與中土通」。這就進而將仍有高下之分的文野之別，改為平等的文化不同，蓋其自不可能承認滿人野而不文也。既然夷夏之間不過是文化有別，故「夷狄之名，本朝所不諱」。但雍正帝也承認，「滿洲人皆恥附於漢人之列」，說明當時仍是居統治地位的滿人不十分想「滿漢一家」。像雍正這樣誠實的皇帝，有清僅此一人。故他死後，其子乾隆帝立即將《大義覺迷錄》禁毀。且對既存中國書籍或刪或焚。凡有夷狄、中國字樣，不刪即改。要在既不引起讀書人對滿人以外來少數族統治中國之聯想，更欲中

女反抗再堅強，恐怕終不得不「降」。

國讀書人自省自律，不要去觸犯法網 ❸ 。

　　乾隆帝曾就清代應追祀哪些歷代帝王說：「昔楊維楨著《正統辨》，謂正統在宋而不在遼、金、元，其說甚當。」實際上，清廷早已祀遼、金帝王，而未祀兩晉諸代，乾隆帝認為這會「使後世疑本朝區分南北」，故命令也追祀兩晉、元魏和五代諸帝王。這段話如果史臣記載不錯，很能提示乾隆帝內心深處的意識。因為這裡有一處明顯的誤讀：楊維楨為元臣，豈能上書說本朝不居正統？實際上，楊的《正統辨》也只說了正統在宋不在遼、金，並未說不在元。即使這或者不過是因時人常將遼、金、元並提而一時口誤，據西人的心理分析學說，脫口而出的誤陳恰是意識深處的流露。乾隆帝不欲「使後世疑本朝區分南北」，正表明他自己深蓄「區分南北」之心；同時，他也因自己對清代漢人多少有些不滿異族統治的體會，以為元代「漢人之為臣僕者，心意終未浹洽」❸ ；並進而以己之意度昔人之腹，想楊氏也應屬那些「心意終未浹洽」者，才無意中把元不居正統的觀念也算在楊氏頭上。當時的史臣將其記錄而不覺有問題，民國時修史之人將其援引入史書亦不置疑，均提示著「漢族士人不滿蒙元統治」已成一個長期為一般人接受的固定認知。若與前引錢穆先生重建的史實對看，

---

❸ 《大義覺迷錄》，第 85、108～109 頁；參見王汎森，〈曾靜案〉，第 168、172～173 頁。

❸ 乾隆帝這兩段話分別出自《清高宗實錄》卷 1154 和《清史稿》卷 84〈禮志三〉，均轉引自宋德金，〈正統觀與金代文化〉，《歷史研究》，1990 年 1 期，第 84 頁。另一種可能是乾隆帝所說的「元」是指元魏，但從上下文看，文字實不順；且如果真指元魏，當云「元金遼」才妥，故不取此義。

這一認知中想當然的成分甚重。歷史表述和歷史事實之間那種無限曲折的關係，的確值得我們重視。

　　無論如何，華夏政治制度及綱常名教對維護滿清的統治有利，而清廷在漢人中消弭滿漢之分的努力也相當成功。清初之治，確有勝過明季之處。滿人接受華夏文化的實際程度，也超過元代蒙古人；滿漢兩族在政治待遇上的差別，並不如元代那樣苛。凡此種種，都不同程度地減低了漢人對滿族統治的嫉惡。到西潮東漸後，以前在乾嘉時極為忌諱的詞彙「夷狄」，咸同時略經躊躇後即為漢族士人廣泛使用。清廷不以為忤，而士人亦不再覺有自我檢束的必要。足見多數時人早已不視清為夷狄。同樣，漢人接受滿人的辮髮服式以為己有，亦早成習俗。清季之留學生革命派提倡剪辮易服，在老百姓中並不成功。民國後乃不得不強制剪髮，與清人初入關時相類，直到北伐時仍被老百姓視為一項苛政，而北伐後國民政府內政部仍在下令剪辮❸。這一切都表明清雖是外族

----

❸ 參見葛佳淵、羅厚立，〈形象與文化：換個視角看中國〉，《讀書》，1993年12期。這些層面過去的研究者注意得不夠，實受晚清以來的士風影響。清季士人常好說清廷實行愚民政策。實則以為儒家經典是可以使民「愚」的工具，乃是尊西之後在西人引導下產生的觀念。西潮未來之前的清廷，如何能夢見這樣的「功用」！何況從文化競爭的視角看，滿清以外族入主，卻主要用漢文化來「愚」漢人，而並不全用其滿族文化來強迫漢人「滿化」，實在是難能可貴了。近人又好言清廷或迫使或故意引中國士人走上考據之途，使其不關心政治云云，其實也都是西潮東漸後產生的觀念。蒙文通、余英時先生已證明，乾嘉考據之興，自有晚明以來中國思想學術發展的內在理路在起作用，且士人考據之最終目的是由經見道，也並無脫離政治之意（蒙文通，〈中國歷代農產量的擴大和賦稅制

入主，中國卻並未達到「亡天下」的地步。

此點至關重要。後來的漢族士大夫助清廷剿滅太平天國，如無這個基礎，便不可能。司馬遷已注意到，秦末陳涉不過一「至微賤」的匹夫起事，「然而縉紳先生者徒，負孔子禮器往，委質為臣者，何也？以秦焚其業，積怨深而發憤於陳王也。」蒙文通先生據此指出：「蓋宗社之怨既深，種族風教殊，而道術之痛尤篤也。」❸❾從修教易俗角度言，漢人的縉紳先生者徒能起而助清廷剿滅太平天國，即因宗社之怨雖在，種族風俗亦殊，但教與道術尚存，有妥協之餘地，而洪楊正所謂「怪力亂神」者也。

在這樣的語境下，當太平軍以反滿民族意識和外來之拜上帝教為號召起兵造反時，絕大多數食毛踐土的士人乃能站在清廷一邊，捍衛為中夏之主的滿清政權。其根本原因，就是因為太平天國講的正是「子不語」的怪力亂神，代表一種「亡天下」的可能。許多漢族士人並非不為反滿民族意識所動，但「亡天下」的危機感顯然壓倒了這相對狹義的民族意識。

太平天國時基督教在華地位尚低，基本與民間「邪教」相類似。對傳教士比較正面的稱呼，大約就是「講古鬼」❹❶。許多人將傳教活動視為類同民間藝人的講古，而洋人本來又被視為「番

度及學術思想的演變〉，《四川大學學報》，1957 年 2 期；余英時，〈清代思想史的一個新解釋〉，收在其《歷史與思想》，第 121～156 頁）。關於乾嘉考據與清廷政策的複雜關係，參閱王汎森先生即將刊布的關於清代「自我禁抑」的研究。

❸❾ 蒙文通，〈周秦民族史・序〉，第 28 頁。

❹❶ *Chinese Repository*, IV:8 (Dec. 1835), p. 356.

鬼」，所以實連江湖藝人都不如。故士人之反太平天國，固然是多從文化上考慮問題，但基本上是將其作為反名教的「怪力亂神」看待，尚不致像後來許多人說的那樣對外來之基督教教義感覺很大的威脅。

然而，到了庚子之役清廷也像洪楊那樣提倡「子不語」的怪力亂神時，士人便不再以為清政府可救亡和振興中國。魯迅說，「戊戌變政既不成，越二年即庚子歲而有義和團之變，群乃知政府不足與圖治，頓有掊擊之意矣。」 ❹ 這裡的「群」，實即士大夫 ，因為一般的老百姓在義和團之時恰與清政府有一度的 「合作」。當時「東南互保」局面的出現，就是那些曾在清廷與太平天國之間選擇了前者的疆臣，這次卻在清廷與列強之間選擇了中立（中立是新入的洋概念，從傳統觀念看，就是有外侮而不勤王，聽憑外人宰割君主）所致 ❷。

反過來，民間的反抗朝廷者則常常認同於傳教士或將傳教士視為盟友。太平天國以其簡化改造的基督教為官方宗教只是一個顯例。類似的情形在太平天國前後都有。早在 1834 年，福建一個企圖起事者就向美國傳教士雅稗理 (David Abeel, 1804～1846) 建議聯合造反。在太平天國之後，山東一夥起事者也曾要求英國傳

---

❹ 魯迅，《中國小說史略》，《魯迅全集》，人民文學出版社，1981，第 9 卷，第 282 頁。

❷ 類似的心態也可見之於清季的溫和改革派。他們反對革命，卻承認清政府不可恃。這在邏輯上是不通的，清政府不可恃，就必須更換之，否則何以救亡？此派之所以得不到多少民間的支持，就在於其政治主張根本沒有成功的可能。

教士李提摩太作他們的首領。周錫瑞 (Joseph W. Esherick) 關於義和團運動的起源一書更詳細揭示了十九世紀末山東起事者與傳教士的頻繁接觸❸。這表明那時許多人的確把基督教視為類似白蓮教、八卦教一類的異端。

可是造反者不用白蓮教、八卦教一類民間既存宗教形式，而偏偏選中外來的基督教，即使是出於偶然，也揭示了中國社會的一種思想權勢轉移。基督教及其所代表的西方思想此時雖尚在民間下層，不久即隨西潮之洶湧而漸入上層。待士人對基督教義及西方思想有了進一步的瞭解後，終認識到這是幾千年未有的大變局。其所以為幾千年所未有，即西人明目張膽直截了當地宣稱要從根本上全面「用夷變夏」。倘中國亡於西人之手，必然是名副其實的亡天下。而西人對「天下」之興趣，顯然也超過其對「國」的興趣。蓋「天下」變而通商自易，中國若全為西洋產品之市場，而西人更不須負行政管理之責，是猶勝於亡中國也。故中國即使不亡國，也面臨亡天下的危險。中國士人反應的激烈，自非明季可比了。

近代中國民族主義，就在這股大潮中產生。而近代民族主義的形成本身也提示著傳統的崩散，這一點明確體現在清季革命保皇兩派關於是否應排滿的爭論之中。依中國古訓，帝王（政府）

---

❸ "David Abeel Diary," Dec. 30, 1843, printed in *Chinese Repository*, XII:1 (May 1844), p. 235; Timothy Richard, *Forty-five Years in China* (New York, 1916), p. 100；周錫瑞，《義和團運動的起源》，中譯本，江蘇人民出版社，1994；並參見李恩涵，〈咸豐年間反基督教的言論〉，《清華學報》（臺北），卷6，第1～2期（1967年12月），第55～60頁。

失道，則革命即合法。有道伐無道正是愛國精神的體現。故清廷不必是異族，只要無道，即當討伐；但清季革命者卻主要是從種族而非從有道無道的觀念去肯定其革命的正義性。同樣，反對排滿的康有為一方，也力辯滿漢同祖，本為一家，故不應也不能排；他們也並不著眼於清廷的得道還是失道❹。這是特別值得注意的現象。這裡面原因甚多而且曲折複雜，但激進的清季革命者和「保守」的康有為等人思想資源已同樣西移，基本以新傳入的民族主義理論為其行為「合道」的依據，應是最主要的一個原因。也就是說，在中國近代民族主義初步形成的語境下，辯論雙方使用的詞彙雖然仍使人感覺到夷夏之辨的遺風，但其所傳所尊的「道」實已轉換，更多已是時人「收拾」來的西方學理了。

　　不久之後，夷夏之辨觀念在中國思想論說中更完全讓位於近代民族主義，在嚴肅的學理討論中，夷夏之辨的相關詞彙已基本無人再使用。再以後，夷夏之辨觀念也如博物館中的文物，只有少數「專家」能夠釋讀。今日治近代史者，很少不提到夷夏之辨的（一般都是作為負面概念簡略地批判幾句），但其所論，也多類似非「專家」者談文物，去史實真相已甚遠。從另一方面言，初期的詞彙遺存，其實也提示了夷夏之辨觀念正是近代中國民族主義的本土思想資源之一。在其詞彙消失的同時，夷夏之辨觀念的一些基本原則卻已逐漸溶入近代中國民族主義思想之中。清季民初中國讀書人雖因不斷的國恥和思想的西化而服膺西方近代民族主義，但最終還是暗存一種「道高於國」的觀念，總嚮往一種在

---

❹ 這個問題太大，只能另文探討。

民族主義之上的「大同」境界，這是中國民族主義與歐美及許多
前殖民地國家民族主義的一大區別，恰透露出文化天下觀的遺風。

（原載《學人》，第 11 輯）

中 篇

民族主義與
近代中國思想

從西學為用到中學不能為體：西潮與近代中國思想演變再思

　　西潮與近代中國思想演變的關係是舊題目了。以費正清為代表的「西潮衝擊－中國反應」這一研究近代中國的典範 (Paradigm) 在美國早已被費氏的弟子或再傳弟子視為過時。近年新興的取向是要「在中國發現歷史」，亦即重視中國的內在發展❶。這是美國漢學界的一大進步，當然是不錯的。的確，像西方、中國、思想這一類詞彙的涵蓋面實在是太廣。即使限定在近代思想史的範圍內，近代西方和中國各自都是變化萬千，而思想的演變是與文化、社會、經濟、政治等的變化密切相關的；中西雙方之思想亦有其各自發展的內在理路。倘若把視點集中到中國，也應記住衝擊中國的西方是個變量；而西潮入侵中國之時，中國本身的傳統也在變（當然雙方也都有許多──或者是更多──不變的層面）。如果僅注意西潮衝擊帶來的變化，而忽視不變的一面，或忽視西方和中國文化傳統自身演變的內在理路，必然是片面的。

　　但是，不可否認，「西潮衝擊－中國反應」確實是一個重要的

---

❶ 參見柯文 (Paul Cohen)，《在中國發現歷史》，中譯本，中華書局，1989。

歷史現象，是中國近代歷史研究不可迴避的一大主題。用這一典範去囊括一切固然是不可取的。但因為這一典範被用得太濫就轉而以為它已可功成身退，恐怕也未必就恰當。近代中國士人面臨西潮蕩擊，被迫做出反應，從而引出一系列文化、社會、經濟、政治以及思想的大變化，個人以為對此的研究尚很不足。本文即檢討西潮與近代中國思想演變的能動關係中一些過去未得到足夠重視的層面，並試圖表明，至少在思想史範圍內，西潮衝擊中國引起的變化及其對今日學術研究的影響還應作進一步的探討。

　　本文的思路是：中西之間的文化競爭是中外矛盾的關鍵。西方在文化競爭方面是有備而來，中方則是在競爭過程中才逐步認識到「學戰」的重要，故在不知不覺中被西方改變了思想方式。中國士人沿著「西學為用」的方向走上了「中學不能為體」的不歸路。在失去文化立足點後，更因多層次的心態緊張步入激進化的軌道，造成民國初年思想界群龍無首、不知所趨的局面，為新文化運動準備了時勢造英雄的歷史條件。同時，由於中國士人在文化競爭中的失敗，西方對中國的文化滲透逐漸由中國知識分子來起主要的作用。結果，中西之間形成一種層累堆積又循環往復的膠著，故十九世紀的西潮已成二十世紀的「中國」之一個組成部分。

一、靈臺無計逃神矢

　　1848 年，馬克思和恩格斯在《共產黨宣言》中說：「資產階級……把一切民族，甚至最野蠻的民族都捲到文明中來了。它的商品的低廉價格，是它用來摧毀一切萬里長城、征服野蠻人最頑

強的仇外心理的重砲。它迫使一切民族——假如他們不想滅亡的
話——採用資產階級的生活方式；它迫使他們在自己那裡推行所
謂文明制度，即變成資產者。一句話，它按照自己的面貌為自己
創造出一個世界。」約半個世紀之後（1903 年），萬里長城之內
的青年魯迅在〈自題小像〉的詩中以一句「靈臺無計逃神矢」沉
痛地應和了馬恩的話。王汎森先生說：魯迅的詩「充分道出清末
民初知識分子在西方勢力傾覆之下的困境」。同樣，魯迅在此詩中
發出的誓言：「我以我血薦軒轅」，也道出了許多知識分子愛國救
國和拯救中國文化的共同心願❷。

　　一般的看法，中國在近代因落後而挨打，故思變求變，向西
方尋求真理。這基本是不錯的。但尋求真理必往西方而不在本國，
就很值得研究了。這顯然是中國士人在西潮衝擊下信心大失的明
證。林毓生先生曾提出，中國士人有一種從先秦即存在的傳統，
即「藉思想、文化以解決問題的方法」❸。但這恰不能解釋一般
所謂中國士人對西方的認識是從器物到政制，最後才到思想文化
這一過程。實際上，「器物－政制－文化」這一遞進關係並不符合
中國傳統的認識方式。中國人固然有社會習俗反映甚或代表特定
文化認同的看法（如「被髮左衽」說），但元、清兩朝異族入主，
其失敗之慘烈遠在清季之上，卻無人主張蒙古人或滿人的政制、
文化要高於漢人。而士人對中國文化的信心仍能保持。何以在清

---

❷ 王汎森，《古史辨運動的興起：一個思想史的分析》，允晨，1987，第 1 頁。
❸ 參見林毓生，〈五四式反傳統思想與中國意識之危機〉，收在《思想與文
　化》，聯經，1983，第 121～138 頁。

季不過在沿海被打敗，就對中國文化信心大失？這裡面一個重要原因，就是西人的誘導。蓋器物與政制與文化分不開正是西人的思想，並被其用來說服了中國人。

　　故西人能改變中國人的思想方式這一點尤其值得探討。屢受西方欺凌的中國人竟會主動向敵人學習，特別是甲午中日戰爭失敗以後，大量的中國學生湧入敵國日本而轉手學習西方，這個現象終究有些不合人之常情。有學者以為，只有文化失敗才可能造成對征服者同時既憎恨又模仿，不僅自認不如人，而且為了自救而忍受向敵人學習的屈辱❹。中國在近代中西文化競爭中的失敗是明顯的，但是中國向敵人學習的情形似乎不能完全以文化失敗來詮釋。在某種程度上，這恐怕也是信心尚存，即確信中學可以為體這一觀念使然。

　　近代中國除一些割地和少量租界外，領土基本得以保持完整。不平等條約固然侵犯了部分中國主權，但基本的主權仍在中國人手中。這樣，西方雖然力圖在中國取得文化控制，卻不能像在殖民地那樣直接地破除中國的本土文化，只能採取間接的滲透方式。因此，中國士人對西方文化的仇視和抵制通常較殖民地人為輕。領土主權的基本完整，應該是士人確信中學可以為體的根本基礎。由於不存在殖民地政府的直接壓迫，中國人在面對西方壓力時顯然有更大的迴旋餘地，更多的選擇自由，同時也更能主動接受和採納外來的思想資源。故中國知識分子學習西方的願望和實際行

---

❹ Jean-Francois Revel, *Without Marx or Jesus* (Garden City, N.Y., 1971), p. 139.

動都遠比殖民地人要主動得多。

不過，中國士人未能認識到，在中國，對文化控制的競爭既是手段也是目的。中國的幅員遼闊、人口眾多、文化悠久、中國朝野對外國入侵的持續抵制，以及帝國主義列強之間相互競爭造成的均勢等因素，使得全面的領土掠奪對列強來說既不合算也不可能。故列強退而採取一種間接的侵略方式，即以條約體系鞏固其非正式控制，同時寄希望於以文化滲透來為以後實質上的經濟利益鋪路。這就使西方需要不僅在物質上，而且恐怕更多是在文化上表現其權勢和優越性。也許正是領土主權的基本完整帶來的潛存信心使中國士人輕視了文化競爭的嚴重性。而西人則是有備而來的。

十九世紀之前，不僅中國士人自認中國為世界文化中心，就是十七、十八世紀來華之天主教耶穌會士在歐洲造成的印象，也認可中國人是「世界上最文明的民族」❺。但是科技革命和工業革命帶來的發展使西人的自信心與日俱增。故十九世紀來華之新教傳教士對中國文化的看法就遠沒有耶穌會士那樣高，而且隨著其自信心的增強，可以說是與日俱減。在 1830 年代，他們尚認為中國文化典籍至少在量上不僅超過任何非開化民族，而且超過希臘和羅馬。到 1850 年代，他們只承認中國文化優於周邊國家許多，卻已遠遜於任何基督教國家了❻。到十九世紀中葉，中西雙

❺ 參見 Arthur O. Lovejoy, "The Chinese Origins of a Romantism," in idem, *Essays in the History of Ideas* (New York, 1960), pp. 99～135, particularly 102～110.

❻ *Chinese Repository*, III:8 (Dec. 1834), p. 379; Eliza G. Bridgman, ed., *The*

方已都認為自己的文化優於對方。

英國傳教士楊格菲 (Griffith John) 於 1869 年指出：

> 難道我們不比他們（按：指中國人）優越許多嗎？難道我
> 們不是更具有男子氣，更有智慧，更有技藝，更通人情，
> 更加文明，不，難道我們不是在每一方面都比他們更高貴
> 嗎？根據我們的思想方式，答案是肯定的。但根據他們的
> 思想方式，答案是斷然否定的。而且，要我們改變對此事
> 的看法與要他們改變看法幾乎是同樣困難的。❼

因此，問題最終還是在於到底是誰能使對方改變其思想方式。

但中西之間有一個根本的文化差異：處於中西文化之爭前沿
的西方傳教士的最終目的是在精神上征服全世界，故對於異教徒
始終有傳播福音以使其皈依基督教的強烈使命感。但中國儒生對
非華夏文化的「夷狄」，則主要是採取「修文德以來之」的方式。
若「夷狄」本身無「變夏」的願望，中國儒生一般並不覺得有努
力使其「變夏」的責任感，更不用說使命感了。

中國傳統行為準則的一個要點即《禮記》所謂「禮聞來學，
不聞往教」。要別人先表示了「向學」的願望且肯拜師，然後才鼓
勵教誨之。主動向人輸出知識，即是「好為人師」，這樣的行為是

Life and Labors of Elijah Coleman Bridgman (New York, 1864), p. 216.

❼ "Griffith John to the London Missionary Society," ca. 1869, in R. Wardlaw
Thompson, ed., *Griffith John: The Story of Fifty Years in China* (New York,
1906), p. 254.

　　不被提倡的。這一準則同樣適用於中外關係。中國對於傾慕華夏文化的「四夷」固表欣賞且予鼓勵，亦可向之傳播中國學問。但「夷狄」若不行夏禮而用夷禮，通常亦聽任之。至於對不友善的「夷狄」，更禁止向其輸出中國文化。西方傳教士既然是騎在砲彈上飛到中國來，則中國人之不欲讓其瞭解中國文化正在情理之中。十九世紀中西接觸之初，不僅中國書籍是嚴禁出口給西人，就是中國語言文字也是不准教授給西人的。因此，西方傳教士遠比中國儒生更熱衷於使對方改變其思想方式。中西文化之爭是以自覺而帶進攻性的西方向防禦性的中國挑戰為開端的。中國士人自覺地認識到這是一場文化競爭，已是在西方發動一系列進攻之後了。

　　中西文化競爭的第一步就是要證明自身的文化優於對方。中國士人既然是競爭中被動的一方，一開始並未感到有必要證明其文化的優越。且中國人視經典文獻為華夏文化的核心，而文化典籍的優劣是很難靠自身證明的。但有備而來的西人在聲稱其文化優越的同時，尚攜有近代工藝技術為證明的手段。早期的中西衝突多在沿海，航海和海防恰又是中國工藝技術最為薄弱之處，乃進一步加強了西強中弱的認知❽。

　　的確，強勢本身也是一種說服的手段。船堅砲利的力量不僅在於其軍事的效率，而且在於其體現船砲製造者本身的優越性。英國在鴉片戰爭中有意識地使用當時最先進、也是英國第一艘鐵

---

❽ 參見詹森 (Marius B. Jansen) 為羅茲曼 (Gilbert Rozman) 主編的 《中國的現代化》（中譯本，江蘇人民出版社，1988） 所寫的第二章：〈國際環境〉，第 41～57 頁。

甲艦 the Nemesis，就是要向中國人顯示其最新的近代技術。這一著顯然達到了目的。「船堅砲利」給中國人的印象極深，在很長一段時間裡，基本上成為中國思想論述中西方「長技」的代名詞❾。

　　但是，對中國士人來說，船堅砲利雖然能夠證明西人有「長技」，尚不足以證明西方文化的優越。許多西方人，特別是傳教士，的確也更願意採取和平的直接說服的方式。蓋強制只會造成口服心不服，說服才可導致真正的心服。一般而言，傳教士雖然以征服為目的，其出發點通常是善意的。蓋大多數傳教士的確相信基督教和西方文化的傳播對中國有好處。當其採用和平的說服方式時，這種善意就容易體現出來，也就可能緩解中國士人對西方文化的抵觸。可以說，西方對中國的文化侵略之所以遠比政治、軍事和經濟的侵略更成功，正是因為傳教士不完全認同於砲艦政策和不平等條約體系。而且其成功的程度基本上與其疏離於砲艦和條約的程度成正比。

　　當然，傳教士最後選擇和平說服為主要手段也是有個過程的。在中西交往初期，許多傳教士也曾在不同程度上支持過對中國人使用武力或使用武力為威脅手段以迫使中國「開放」。這種明顯違背基督教教義的行為在一定程度上是受中世紀西方尚武心態之無意識傳承的影響。故傳教士本身也經歷了一個近代化的過程。傳教士自己在十九世紀末變得近代化亦即更加尚文之後，他們曾選

❾ 關於 the Nemesis，參見 Daniel R. Headrick, *The Tools of Empire: Technology and European Imperialism in the Nineteenth Century* (New York, 1981), pp. 43～54.

擇了以傳播西方科學這個手段來證明西方文化的優越。這一點只取得了部分的成功。但他們畢竟播下了種籽。當傳教士最後集中於利用出版物來影響中國讀書人時，由於適應了中國士人的行為習慣，其效果即開始凸顯出來 ❿。

正如胡適在 1926 年對英國人所說：「中國人不能在脅迫下接受一個與其信念相左的新文明。必須有一個說服的過程。」❶胡適自己是提倡或贊同某種程度的西化的，但他卻不能接受壓服。反過來看，和平的說服有時確能造成中國士人的對西方文化輸入的主動配合，儘管配合者自己通常並未意識到他們所起的作用，其動機和目的，即要使中國富強並最終凌駕於西方之上，也與傳教士的動機和目的完全相反。但傳播和推廣西學的角色，在「西學為用」成為士林共識以後，逐漸更多由中國士人自己承擔起來，也的確是事實。

二、西學為用

馮桂芬大約可以說是「中學為體，西學為用」的始作俑者。馮主張為了攘夷，不妨先降格師事西人。為此，馮將西方文化區分為禮和器兩種不同類型。器可用而禮不必學。其要在「以中國之倫常名教為原本，輔以諸國富強之術」❶。故馮實開了後來的「中學為體，西學為用」之先河。不過，馮氏一書所作雖早，流

❿ 這個過程相當曲折複雜，當另文檢討。參見本書第 135～166 頁。

❶ 胡適，《胡適的日記》（手稿本）全 18 卷，遠流，1989～1990。1926 年 10 月 8 日，原書無頁。

❶ 馮桂芬，《校邠廬抗議》〈採西學議〉、〈制洋器議〉。

傳卻晚。早年僅以抄本傳，至 1880 年代始有刻本。到 1890 年代，「中學為體，西學為用」基本已成時人共識。1891 年，康有為即主張「必有宋學義理之體，而講西學政義之用，然後收其用也」❸。次年，鄭觀應也明言「中學其本也，西學其末也」。到 1896 年，梁啟超指出：「捨西學而言中學者，其中學必為無用；捨中學而言西學者，其西學必為無本；無用無本，皆不足以治天下。」兩年之後，張之洞在《勸學篇》中整合諸家之說，系統表述了「舊學為體，新學為用，不使偏廢」的觀念❹。

　　過去講到「中學為體，西學為用」時，通常傾向於將其說成是為了維護綱常名教。其實若細察時人之意，恐怕其目的和重心都在「西學為用」之上。而且，不僅梁啟超、張之洞等人是如此，就是那些以西學比附中學之人，許多也是為了「投合吾國好古之心，而翼其說之行」❺。蓋主張變法之人，不過要學習西方，並無廢棄中學之意。惟守舊之人對此不甚瞭解。張之洞將體用之關係講明，正可釋反對派之心結。實際上，如果沒有學習西方的時代需要，中學為體恐怕根本就不會成為士人所考慮的問題。也就是說，在中體西用這一體系之中，中體雖置於西用之前；但從其產生的歷史看，中體實在西用之後。

---

❸ 轉引自王汎森，《古史辨運動的興起》，第 177 頁。

❹ 各家說法皆轉引自余英時，《中國思想傳統的現代詮釋》，聯經，1987，第 522 頁。

❺ 攻法子，〈敬告我鄉人〉，《浙江潮》二，1903 年 3 月，見張枬、王忍之編，《辛亥革命前十年間時論選集》第 1 卷（下），三聯書店，1960，第 500 頁。

　　具體言之,《勸學篇》中講「西學為用」的篇幅即多於講「中學為體」者。張氏並在序中明言,中學也以「致用為要」。可知全篇都重在一個「用」字上。再參之以 1902 年張之洞與劉坤一合奏的「變法三疏」,其目的和重心就昭然若揭了。言用而必言西,實已暗示中學至少在當下已無多大用處。更重要的是,張氏又發揮其旨意說,如今言西學,「西藝非要,西政為要。」在往西走的路上又進了一大步。中學既以致用為要,西學復以西政為要,則中體西用這一體系之中的「中體」實已被「西用」挖了牆腳。張氏所欲堅持者,唯中國文化之基本價值觀念也。其餘一切,大約均可不同程度地「西化」。

　　問題在於,西政恰是建立在西方的基本價值觀念之上的。要將其用之於中國而又要不改變中國的基本價值觀念,這是一個極難處理的問題。嚴復已看到了這一點。他在 1902 年駁斥「中體西用」這一提法時指出:「中學有中學之體用,西學有西學之體用,分之則並立,合之則兩亡。」❻ 嚴復此時之意,頗接近後來的「全盤西化」,此不詳論。從根本上看,這是一個文化體系究竟是否可分的問題。

　　從魏源到梁啟超等許多中國士人都傾向於認為文化體系是可分的,故有可能接受或採納異文化的某些部分並整合進自己的文化之中。從魏源提出「師夷之長技以制夷」以來,許多中國人一直在尋找一個中西文化之間的會接點。「中學為體,西學為用」正是這一觀念的典型表達。而且,文化可分論也是中國士人藉以避

---

❻ 《嚴復集》第 3 冊,中華書局,1986,第 558～559 頁。

開認同問題的實際理論依據。中國士人可以接受許多西方東西而不覺十分於心不安，仍能保持其中國認同，就是有文化可分論作基礎。清季士人講西學源出中國也好，講中體西用也好，多半都是在保持中國認同的基礎上，為引進西方文化找依據。

但是，十九世紀的西方傳教士基本是主張文化體系是完整不可分的（這當然與基督教一神獨尊的排他性相關聯）。他們以為，對異文化要麼整體接受，要麼全盤拒斥，沒有什麼中間立場。即其所謂：「欲求吾道之興，必先求彼教之毀。」⑰因此，對中國士人來說，學習西方頗有點不歸路的意味。以今日的後見之明來看，近代中國人學西方真可說是「邯鄲學步，反失其故」。而之所以失了自己的「故」，原因固然甚多，但其中一個重要原因就是西人所堅持的文化整體論。要學習異文化，必同時擯棄己文化。兩者不能妥協，也就談不上什麼會接了。

馮友蘭說：「清末人本以為西洋人是野蠻底，其所以能蠻橫者，純靠其有蠻力。對於有蠻力者之蠻橫，亦只可以蠻力應付之。……所以清末人之知注重力，……部分是由於清末人看不起西洋人之所致。」⑱但是，中國人既然開始注重力而擱置自以為所長的理，實際上已開始接受西方的思想方式。其早年提出「師夷之長技以制夷」，是覺得與「夷人」不可以理喻，不得不講求力，還是降而求其次的意思。到同治光緒年間辦洋務求自強，主

---

⑰ 轉引自宓克著、嚴復譯，《支那教案論》。在某種程度上，晚清那些主張「翼教」的人，在文化不可分這一點上倒與西方傳教士的觀念接近。

⑱ 馮友蘭，《貞元六書・新事論》，華東師範大學出版社，1996，第 238 頁。

張「破華夷之界」，雖仍未離師夷長技的思路，實已無降格之意，而漸有拔高中國自己之心。彼時反對師事西方的葉德輝已不得不反對「以國之強弱大小定中外夷夏之局」❶。葉氏所反對者，雖然未必就是其對立面所直接提倡者，但葉既感有必要提出反對之，大約已漸有類似的認知出現。後來一些中國人自認野蠻，正是以強弱分夷夏的結果。

　　這裡仍有西潮的影響。中國傳統本崇讓不崇爭。《春秋穀梁傳》（定公元年）說：「人之所以為人者，讓也。」許多人心裡未必真喜歡讓，但表面上仍不得不崇之，蓋世風使然也。這正是赫胥黎所強調而嚴復所不譯的後天倫理作用。西潮入侵，國人由重理轉而重力。過去受壓抑的法家耕戰思想被重新「發現」，進而引發出商戰以至學戰思想❷，「爭」漸具正面價值。這是後來「物競」思想流行的土壤，只是還缺乏系統的表達。《天演論》能風行於世，正在其不僅解答了中國何以敗──因劣，而且提出了解決的路徑──即爭。國人已先有爭的意識在，自能不脛而走。要言之，爭的觀念因西潮而顯，亦由西潮為之正名。美國史學家史景遷 (Jonathan D. Spence) 在其關於中國近代的新著封面上以中文大書一「爭」字❸，蓋有所得焉。尚爭而不尚讓，正是中國近代與前近代的一個重要區別。

　　到嚴復譯述《天演論》，特別是他把進化論化約為「優勝劣

---

❶ 葉德輝，〈與皮鹿門書一〉，《郋園書札》，1935 年《郋園全書》版，第 10 頁。

❷ 參見王爾敏，《中國近代思想史論》，臺北商務印書館，1995，第 244～247 頁。

❸ *The Search for Modern China* (New York, 1990).

敗，適者生存」的簡單公式並得到廣為傳播時，已經注重力並且尊西的許多中國士人很快被說服就不足為奇了。甲午兵戰失敗，士人紛紛尋因。《天演論》一出，簡明而系統化，而人皆以為言其所欲言。蓋重力尊西尚爭的傾向已為嚴復版進化論的風行準備了語境。有此理論，強力就成了最好的說服手段。一旦勝者是因為其文化優越這樣一種觀念在士人心中樹立起來，失敗者的傳統自然像粉一般碎了。既然中國屢被戰敗，則其文化必然低劣。中國人以前是不以成敗論英雄的，因為中國歷史上兩個從人變成神的關羽和岳飛以及一個半人半神的諸葛亮都不是成功者。如今則承認敗即是劣，可知其價值觀念已完全轉到西方一邊了。西方在改變中國人思想方式一點上已基本成功。

故此，中國士人一旦主動學習西方，西方文化優越性的確立就只是時間問題了。從「夷務」到「洋務」再到「時務」，由貶義的「夷」到平等的「西」再到尊崇的「泰西」，西方在中國人思想中的地位步步上升。1891 年，康有為已指出當時士人「稍知西學，則尊奉太過，而化為西人」❷❷。到 1898 年，傳教士立德 (Archibald Little) 已肯定地寫道：「西方思想方式（在中國）取得控制地位的日子一定會來到」❷❸。若比較立德的滿懷信心與 1869 年時楊格菲的猶疑，中國思想界的變化之大就可見一斑了。

的確，問題並不在康有為所說的知多少西學。蓋太平天國以還，出將入相影響朝政最大的幾位漢臣如曾國藩、李鴻章、張之

---

❷❷ 轉引自王汎森，《古史辨運動的興起》，第 177 頁。

❷❸ Archibald Little, *Gleanings from Fifty Years in China* (London, 1910), p. 37.

洞,以及後來的維新變法諸人,均是在往西走的方向上,而且越走越遠。在這種情形下,「喬木世臣、篤故舊紳,亦相率襲取口頭皮毛,求見容悅。」❷ 如此流風所被,到二十世紀初,國粹學派的鄧實已形容當時知識界的風氣是「尊西人若帝天,視西籍若神聖」,故余英時先生判定:「西方理論代表普遍真理的觀念」 在 1905～1911 年間已「深深地植根於中國知識分子的心中」❷ 了。

中國士人提出「中學為體,西學為用」,並敢於將重心放在後者之上,是基於中學可以為體而文化體系可分的信念。但由於未能認識到文化競爭的嚴重性,就順著「西學為用」的路徑走入了西方的思想方式。一旦中國人承認自己文化低劣,則為了自救,除了學習西方之外別無選擇。在這種情形下,自以為「野蠻」,主張為重建新中國新文化而破壞自己的傳統,都是順理成章的發展。到 1895 年,嚴復就認定所有中國學問既不能致中國於富強,也不能救中國於危亡, 故通通可說是 「無用」,皆應暫時 「束之高閣」 ❷。一句話,中學已不能為體。

三、中學不能為體

蔣介石在 《中國之命運》(據說主要為陶希聖所撰) 中說:

---

❷ 黃遠庸,〈新舊思想之衝突〉,收在《遠生遺著》,增訂本卷 1,文海出版公司重印上海 1938 年版,第 120 頁。

❷ 余英時,〈中國知識分子的邊緣化〉,《二十一世紀》(香港),1991 年第 6 期,第 23 頁。鄧實的話也轉引自同頁。

❷ 轉引自 Benjamin Schwartz, *In Search of Wealth and Power: Yen Fu and the West* (Cambridge, Mass., 1964), p. 87.

「中國人本為不甘心做奴隸而學西洋的文化，然而結果卻因學西洋的文化，而在不知不覺之中做了外國文化的奴隸。」這正是在「西學為用」之後，中學卻不能為體這個詭論現象的具體寫照。嚴復在甲午之後主張把無用的中國學問「束之高閣」，已道出了中學不能為體的消息。不過，嚴復這樣的「先知先覺者」，起初尚不能代表整個中國思想界。隨著中國在義和團一役的再次慘敗，嚴氏的觀念不久終成為士人的共識。

　　1903 年，一個湖南留日學生自問：「且中國有何種學問適用於目前，而能救我四萬萬同胞急切之大禍也？」這一問十分有力，而答案是否定的。故他斷定，「惟遊學外洋者，為今日救吾國唯一之方針。」而且，據此人的看法，中國學問不僅不能救亡，實際上中國面臨亡國亡種的危局，正「守舊主義鄙棄西學者之一方針之所釀成」❷❼。這個看法在當時有相當的代表性。

　　這也是中西學戰的結果。章太炎注意到，西人欲絕中國種性，必先廢其國學。初僅傳教士鼓動之。後留學生接受了西人觀念，以為中國科學不如西方，遂謂「一切禮俗文史皆可廢」❷❽。的確，帝國主義侵略所至，總要爭奪被侵略國的文化控制權。其主要的方式，就是貶低打壓本土文化。在此文化競爭中，一般而言，被侵略各國的人民有一個共同的傾向，即回向傳統尋找思想資源和昔日的光榮以增強自信心❷❾。康有為革新孔子，雖然已攙和了不

---

❷❼　〈勸同鄉父老遣子弟航洋遊學書〉，《遊學譯編》六，1903 年 4 月，見《辛亥革命前十年間時論選集》第 1 卷（上），第 381～384 頁。

❷❽　章太炎，〈清美同盟之利病〉，轉引自王汎森，《章太炎的思想》，允晨，1992，第 81 頁。

少西洋內容，到底還是在傳統中尋找思想資源。但中學不能為體之後的中國人則反是。他們回向傳統看到的更多是問題和毛病。

結果，不僅中國學問是無用有害，中國風俗也變得野蠻起來。1904 年，一位署名陳王的作者在討論中國婚禮之弊時，先略述西方婚俗，斷言已「足徵其風俗之至則，人倫之樂事」。再「返而觀之中國之社會」，所見則是「婦姑勃谿矣，兄弟鬩牆矣，而大好之家庭，自此終無寧歲」。他進而總結出六條中國婚禮的通弊，下結論曰：「世界皆入於文明，人類悉至於自由，獨我中國，猶堅持其野蠻主義、墨守其腐敗風俗，以自表異於諸文明國之外。遂使神明之裔瀕於淪亡，衣冠之族儕於蠻貉。」❸論者顯然是先存西文明中野蠻之定見，據西例以返觀中國家庭。其實，中國婚姻固不尚自由選擇，而家庭之穩固則遠過於西方。論者本不知西，而敢下斷語，足見中西文野之殊，已成為時人固定認知。認知一變，再據此義檢討所有中國制度風俗，自無不野蠻腐敗。「儕於蠻貉」固亦宜焉。惟彼時人所用之「野蠻」，實亦與「文明」相對應，要皆新入之西詞，已不盡是中文原始之意。其價值判斷的強烈，猶遠過於中文原始之意。

孔子嘗謂：我欲仁，斯仁至矣。章太炎反推而言之曰：我欲不仁，斯不仁至矣。傳統範圍本來博大，要找什麼通常就能找到什麼。關鍵還是人的主觀取向在起作用。且中國傳統本有一種「反

❷ Cf. Isaiah Berlin, "The Bent Twig: On the Rise of Nationalism," in idem, *The Crooked Timber of Humanity* (London, 1990), pp. 238～261.

❸ 陳王，〈論婚禮之弊〉，《覺民》(1904)，見《辛亥革命前十年間時論選集》，第 1 卷（下），第 854～858 頁。

求諸己」的取向。用今日的話說，就是有了問題先作自我批評。故我們若看本世紀初以來的中國思想言論，凡說及中國的弊病，均下筆順暢，出口成章；到說及救弊治病之法，則又多婉轉羞澀，常常不知所云。到辛亥革命之前，據章太炎的觀察，反求諸己的取向已造成「糜爛不可收拾」之局面❸。中學不能為體已是顯而易見了。

　　問題在於，如果中學不能為體，西學也就難以為用。錢穆指出：中體西用雖然是晚清士人的共識，但當時的人「實在也並不知道中學之體是一個什麼體。自己認識不足，在空洞無把柄的心理狀態中，如何運用得別人家的文化成績？」故「西學為用」其實也是不成功的。而空洞無把柄的心理狀態既是體用皆空的重要原因，更造成思想上的激進。錢穆觀察到，晚清中國思想界正由專重經典轉向積極入世，此時也是積極入世的西方思想進入，本易相投契。但積極入世在知識上和思想上都應有更多準備，中國思想界對此準備不足，「自己沒有一明確堅定的立腳點」，在西潮猛烈衝擊之下，反而產生種種衝突阻礙，「由此激起思想上的悲觀，而轉向極端與過激」❷。結果就是近代中國思想界的激進化。

　　的確，對中國士人來說，不過幾十年間，就由文變野、由自視為世界文化中心到自居世界文化的邊緣，這中間的心態轉變，必然是極其複雜的。不過，中國士人得出必須學習西方的共識並逐漸以西方為本位，亦有其思想演變的內在理路。蓋中國士人學

---

❸ 同❷。

❷ 錢穆，《中國思想史》，香港新亞書院，1962，第 165 頁。

習西方的最終目的，還不僅是要生存，而且是想要凌駕於西方之上。這可以說是一種理學模式的反應。陶希聖曾指出：「理學是什麼？理學即一面援道與佛，一面排道與佛，而開創的儒學思想體系。」 ㉝「師夷之長技以制夷」的口號由理學家魏源最先喊出，亦良有以也。

這樣的觀念在從馮桂芬到孫中山這些人的思想中都占據重要位置。馮在其名作《校邠廬抗議‧採西學議》中詳論中國自強之道，主張半數以上的士人都改從西學。其根本的考慮就是要「出於夷而轉勝於夷」。馮提出的具體方法尤有提示性。他強調，學西方要「始則師而法之；繼則比而齊之；終則駕而上之」。馮氏與反對學習西方的理學家倭仁的觀念有同有異。馮和倭仁都要攘夷，也都相信中國不患無才。但倭仁以為只要發揚中國的傳統學問，就「足以駕西人而上之」，而不必「師事夷人」 ㉞。馮則以為，攘夷「必實有以攘之」，為了最終的「駕而上之」，不妨先降格師事西人。為此，馮將西方文化區分為禮和器兩種不同類型：「用其器非用其禮也。用之乃所以攘之也。」 ㉟馮氏之用是為了攘這個觀念也為後人所傳承。孫中山在《三民主義》中就再三說到要凌駕於歐美之上。

理學模式中潛藏的這種有時並不自覺的關懷和目的感，與知識分子當下進行的學習西方的具體行為之間，不免存在一種心態

㉝ 陶希聖，〈北大、五四及其應負的責任〉，《學府紀聞——國立北京大學》，第41頁。

㉞ 《籌辦洋務始末（同治朝）》，卷47，第24頁；卷48，第16頁。

㉟ 馮桂芬，〈採西學議〉、〈制洋器議〉，《校邠廬抗議》。

的緊張。中國士人既視西人為「夷狄」而不太看得起，且中國與此新出現的「夷狄」更常處於一種敵對的狀態之中。現在反要向其學習，而學習的目的又是「制夷」，其中的多重尷尬是不言而喻的。更有甚者，如章太炎所觀察到的：這些「始創自由平等於己國之人，即實施最不自由平等於他國之人」❸❻。故中國士人對學習西方真是別有一番滋味在心頭。而心態的緊張又常常容易引起焦慮，因焦慮而更產生一種激進的情緒❸❼。急於求成以擺脫這不得不進行的學習「夷狄」的尷尬。

而且，中國士人思想的激進化尚隱伏著更深層次的心態緊張。蓋中國士人雖然漸以西方為本位，卻只是有意為之，未必能完全做到。因為中國社會實際上沒有西化，知識分子不管意願多麼強烈，終不可能完全超越社會存在而懸想。同樣，即使那些西向的中國知識分子自身也未能真正的西化。正如傅斯年對胡適所說：「我們的思想新信仰新；我們在思想方面完全是西洋化；但在安身立命之處，我們仍舊是傳統的中國人。」❸❽胡適、傅斯年雖然處處努力以西方標準衡量中國事情，但到底只是心嚮往之，終不能完全擺脫羈絆，到達彼岸。這樣的社會存在與士人願望以及知識分子安身立命的基本行為準則與其思想取向的雙重差距，以及與後者密切關聯的個人認同問題，造成一種更難化解的心態緊張❸❾。進一步促成了近代中國思想的激進化。

---

❸❻ 章太炎，〈五無論〉，《民報》，16 號。

❸❼ Cf. Erich Fromm, *Escape from Freedom* (New York, 1941).

❸❽ 《胡適的日記》，1929 年 4 月 27 日。

❸❾ 參見 Joseph R. Levenson, *Liang Ch'i-ch'ao and the Mind of Modern China,*

同時，這裡面也有一些中國士人在主動推波助瀾。中國士人向有一種以天下為己任的超越意識。康有為認為：「民不可使知。故聖人之為治，常有苦心不能語天下之隱焉。其施於治也，意在彼而跡在此，……可以犯積世之清議，拂一時之人心，蒙謗忍訡而不忍白焉。」❹ 梁啟超對此領會獨深而行之甚力。他說：言救國者不可不犧牲其名譽。「如欲導民以變法也，則不可不駭之以革命。當革命論起，則並民權亦不暇駭，而變法無論矣。……大抵所駭者過兩級，然後所習者乃適得其宜。……導國民者，不可不操此術。……吾所欲實行者在此，則其所昌言不可不在彼；吾昌言彼，而他日國民所實行者不在彼而在此焉。」這樣，即使後人笑罵其為偏激無識，「而我之所期之目的則既已達矣。」❹ 故梁氏在其〈新民說〉中，即昌言冒險進取和破壞主義。

惟梁啟超對中國國民的保守恐怕估計過高。特別是在中學不能為體之後，中國思想界本已不復保守而趨激進，以梁在世紀之交的影響，更有意識地操此術以「過兩級」的方式昌言破壞，乾柴遇上烈火，「破壞」遂成彼時思想論述中的口頭禪。梁氏本意雖或未必真那麼偏激，但其追隨者在激進的道路上就走得不知有多遠了。梁啟超在〈新民說〉中自謂：「非有不忍破壞之仁賢者，不可以言破壞之言；非有能回破壞之手段者，不可以事破壞之事。」但破壞這樣的觀念，豈是輕易可以提倡的。梁氏自己不僅沒有回

2nd ed. (Berkeley, Calif., 1967).

❹ 《康子內外篇‧闔闢篇》。

❹ 梁啟超，〈敬告我同業諸君〉，見《辛亥革命前十年間時論選集》，第 1 卷（上），第 221 頁。

破壞之手段，後來更被其追隨者視為保守而摒棄了。民初和梁氏一樣開一代風氣的胡適自謂受梁的影響甚大，但也遺憾地指出：「有時候，我們跟他走到一點上，還想望前走，他倒打住了……我們不免感覺一點失望。」❷胡適是以溫和不激進而著稱的，尚且有這樣的感覺，遑論其他。

　　此時從西方輸入的使命感更加強了中國士人因多層次心態緊張而產生的激進情緒。清末民初之人的「畢其功於一役」的觀念甚強。其實這個觀念恐怕也多半是舶來品。中國傳統觀念是趨向漸進的，主張溫故知新，推崇十年寒窗、滴水穿石的漸進功夫。漢滅秦，尚承秦制。清滅明，亦承明制。雖有改變，大抵是出新意於舊制之中。鼎革之時尚且如此，遑論平素。只有感染了西方的使命感之後，才會有一舉全部推翻之氣概。清季人在本朝而非鼎革之時，即主張將全國的大經大法一舉全部改革，這樣的觀念大抵是受西潮影響的。

　　結果，積極入世的近代士人對也是積極入世的西方思想的建設性一面接受的並不多，倒是對近代西方那種與傳統決裂的傾向則頗有領會。陳獨秀將「近世歐洲歷史」化約為一部「解放歷史」，即在政治、經濟、社會等各方面與傳統決裂❸。陳氏的認知最能體現這種對西方歷史的選擇性領會。而這又與中國傳統的「反求諸己」的取向暗和。再加上前述中國領土主權基本保存所產生的潛在信心在一定程度上又支持了「反求諸己」的取向，導致一

---

❷ 胡適，《四十自述》，上海亞東圖書館，1933，第 100 頁。

❸ 陳獨秀，〈敬告青年〉，《新青年》，第 1 卷第 1 期，1915 年 9 月。

種「我自己能夠敗，我必定自己能夠興」❹的自信觀念。這種種因素與近代中國的激進化扭結在一起，便產生出特殊的後果。近現代中國士人的一個共同心結即大家為了中國好，卻偏偏提倡西洋化；為了愛國救國，偏要激烈破壞中國傳統。結果出現破壞即救國，愛之愈深，而破之愈烈，不大破則不能大立的詭論性現象❹。愛國主義與反傳統在這裡奇特地結合在一起。

沿此趨勢發展下去，更形成不學西方就是保守，而保守就不愛國的認知。民國以還，中國已出現一種對「新」的崇拜，形成了新即是善、舊即是惡的價值判斷❹。林語堂在 1926 年參與東西文明討論時，認識到那些講東方精神文明者多少有些「東方的忠臣義子愛國的成分」。他主張，愛國要搞清利害，若「反以保守為愛國，改進為媚外」，則對中國自身不利❹。林氏的觀點正確與否暫可不論。惟在「以保守為愛國」之前加一反字，實透露出保守即不愛國的潛臺詞。且林氏這樣說是毫不感覺有加以解釋界定的必要，可知這已是許多人的共識。林語堂在民國遠非以激進著稱，尚且有此認知，餘人之觀念自可想見。

---

❹ 君衍，〈法古〉，《童子世界》，31（1903 年 5 月 27 日），見《辛亥革命前十年間時論選集》，第 1 卷（下），第 532 頁。

❹ 參見余英時，〈中國近代思想史中的激進與保守〉，《歷史月刊》，第 29～31 期（1990 年 6～8 月）；王汎森，《古史辨運動的興起》；羅厚立、葛佳淵，〈跨世紀的啟示：從章太炎到古史辨〉，《讀書》1991 年 10 月號。

❹ 參見羅志田，〈胡適與社會主義的合離〉，《學人》，第 4 輯。

❹ 林語堂，〈機器與精神〉，萬平近編，《林語堂論中西文化》，上海社會科學院出版社，1989，第 65 頁。

不過，近現代中國知識分子反傳統固然有愛而知其醜的一面，其潛意識裡也未嘗沒有以夷制夷這個理學模式傳統的影響在。蓋中國知識分子打破傳統是為了要建立一個更新更強的國家。正是為了這個目的才學習西方。且西方文化本主競爭，中國若真西化，亦必與之一爭短長。故中國人學西方的同時又要打破自身的傳統，無非是在「畢其功於一役」這個觀念的影響下，想一舉凌駕於歐美之上。以前是借夷力以制夷，後來是借夷技、夷制、夷文化以制夷。最終還是為了要「制夷」。這一點大約是西方誘導者始料所不及的。

四、餘論：西潮成了中國之一部分

美國漢學家費正清認為，西力東漸以前，中國的發展基本上是遵循了一種「在傳統中變」(change within the tradition) 的模式。由於西潮的衝擊，這樣一種變化模式在近代中國實已難以維持。蓋西方要迫使全世界跟著它變。儘管西方自身在十九～二十世紀也充滿變化，有時甚至是劇烈的變化，但對西方來說，即使是與傳統決裂，仍可以是在傳統中變。在中國則反是。對中國而言，僅僅是要生存，用當時人的話說，就是要保存中國的種姓和國粹，也不得不至少學習造成西方強大的那些秘訣。雖然各人的具體理解並不一樣，「向西方學習」的確是清季以來中國士人的共識。在西人的引導之下，中國士人也逐漸認識到，西方之所以強大，並非只是靠其科技和工藝，在此之後尚有更重要的觀念和制度。而中國人一旦接受這樣一種西方思維，其所尋求的改變就只有遵循一個向西走的方向，也就只能是在傳統之外變 (change beyond the tradition) 了。

如果把近代中西文化交往視作兩大文化體系的競爭的話，則中國一方正如羅榮渠先生指出的，是「打了大敗仗，發生了大崩潰」❹。清季中國士人本來是以文野分華夷，自視為世界文化中心，而視洋人為野而不文的「夷狄」的。到後來則主動承認西方為文明。幾十年間，從降節學習「夷狄」之「長技」到傾慕「泰西」的學問、蜂擁出洋遊學，更進而自認野蠻，退居世界文化的邊緣。由此可知中國文化在這場競爭中的失敗有多徹底。假如我們可以把馬恩話中的「資產階級」換為「西方」的話，從魯迅寫前引一詩之時起，雖然「商品的低廉價格」尚在長城之外徘徊，可以說西方已用其他的方式迫使中國人在文化上按照西方的面貌來改變中國的世界了。

失敗之餘，中國文化思想界就成了外來觀念的天下，給他人作了戰場。我們如果細查當時知識分子提出的各種救國救文化的路徑，大多與西方有關。之所以如此，正是因為二十世紀上半葉在中國風行競爭的各種思想體系，即各種「主義」，極少有不是西來者❹。中國政治思想論述 (discourse) 中最具標幟性的關鍵詞彙 (keywords) 如「平等」、「民主（民治）」、「科學」、「自由」等，也幾乎無一不來自西方。從民初的「問題與主義」論戰，到二十年

---

❹ 羅榮渠，〈論美國與西方資產階級新文化輸入中國〉，《近代史研究》1986年第 2 期。

❹ 即使是最具中國特色的孫中山的三民主義，雖然也確實結合了一些中國文化因素，但以孫本人常用林肯的「民有、民治、民享」來概括其主義，即可見其淵源之一斑。

代的「科學與玄學」論戰，再到三十年代的「中國社會性質」論戰，在在均是西與西戰。

　　五四新文化運動時期西向知識分子攻擊傳統最多的，不外小腳、小老婆、鴉片和人力車。其中後兩樣便是西人帶來的。鴉片是不用說了，人力車雖不是純西洋貨，本由日本人創造。但其流入中國，卻是由先在日本的西方傳教士帶到中國來的。其最初的乘坐者，也多是租界裡的西洋人。舶來品竟然成了中國傳統——即使是壞傳統——的象徵，最能體現此時西潮已漸成「中國」之一部分。而西向知識分子把舶來品當做自己的傳統批判，其實也是受西人的影響。蓋鴉片和人力車曾被晚一點來華的西人視為中國的特徵，並成為西方之「中國形象」的一個負面組成部分，在轉了數圈之後又由閱讀西方書籍的中國知識分子帶回來作攻擊傳統之用。近代中西膠著之複雜早已是「層累堆積」且循環往復了好幾次了。

　　中西膠著的複雜有時也造成一種角色的倒置。民初的一個詭論性現象是中國人拼命反傳統，有些外國人反而在提倡保存中國的文化傳統。從溥儀的老師莊士敦到哲學大師羅素，在這一點上都相通。提倡西化的胡適在 1926 年就尖銳地批評西方「既要我們現代化，又要我們不放棄（傳統的）美妙事物。」胡適本人也認為中國傳統中有可取處，他反對的主要是由西人來提倡保護中國傳統。但是這樣一種角色的倒置確實表現了民初中國思想界的混亂和中西之間那種扯不清的糾葛❺⓪。

---

❺⓪ 《胡適的日記》，1926 年 12 月 26 日。民國初年思想界這種群龍無首、

　　更具提示性的是，即使是民初以維護國粹為目的的「國粹學派」（以《國粹學報》為主要喉舌）和稍後出現的《學衡》派（其目的與「國粹學派」頗類似），雖然都被視為「文化保守主義者」，實際上也都在西潮的影響之下。余英時先生已指出，「國粹學派」的史學家如劉師培等人，「直以中國文化史上與西方現代文化價值相符合的成分為中國的『國粹』。」❺¹特別是《學衡》派，其主要人物的西化程度，恐怕還超過大多數鼓吹「全盤西化」者。如《學衡》派主將吳宓，就自認他本人不是在傳接中國文化的傳統，而是「直接繼承西洋之道統」❺²。這是近代中國「在傳統之外變」的典型例證。這兩個學派是否是文化保守主義者其實還可商榷，這裡無法詳論。但這類人也受西潮影響如此之深，更進一步揭示了中國在近代中西文化競爭中的失敗。

　　自十九世紀末以來，中國知識分子對中國傳統從全面肯定到全面否定的都有；對西方思想主張全面引進或部分借鑑的也都有，唯獨沒有全面反對的。他們之間的差距不過在到底接受多少西方思想。錢穆曾觀察到，近現代中國人不論是信仰還是反對孫中山的，都是比附或援據西洋思想來信仰或反對❺³。我們或可說，二十世紀中國知識分子不論是維護還是反對中國傳統，基本都是以西方觀念為思想武器的。

　　不知所趨的混亂局面，為新文化運動準備了時勢造英雄的歷史條件。此
　　不贅論。

❺¹ 余英時，〈中國知識分子的邊緣化〉。

❺² 吳宓，《吳宓詩集·空軒詩話》，二十四。

❺³ 錢穆，《中國思想史》，第175頁。

　　如果說「國粹學派」以中國文化史上與西方現代文化價值相符合的成分為中國的「國粹」是一種時人對西方自覺或不自覺的主動認同，對民國以後的人來說，這樣的認同或者已無必要，或者意義已不相同。從廣義的權勢觀看，西方文化優越觀在中國的確立即意味著此時「西方」已成為中國權勢結構的一個既定組成部分。這一權勢雖然不如不平等條約那樣明顯，但以對中國人思想的發展演變而言，其影響的深遠恐怕還在不平等條約之上。君不見在不平等條約已經廢除半個世紀後的今天，有些人在講到中國的人文傳統時，所說的仍然幾乎全是西洋的東西，就可見此影響有多麼深遠了❺。

　　從某種意義上說，二十世紀西向知識分子將舶來品當做自己的傳統，和今人將某些西方觀念當做中國人文精神這些現象，未必就體現了他們對國情的誤解。對於生在鴉片和人力車隨處可見，而又不是事事都要考證的人來說，這些東西確實是他們所見的「中國」的一部分。吳宓之所以感到有必要強調他是在「繼承西洋之道統」而不是中國文化的傳統，就是因為彼時兩者已經有些難於區別了。對於更晚的中國人來說，那些由西向知識分子所傳播的半中半西的「新學」、以及由吳宓這樣的「文化保守主義者」保存下來的「中國文化」，又何嘗不是傳統的一部分呢。概言之，十九世紀的「西潮」其實已成為二十世紀的「中國」之一部分。因此，今日言「中國傳統」，實應把西潮（但不是西方）包括在內。

---

❺ 參見張汝倫等，〈人文精神尋思錄〉；葛佳淵、羅厚立，〈誰的人文精神？〉，《讀書》，1994 年 3 月號；8 月號。

　　這也說明，吾人對西潮衝擊中國的研究還遠不夠深入。既然「西潮」已成「中國」之一部分，所謂近代中國的內在發展，也就包含了一定程度的西方在內。則近代中國士人對許多「中國內在問題」（且不說西潮造成的中國問題）的反應多少也可說是對「西潮衝擊」的某種「中國反應」。故費正清的「西潮衝擊一中國反應」這一研究典範仍未完成其使命，尚有待深入發展。

　　　　　　　　　　　　（原載《近代史研究》，1995 年 3 期）

學戰：傳教士與近代中西文化競爭❶

1921 年 6 月 30 日，哲學家杜威在北京各界給他送行的大會上談到他對中國兩種人，即學生和青年及教員和成人知識階級兩方面的印象。他說：「青年方面呢，都渴望新思想，對於學理只是虛心的公開的去研究，毫無守舊的態度，……就是年長的人，也很肯容納新的思想，與青年有一樣的態度。」杜威雖然說這是「新時代的精神，科學的精神，並不只是西方的精神」，但他同時指出：「全世界無論哪一國裡要找這一群青年恐是很難的。」換言之，中國讀書人無論少長，其趨新已達世界少有的程度❷。

這並非什麼客套話，的確是杜威在中國講學兩年的結論性看法。他於 1920 年底曾應美國駐華使館的要求就當時中國學生運動寫了一份報告，指出中國學生傾向於「歡迎任何只要是新的或與既存意識不同的觀念」。而學生運動正是中國從二十世紀一開始即存在的棄舊趨新的大趨勢的一個組成部分。由於聽眾不同，杜威在此強調的是：受過教育的中國人與那些和中國人有接觸的外國

---

❶ 除非特別指明，本文所討論的傳教士均指新教傳教士。本文初稿曾蒙顧學稼、蒲嘉錫 (Noel Pugach)、陸楊、冀小斌諸先生指正，特此致謝。

❷ 胡適日記，1921 年 6 月 30 日，《胡適的日記》，中華書局，1985，上冊，第 118 頁。

人的觀念「其實是相同的」。也就是說，此一趨新大勢與尊西傾向是結合在一起的❸。

　　杜威所接觸的中國人當然主要是能說英語的讀書人及其友朋，未必能夠概括彼時中國人的全貌。但至少在五四前後的那幾年，以北大為中心的新文化運動師生兩輩人，的確是當時全國士林的中心。故杜威的觀察可以說象徵性地表達了中國自十九、二十世紀之交興起的尊西崇新的大趨勢，也可稱為新的崇拜。其最主要的特點，即是西方文化優越觀在中國士人心目中的確立，以及與此直接關聯的中國文化傳統的崩散❹。

　　如果把近代中西文化交往視作兩大文化體系的競爭的話，則中國一方正如羅榮渠先生指出的，是「打了大敗仗，發生了大崩潰」❺。中國士人本來是以文野分華夷，自認居世界文化的中心，而視洋人為野而不文的「夷狄」，到後來則自認野蠻，退居世界文化的邊緣；從開始的降節學習「夷狄」之「長技」發展到傾慕「泰西」的學問、蜂擁出洋遊學。觀此可知中國文化在這場競爭中的

---

❸ John Dewey's Report to Drysdate, Dec. 1, 1920, U.S. Department of State, *Records of the Department of State Relating to Internal Affairs of China, 1910~1929*, National Achieves Microfilm Publications, No. 329, 893. 00B/8.

❹ 關於「新的崇拜」，參見羅志田，〈胡適與社會主義的合離〉，《學人》，第4 輯 (1993)，第 18~25 頁，及〈西潮與近代中國思想演變再思〉，《近代史研究》1995 年 3 期。亦收入本書，第 268~319、106~134 頁。

❺ 羅榮渠，〈論美國與西方資產階級新文化輸入中國〉，《近代史研究》，1986 年 2 期，第 78 頁。

失敗有多徹底。

今人早已視留學為正途，但對有血氣的近代中國士人來說，就像胡適在〈非留學篇〉中所說的：「以數千年之古國，東亞文明之領袖，曾幾何時，乃一變而北面受學，稱弟子國。天下之大恥，孰有過於此者乎！」胡適形象地描繪說：當中國酣睡之時，西人已為世界造一新文明。「此新文明之勢力，方挾風鼓浪，蔽天而來，叩吾關而窺吾室。以吾數千年之舊文明當之，乃如敗葉之遇疾風，無往而不敗衄。」很明顯，胡適正是將近代中西之爭視為兩個文明之爭。中國一方既然競爭失敗，就只有「忍辱蒙恥，派遣學子，留學異邦」❻。自己就留學且一向頗稱道西方的胡適之所以要「非」留學，其根本原因就在留學是文化競爭失敗即「學不能競」的結果。

一般的看法，中國在近代因落後而挨打，故思變求變，向西方尋求真理。但尋求真理必往西方而不在本國，顯然是中國士人在西潮衝擊下信心大失的明證。問題在於，屢受西方欺凌的中國人竟會主動向敵人學習，這個現象終究有些不合人之常情。有學者以為，只有文化失敗才可能造成對征服者同時既憎恨又模仿，不僅自認不如人，而且為了自救而忍受向敵人學習的屈辱❼。這個論點原來是針對殖民地的，但也對考察中國情形有啟發性。中國在近代中西文化競爭中的失敗的確是明顯的。

---

❻〈非留學篇〉刊於 1914 年的《留美學生季報》第三期，原報難覓，本文所用，是王汎森先生所贈之手抄本，特此致謝。

❼ Jean-Francois Revel, *Without Marx or Jesus* (Garden City, N.Y., 1971), p. 139.

　　但是中國向敵人學習的情形並不能完全以文化失敗來詮釋。近代中國除一些割地和少量租界外，領土基本得以保持完整。不平等條約固然侵犯了部分中國主權，但基本的主權仍在中國人手中。這個重要因素的意義是多重的。首先，中國的幅員遼闊、人口眾多、文化悠久（這已漸成套話，但在這裡的意義非常實際具體）、中國朝野對外國入侵的持續抵制、以及帝國主義列強之間相互競爭造成的均勢等因素，迫使列強認識到全面的領土掠奪既不合算也不可能。故列強退而採取一種間接的侵略方式，即以條約體系鞏固其非正式控制，同時寄希望於實質上的經濟利益。

　　從根本上言，帝國主義侵略國與被侵略國之間最關鍵的實質問題是對被侵略地區的全面控制。只要能達到實際的控制，是否直接掠奪領土是次要的。帝國主義侵略所至，總要爭奪被侵略國的文化控制權，這在中國尤其明顯。正因為沒有直接的領土占據，不存在像殖民地那樣的直接政治統治，西方在中國更需要不僅在物質上，而且恐怕更多是在文化上表現其權勢和優越性，希望以文化滲透來為以後的經濟利益鋪路。故在中國，對文化控制的競爭既是手段也是目的。

　　其次，帝國主義爭奪被侵略國的文化控制權的主要方式，一般是貶低打壓本土文化。但西方雖然力圖在中國取得文化控制，卻不能像在殖民地那樣直接地破除中國的本土文化。西方對中國文化的破壞只能是間接的，有時恐怕還要經中國人自己之手。章太炎就注意到西人欲絕中國種性（實即今日所說的文化）的圖謀和努力，其方法就是先廢中國的「國學」。這一開始就是傳教士鼓動最力❽。的確，在這場中西文化競爭中，傳教士恰在最前沿。

鄭觀應早就認識到，洋人到中國傳教，是要「服華人之心」❾。洛克菲勒的秘書蓋茨 (F. T. Gates) 說得更明白：傳教事業的效果在於「對全世界的和平征服——不是政治控制，而是在商業和製造業、在文學、科學、藝術、情操、道德和宗教各方面的控制」❿。

最後，對中國士人來說，正因為西方對中國文化不能直接破除而只能採取間接的滲透方式，中國士人對西方文化的仇視和抵制程度通常較殖民地人為輕。領土主權的基本完整，應該是士人確信中學可以為體的根本基礎。由於不存在殖民地政府的直接壓迫，中國人在面對西方壓力時顯然有更大的迴旋餘地，更多的選擇自由，同時也更能去主動接受和採納外來的思想資源。故提倡西學為用的中國知識分子學習西方的願望和實際行動都遠比殖民地人要主動得多。

本文即從近代中西文化的碰撞、競爭、與相互作用這個方面入手，對身處中西文化競爭前沿的西方傳教士在此動態進程中的作用作簡單勾勒和分析。以文化競爭而言，西方傳教士在中國的成敗不僅在於使多少中國人皈依基督教，而且在於是否使更加眾多的中國人改變思想方式。本文特別注意考察傳教士如何運用科學和出版物來證明西方文化的優越，以說服中國士人，以及後者

---

❽ 章太炎，〈清美同盟之利病〉，轉引自王汎森，《章太炎的思想》，時報出版公司，1992 年二刷，第 81 頁。

❾ 鄭觀應，〈論傳教〉，夏東元編，《鄭觀應集》，上冊，上海人民出版社，1982，第 121 頁。

❿ 轉引自 Arthur H. Smith, *China and America To-day* (New York, 1907), p. 236.

對此的因應。同時也簡短論及一些雙方始料未及的後果和中西文化競爭中因文化差異引起的一些問題。希望能藉此對近代中西新舊的互動關係這個大問題有進一步的理解。

一、征服乎？說服乎？

中西文化競爭的第一步就是要證明自身的文化優於對方。十九世紀之前，不僅中國士人自認中國為世界文化中心，就是十七、十八世紀來華之天主教耶穌會士在歐洲造成的印象，也認可中國人是「世界上最文明的民族」。但是科技革命和工業革命帶來的發展使西人的自信心與日俱增。故十九世紀來華之新教傳教士對中國文化的看法就遠沒有耶穌會士那樣高，而且隨著其自信心的增強，可以說是與日俱減。到十九世紀中葉，中西雙方已都認為自己的文化優於對方。英國傳教士楊格菲 (Griffith John, 1831～1912) 於 1869 年指出：如果根據西方思想方式，西人不僅比中國人更加文明，而且在每一方面都比中國人更高貴。但根據中國思想方式，答案則斷然相反。而且，「要我們改變對此事的看法與要他們改變看法幾乎是同樣困難的。」因此，問題最終還是在於到底是誰能使對方改變其思想方式❶。

不過，中西之間有一個根本的文化差異：傳教士的最終目的是在精神上征服全世界，故對於異教徒始終有傳播福音以使其皈

❶ 關於耶穌會士和新教傳教士對中國看法的異同，參見 Raymond Dawson, *The Chinese Chameleon: An Analysis of European Conceptions of Chinese Civilization* (London, 1967), pp. 35～64, 132～154；本段及下兩段說詳羅志田，〈從西學為用到中學不能為體：西潮與近代中國思想演變再思〉。

依基督教的強烈使命感。但中國儒生對非華夏文化的「夷狄」則主要是採取「修文德以來之」的方式。中國傳統行為準則的一個要點即《禮記》所謂「禮聞來學，不聞往教」。要別人先表示了「向學」的願望，然後才鼓勵教誨之。若「夷狄」本身無「變夏」的願望，中國儒生一般並不覺得有努力使其「變夏」的責任感，更不用說使命感了。因此，西方傳教士遠比中國儒生更熱衷於使對方改變其思想方式。中西文化競爭是以自覺而帶進攻性的西方向防禦性的中國挑戰為開端的，中國士人正是在西方的進攻下逐漸認識到這是一場文化競爭。

在究竟怎樣改變中國人的思想方式、特別是在採用強制還是說服的手段方面，西人的觀念並不一致，並且一直在演變。主張直接採取強制手段的大有人在。在一定程度上，強勢本身也是一種說服的手段。船堅砲利的力量不僅在於其軍事的效率，而且在於其體現船砲製造者本身的優越性。英國在鴉片戰爭中有意識地向中國人顯示其最新的近代技術，顯然達到了目的。「船堅砲利」給中國人的印象極深，在很長一段時間裡基本上成為中國思想論述中西方「長技」的代名詞。但是，傳統中國士人向來是主張學與術分的。中國士人固然可以承認西人有「長技」，也曾提出「師夷之長技以制夷」，但那還只是「術」，尚不能算是更高的「學」。而且，對尚武輕文的中國士人來說，船堅砲利雖然能夠證明西人有「長技」，尚不足以證明西方文化的優越。

許多西方人，特別是傳教士，的確也更願意採取和平的直接說服的方式。因為強制只會造成口服心不服，說服才可導致真正的心服。早在鴉片戰爭之前，美國傳教士俾治文 (Elijah C.

Bridgman, 1801～1861) 就已提出：全面的征服意味著「道德、社會、和國民性的轉變」，在這方面教育能產生的效果遠比「迄今為止任何陸海軍事力量、或最興旺的商業之刺激、或所有其他手段聯合起來在特定時間裡所產生的效果」還大得多 ❷。

　　在某種程度上，可以說西方對中國是採取了一種「凡可能說服時皆說服，不得已則強制」的方略。這當然只是一種日後的理想型詮釋模式，並不一定意味著西方事先就預定有這樣清楚的謀略。不同國家不同的人可能根據不同的時勢採取不同的對策。很多時候，強制和說服只是偶然地互補，而非事前預謀。

　　一般而言，傳教士雖然以征服為目的，其出發點通常是善意的。大多數傳教士的確相信基督教和西方文化的傳播對中國有好處。當其採用和平的說服方式時，這種善意就容易體現出來，也就可能緩解中國士人對西方文化的抵觸。正如胡適在 1926 年對英國人所說：「中國人不能在脅迫下接受一個與其信念相左的新文明。必須有一個說服的過程。」 ❸ 胡適自己是提倡或贊同某種程度的西化的，但他卻不能接受壓服。

　　反過來看，和平的說服有時確能造成中國士人對西方文化輸入的主動配合（儘管雙方的動機和目的可能是完全相反的）。可以說，西方對中國的文化侵略之所以遠比政治、軍事和經濟的侵略更成功，正是因為傳教士不完全認同於砲艦政策和不平等條約體

---

❷ Elijah C. Bridgman, "Address at the First Meeting of the Morrison Education Society," *Chinese Repository*（以下簡作 *CR*）, V:8 (Dec. 1836), pp. 378～379.

❸ 《胡適的日記》（手稿本），遠流，1989～1990。1926 年 10 月 8 日，原書無頁。

系。而且其成功的程度基本上與其疏離於砲艦和條約的程度成正
比。關於傳教士認同於砲艦政策的一面，過去的中外研究說得已
較清楚，這裡只略作處理。以下的討論主要還是側重於傳教士取
說服手段的一面。

　　傳教士之所以能不顧基督教反暴力的基本準則而在中國認同
於砲艦政策，主要的原因有三：一是其最終目的是精神征服，二
是其西方文化優越觀的支持，三是其對歐洲中世紀尚武精神的無
意識傳承。具有詭論意義的是，正是傳教士表現出的這種征戰性
引導了中國士人對中西文化競爭的自覺認識。當傳教士在十九世
紀晚期逐漸走出中世紀餘蔭變得更現代化，也就是更趨於採取和
平手段時，受西潮影響的中國士人卻返向前近代的征戰精神，逐
漸得出中西文化競爭最終是一場「學戰」的觀念。

　　由於傳教士的目的是征服，故即便在採用和平說服手段時，
仍能暴露其征戰性。1834 年時，在廣州的西人組織了一個「在華
傳播有用知識會」。儘管該會的宗旨是說服，其章程的用語卻充滿
了火藥味。該章程將此傳播知識的活動直接稱為一場「戰爭」，並
明確指出：本會的目的是要「天朝向智力的大砲屈服，向知識認
輸」。半個世紀之後，傳教士李承恩 (Nathan J. Plumb, 1843～
1899) 仍把作為「傳教的工具」的教會學校稱為「轟炸敵人堡壘
的工兵和彈藥手」❶ 。

---

❶ "Preamble" of the Society for the Diffusion of Useful Knowledge in China,
　　CR, III:8 (Dec. 1834), p. 380；李承恩語轉引自顧學稼，〈華西協合大學的
　　收回教育權運動〉，顧學稼等編，《中國教會大學史論叢》，成都科技大學
　　出版社，1994，第 329 頁。

　　有時候，傳教士也直接支持西方對華用武。多數傳教士的確相信他們向中國輸出的知識會對中國有利，但當中國士人對此好意冷淡甚而抵制時，傳教士的文化優越感使其不能接受這樣的態度。有的傳教士以為，中國人視西方為夷狄的作法是公開違背了「愛你的鄰居如你本人」這條戒律。西方因而有義務「說服」中國人走到更加「符合其權力和義務」的方向上來。如果說服不生效，就必須強制 ❺。換言之，中國人「犯規」在先，西方人也就可以不按其「西方規矩」對待中國人。既然基督教愛鄰如己的準則也可以成為實行強制的基礎，拯救中國人這項使命的火藥味就凸顯出來了。

　　隨著中國人對西方文化滲透抵制的增強，傳教士的耐心也在減少。許多傳教士愈來愈傾向於支持對華用武。後來在華外國人有一條共認的「常識」：武力是中國人唯一能理解的術語。據學者研究，許多傳教士不僅贊同這一觀念，而且他們自己在此觀念的形成上也起了重要的作用 ❻。主張學西方的鄭觀應承認傳教士到中國意在「傳教濟人」，但以「救世之婆心」而造成大量教案，既「大失其傳教勸善之本心」，也未必合「上帝之心」。依基督教本義，即使教士因衛道而受辱，也當「如耶穌所云：『披左頰，轉右

---

❺ *CR*, III:8 (Dec. 1834), p. 363.

❻ 參見 *CR*, III:9 (Jan. 1835), p. 413; VI:10 (Feb. 1836), p. 446; IX:1 (May 1840), p. 2; Stuart C. Miller, "Ends and Means: Missionary Justification of Force in Nineteenth Century China," in John K. Fairbank, ed., *The Missionary Enterprise in China and America* (Cambridge, Mass., 1974), pp. 249～282.

頗向之可也。」苟能含忍包容，人心自服，又何必力為較量？」但列強對傳教事業恰是「合舉國之權力以庇之」，一般傳教士也常藉條約和砲艦之「力」以壓官民❶。

　　關鍵在於，以反暴力為宗旨的基督徒之所以能公開支持使用武力而不覺於心不安，其心理依據即在他們堅持歐洲文化優越觀。只有在此基礎上，才可以對「劣等」民族實施不同的準則而不覺違背了自己的價值觀念。這正是典型的帝國主義心態❶。自己遊歷過歐西的王韜深有感觸地說：「西人在其國中，無不謙恭和藹誠實謹願，循循然奉公守法；及一至中土，即翻然改其所為，竟有前後如出兩人者。其周旋晉接也，無不傲慢侈肆；其頤指氣使之慨，殊令人不可向邇。……彼以為駕馭中國之人，惟勢力可行耳，否則不吾畏也。」這就是章太炎指出的：這些「始創自由平等於己國之人，即實施最不自由平等於他國之人」❶。

　　胡適亦有同感。他在留學期間曾批駁「但論國界，不論是非」的國家主義觀念，認為這實際是一種雙重道德標準，即在國內實行一種標準，在國際又實行另一種標準。其實胡適的雙重標準說是指西方言。他攻擊的「狹義的國家主義」是「以為我之國須凌

❶ 鄭觀應，〈傳教〉（先後兩篇），《鄭觀應集》，上冊，第 405～412 頁。

❶ A. E. Campbell, "The Paradox of Imperialism: The American Case," in Wolfgang J. Mommsen and Jurgen Osterhammel, eds., *Imperialism and After: Continuities and Discontinuities* (London, 1986), pp. 33～40，特別見 pp. 35～36。

❶ 王韜，《弢文錄外編‧傳教下》，中華書局，1959，第 66～67 頁；章太炎，〈五無論〉，《民報》，16 號，第 7 頁。

駕他人之國，我之種須凌駕他人之種」。胡適也觀察到：由於實行
雙重標準，歐人在國內雖有種種道義準則，卻以為「國與國之間
強權即公理耳，所謂『國際大法』四字，即弱肉強食是也」。他在
大量英國自由主義經典著作中一一讀出了「自由以勿侵他人之自
由為界」的意思，運用於國際關係，就應當「己所不欲，勿施於
人。所不欲施諸同國同種之人者，亦勿施諸異國異種之人也」❷⓪。

　　落實到傳教事業，胡適以為：西方傳教士到「異端」國家去
就是為了教化「化外之民」，所以「當和我們一起時，總帶有傲慢
的保護者的高人一等的神態」。這裡的傳教士已經有些「文化帝國
主義」的意味了。1915 年時，胡適曾援用他的「雙重標準」理
論，直接指斥傳教士只有在處理國內事務時才稱得上基督徒，一
旦進入國際事務，他們都不復是基督徒了。就基督教國家來說，
胡適認為，它們實際上只認暴力為權威，而置弱小國家的權益於
不顧，並將國家獲利、商業所得、和領土掠奪置於公平正義之上。
一句話，胡適宣布：「今日的（西方）文明不是建立在基督教的愛
和正義的理想基礎之上，而是建立在弱肉強食的準則──強權就
是公理的準則之上！」胡適並指責當年德國奪取膠州灣和法國侵
占廣州灣，都是以一兩個傳教士被殺害為藉口。也就是說，個別
傳教士的死早已成為所謂基督教國家進行領土掠奪的理由。

　　傳統中國觀念認為「夷狄」性如犬羊，其一個特徵就是好爭
鬥❷①。如今來華外國人中最和平的一部分也如此，傳教士的尚武

---

❷⓪ 本段與下段參見羅志田，《再造文明之夢──胡適傳》，四川人民出版社，
　　1995，第 125～142 頁。

言行恰支持了中國人視西方為「夷狄」的認知。從某種程度上說，傳教士的這類行為透露出其無意識中傳承了西方中世紀的尚武心態❷。在尚文輕武這一點上，可以說中國士人的心態恐怕比一些傳教士更接近近代西方，以西方的標準看，也就是比傳教士更加現代化。

　　到了十九世紀八十年代，在傳教士本身變得更加現代化之後，他們開始能進一步理解中國人尚文輕武的心態（也可能是傳教士在接觸了更多尚文輕武的中國文化之後，才變得更加近代化。與西人接觸頗多的鄭觀應就說過，列強對傳教事業「合舉國之權力以庇之」的結果是：「庇之愈甚，而冀傳教之廣播愈難。何則？傳教先貴乎化導，化導在身心，不在乎勢力也。」❷）。從前傳教士中一些人曾以為武力一項即能攻破中國人的思想防線。如今他們認識到，軍事勝利本身不能帶來完全的征服；中國口岸的開放並不一定意味著中國人思想觀念的開放。傳教士因此進一步認識到，正是士人集團，而並非像西方的武士或政治家那樣的集團，才是中國的權勢中心❷。因此，他們更加重視通過說服士人來影響全

---

❷ Lien-sheng Yang（楊聯陞）, "Historical Notes on the Chinese World Order," in John K. Fairbank, ed., *The Chinese World Order* (Cambridge, Mass., 1968), p. 27.

❷ 關於十九世紀及二十世紀初西方尚武心態是在中世紀封建貴族價值觀念影響之下的論點，參見 J. A. Schumpeter, Imperialism (Oxford, 1919); Arno Mayer, *The Persistence of the Old Regime* (New York, 1981).

❷ 鄭觀應，〈傳教〉（後篇），《鄭觀應集》，上冊，第 410 頁。

❷ Miller, "Ends and Means," p. 250；顧長聲，《傳教士與近代中國》，上海人

中國。

　　極具諷刺性的是，由於西潮的影響，中國士人在同一時期內恰恰經歷了相反的轉變。一方面，他們逐步認識到中西文化競爭的爭鬥性；另一方面，許多中國士人已吸收了較多的西方意識，包括前近代的尚武意識。愈來愈多的中國士人為中國已喪失了古已有之的尚武精神而後悔。他們一面批判這個不應發生的失落，同時更大力鼓吹恢復和培養此種精神。梁啟超、蔡元培就是尚武精神和軍國民主義的大力提倡者。略年輕些的一輩，從魯迅到熊十力這樣的文人，或入軍校學習，或直接從軍，多半都受此尚武心態的影響。正因為出現這樣一種心態的轉變，中國士人，特別是年輕一代，逐漸得出中西文化競爭最終是一場「學戰」的觀念。中國士人因而自覺地重視起這場文化競爭㉕。可以說，正是西方教會了中國人這場學戰的存在。

　　因此，到十九世紀後期，中西雙方都自覺地更加重視文化競爭。但總的趨勢是傳教士變得愈來愈重文而中國士人愈來愈尚武。或可說是傳教士變得更加現代化而中國士人更加前現代化。雖然如此，傳教士疏離於武力這一點的確有助於緩和中國士人在文化競爭中的抵制情緒。而且，儘管傳教士疏離於砲艦政策和尚武心態是十九世紀晚期的事，其主張取說服的手段卻是從一開始就存在的。

民出版社，1981，第 57 頁。

㉕ 關於學戰觀念的起源，參見王爾敏，《中國近代思想史論》，臺灣商務印書館，1995，第 244～247 頁。筆者深謝王先生賜贈其大作。本文側重於傳教士的作用，有關中國方面學戰觀念的演變，擬另文探討。

二、說服與證明

　　新教傳教士在探索怎樣才能最有效地在中國傳播福音是頗費周折的。其首先要克服的，就是基督教教義、流派、及其傳播方式等自身的問題。更難應付的，則是中西文化差異引起的誤解。同時，他們也面臨著選擇何種方式來說服哪些中國人的問題。

　　傳教士在中國首先面臨的困難，就是基督教的排他性問題。中國以前並不存在像基督教那樣從思想到組織有嚴格系統的宗教。早年傳入的佛教是多神而不爭的。且佛教與道教據山林而居以待信徒的方式頗合「有來學無往教」的傳統。但基督教卻是一神獨尊且嚴格排他的。正因為如此，基督教新舊教的區分、其在華傳教士的相互攻擊排斥，特別是互指對方不是真正的基督教一點，就給中國士人以極大的混淆。即使是思想最開放的士人，也難以弄清何者尊奉的是真神。那些排斥異端的士人更據此以為兩者皆非純正。故基督教本身的立足點已不穩，遑論以其教義來說服中國士人了❷❻。

　　因此，許多新教傳教士意識到，為了「拯救中國人的靈魂」，他們必須採用俗世的手段。可是這一點在傳教士中立刻引起新的問題。本來，俗世與天國之間的緊張就是每個傳教士必須面對又難以解決的問題。傳教士應該是奉獻給天國的，可是他們都生活在俗世，且必須在俗世開展其工作。傳教界歷來有很強的傾向，

---

❷❻ 參見 Herbert Giles, *Confucianism and Its Rivals* (London, 1915), p. 259；呂實強，《中國官紳反教的原因》，中研院近史所，1966，第 45～53 頁。

主張傳教士應集中於拯救靈魂的基本任務，而不是在非基督教的異端國家裡創造一個世俗的西方式社會❷。但是在中國，一部分傳教士發展出一種更為廣義的傳教觀。他們注重俗世決不亞於天國。

俾治文很早就批判在華教團只重口頭佈道而甚少從事書面宣傳，即使寫作時也只局限於宣傳福音。他強調，在中國推廣世俗知識可以有助於傳教事業❷。李提摩太 (Timothy Richard, 1845～1919) 以為，拯救中國人的靈魂很難與拯救其肉體區別開來。李氏的目的是要通過「更好的宗教、科學、交通方式和國際關係，以及設立近代學校，建立近代新聞出版業，及建設新的工業和製造業」來推動中國進步。此話頗能代表這些傳教士的觀念。簡言之，他們正是要在中國建立一個西方式的社會❷。

這部分傳教士在整個在華傳教團體中實居少數，但其對中國士人的影響則似大於多數。因為他們有意偏重於在成年讀書人中擴大影響，這一點與大多數新教傳教士側重於青少年教育又不一

---

❷ 有關美國傳教界的這種傾向，參見 Arthur Schlesinger, "The Missionary Enterprise and Theories of Imperialism," in Fairbank, ed., *Missionary Enterprise in China*, pp. 350～352.

❷ CR, I:1 (Mar. 1833), p. 457.

❷ Timothy Richard, *Forty-five Years in China* (New York, 1916), pp. 7～8. 美國傳教士林樂知 (Young J. Allen, 1836～1907) 也是這些傳教士中的一個。參見 Adrian A. Bennett and Kwang-ching Liu（劉廣京）, "Christianity and the Chinese Idiom: Young J. Allen and the Early *Chiao-hui hsin-pao*, 1868～1870," in Fairbank, ed., *Missionary Enterprise in China*, pp. 159～196；陳絳，〈林樂知與「中國教會新報」〉，《歷史研究》，1986 年 4 期。

樣。俾治文提倡寫作重於口頭佈道，已暗示了這個傾向。蓋口頭佈道人人可聽，寫出來的東西則只有讀書人才能看。這個取向與中國士人重「眼學」輕「耳學」的觀念暗合，也有助於擴大其影響。在某種程度上，這種自上而下通過影響四民之首的士人來扭轉全民族思想的取向，是對新教面向基層之個人對個人的常規福音傳播方式的革新。但這一取向在新教傳教士群體中是有爭議的，因為這恰恰是舊教耶穌會士以前在中國用過的方法。只是到了二十世紀，這一取向才成為在華新教傳教界的主流❸。

　　實際上，這種注目於士人的取向一開始並不很成功。孟子說：「人之患在好為人師」。有來學無往教的傳統使中國士人懷疑任何主動來傳教的人是否有真學問。昔時中國讀書人即使低如塾師，也須有人請，而且是坐館授徒。大學問家更不致走方授學。故傳教士的主動傳教，不論是走向街頭還是走向書院，尚未開口已自降身份。士人自不屑與之交往。早年傳教士被中國人稱作「講古鬼」❸，恰揭示出其不過被視為走方講古的江湖藝人一類，其身份正在社會最低一流。

　　這樣一種輕視傳教士的認知也常為傳教士自身的舉動所強化。由於傳教士最終關懷的是天國，他們對中國民間宗教極為重

---

❸ 參見 Paul R. Bohr, *Famine in China and the Missionary: Timothy Richard as Relief Administrator and Advocate of National Reform, 1876～1884* (Cambridge, Mass., 1972), pp. 7～8；樂靈生 (Frank Rawlinson)，〈近二十年來中國基督教運動的改革與進步〉，司德敷主編，《中華歸主》，中譯新版，中國社會科學出版社，1985，上冊，第 104 頁。

❸ *CR*, IV:8 (Dec. 1835), p. 356.

視。不論信何種教，信教者總是比不信教者更關心彼世。許多傳教士或將中國各宗教信仰視為競爭對手，或將其視為潛在的合作者。來華新教傳教士先驅者之一的郭士立 (Charles Gutzlaff, 1803～1851) 即視龍王為中國人崇拜的象徵，因而也是基督的主要競爭對手。他曾衷心希望，而且確信，總有一天「龍王會被褫奪王冠，而基督則被尊為全中國唯一之王和崇拜的唯一對象」 ❷。

　　其他一些傳教士則相當注意閱讀佛教道教文獻。李提摩太即曾下大力研讀一些佛教道教經書，希望能藉此幫助他與中國士人的溝通。但在那時，懂得一些佛道教知識最多只能有助於與大眾的交往。而對於正統儒士來說，恐怕適得其反。只是到了十九世紀末二十世紀初，佛經才逐漸受到士人的關注，其部分原因就是希望能從中找出可以對抗西學的思想資源。在那之前，正統儒生根本不屑談佛道之經書❸。

　　傳教士的上述作為不啻是自居異端。故儘管有條約的保護，傳教士與中國士人的交往直到十九、二十世紀之交始終有限。李鴻章在 1880 年即曾告訴李提摩太：許多鄉民固然因物質原因皈依基督教，士人中卻無一信教者。此話雖未免失之過偏，但大體表達了當時的情形。二十多年後，梁啟超仍認為「耶教之入我國數

---

❷ Charles Gutzlaff, "Journal of a Voyage Along the Coast of China," *CR*, I:4 (Aug. 1832), p. 139.

❸ Richard, *Forty-five Years in China*, p. 86. 但是，在二十世紀初佛學確實進入中國士人的思想論說之中時，李提摩太在尋求一個更具包容性、即對中國宗教持容忍態度的基督教時，就遇到很多談佛教的士人同道。見同書，第 354～361 頁。

百年矣，而上流人士從之者稀」❸❹。

　　與士人相反，民間的反抗朝廷者則常常認同於傳教士或將傳教士視為盟友。太平天國以其簡化改造的基督教為官方宗教只是一個顯例。類似的情形在太平天國前後都有。早在 1834 年，福建一個企圖起事者就向美國傳教士雅裨理 (David Abeel, 1804～1846) 建議聯合造反。在太平天國之後，山東一夥起事者也曾要求李提摩太作他們的首領。周錫瑞 (Joseph W. Esherick) 關於《義和團運動的起源》一書更詳細揭示了十九世紀末山東起事者與傳教士的頻繁接觸❸❺。所有這些都表明傳教士的行為的確使許多人把基督教視為類似白蓮教、八卦教一類的異端。

　　因此，儘管這些傳教士傾向於走自上而下之路，文化差異使他們實際上更多是走向了下層。他們雖然找到了正確的目標，仍需要找到更合適的手段。對新教傳教士來說，學習耶穌會士以接近中國士人的方式來傳播福音不僅是有爭議的，而且是很難掌握的。與此同時，一些傳教士發現還是其本土的某些工具似乎更易於掌握，且效果亦好些。科學即是這樣一種工具。

---

❸❹ Richard, *Forty-five Years in China*, pp. 151, 48；梁啟超，〈保教非所以尊孔論〉，轉引自楊天宏，《基督教與近代中國》，四川人民出版社，1994，第27 頁。

❸❺ Abeel Diary, Dec. 30, 1843, printed in *CR*, XII:1 (May 1844), p. 235；Richard, *Forty-five Years in China*, p. 100；周錫瑞，《義和團運動的起源》，中譯本，江蘇人民出版社，1994；並參見李恩涵，〈咸豐年間反基督教的言論〉，《清華學報》（臺北），卷 6，第 1～2 期（1967 年 12 月），第 55～60 頁。

　　西方自身在近代也經歷了巨大的社會、政治和心態轉變。在諸多變化中，科學的興起是最重要的變化之一。儘管科學在西方仍有某種爭議，但將其視為西方文明的一項成就這樣一種傾向愈來愈強。到十九世紀初科學已被認為是「人類知識的一個主要類型及一種主要的文化體系」❸❻。不過，這仍是一個發展中的過程。到 1831 年，英國還專門成立了一個推進科學協會以促進推廣科學的發展。直到 1847 年左右，現在所用的「科學家」(scientist) 一詞才成為對那些研究自然者的專門稱謂。在此之前，一般是將他們稱作「自然哲學家」❸❼。拉法格認為這個詞的最後確定還要晚，大概受惠於法國大革命。他在 1894 年時說：英國人一向對怎樣稱呼從事科學的人感到為難，「最近他們採用了法國詞 savant，並且造了個新詞：scientist。」❸❽

　　傳教士當然受到其母國發展的影響。有時候，身處異國反而更容易看到母國的長處。傳教士在十九世紀初已開始認識到科學可以用來為傳教服務。但是，在科學被選中成為傳播福音的手段後，傳教士就必須面對科學與基督教之間的先天緊張。同樣，傳教士仍須處理因文化差異引起的對科學的不同認知的問題。在這些方面，傳教士的成功都是有限的，但他們倒底播下了種子。

　　正因為科學的興起還是一個發展中的進程，有些傳教士也是

---

❸❻ Cf. John Roberts, *Revolution and Improvement: The Western World 1775～1847* (Berkeley, Calif., 1967), pp. 219～233，引文在第 219 頁。

❸❼ Neil Postman, *Technopoly: The Surrender of Culture to Technology* (New York, 1992), p. 147; Roberts, *Revolution and Improvement*, p. 219.

❸❽ 拉法格，《革命前後的法國語言》，中譯本，商務印書館，1964，第 56 頁。

到了中國之後才認識到科學的力量。換言之，以科學為傳教工具是根據傳教現場的經歷得出的見解。因此，許多傳教士在來華之前並未接受多少科學的訓練。李提摩太就是到中國多年後才理解到科學的重要。他在 1870 年代後期在中國以自修方式重新學習了西方文明，那時他才意識到正是在「科學」之上西方文明勝過了中國文明。實際上，李提摩太的基本科學知識也是在中國自修得來的 ❸。

　　不過，傳教士必須先處理科學與基督教之間的緊張問題。最好的解決方法是將科學與上帝聯繫起來。俾治文明白，如果說兩者在西方頗有衝突的話，在中國它們只會「相互支援」。李提摩太認為，研習科學應採取與研習宗教同樣的虔敬態度，因為科學處理的正是「上帝之律」。狄考文 (Calvin W. Mateer, 1836～1908) 認為科學知識正是「上帝賦予教會打開異教邪說大門的工具」。遠在美國，極有影響的斯特朗 (Josiah Strong) 將科學技術視為上帝在近代的「新預言」，輕易地舒解了兩者間的緊張 ❹。

　　一旦傳教士認識到科學的力量，他們立即將其運用起來。許多傳教士受啟蒙時代信條「知識就是力量」的影響，他們像美國傳教士林樂知一樣希望科學可以「以一種寧靜的方式」改變中國

❸ Richard, *Forty-five Years in China*, pp. 158～161.

❹ *CR*, I:11 (Mar. 1833), p. 457; Richard, *Forty-five Years in China*, pp. 159～160；狄考文語轉引自史靜寰，〈近代西方傳教士在華教育活動的專業化〉，《歷史研究》，1989 年 6 期，第 31 頁；Josiah Strong, *The New Era of the Coming Kingdom* (New York, 1893), p. 13，轉引自 Schlesinger, *The Missionary Enterprise*, p. 363.

人的思想。在乾嘉考據學影響下的中國士人論事極重證據，林樂知對此深有體會❹。傳教士正是希望以西方科學成就為據來證明基督教國家文化的優越。用一句在華傳教士常用的話來說：「科學是基督教的侍女。」早在 1819 年，新教傳教士先驅米憐 (William Milne, 1785～1822) 就已說過：「知識和科學都是宗教（按：指基督教）的侍女。」此後直到二十世紀，類似的表述不斷為在華傳教士所重申❷。

對傳教士來說，在中國引進科學有兩層作用。首先，如郭士立在 1833 年所說，這可以向中國人表明「我們確實不是什麼『夷狄』，並……說服中國人他們還有很多東西要（向我們）學」❸。這是證明西方文化優越的第一步。其次，如林樂知在 1866 年所說，引進科學的特別價值在於可以「根絕和摧毀他們對自己關於世界和自然理念的信心」❹。只有這樣才有可能根本改變中國人的思想方式。

林樂知本人就曾長期在學校中和家裡為他的中國學生和朋友演示化學和電學實驗。他的方法是先講述事物的基本準則，然後以實驗證明之。林氏希望藉此可以說服中國人，使其知道他們「許

---

❹ 參見 Bennett and Liu, "Christianity and the Chinese Idiom," pp. 166～168.

❷ 米憐的話引在 CR, II:5 (Sept. 1833), p. 235 ，又見 CR, II:4 (Aug. 1833), p. 187; William W. Cadbury, *At the Point of a Lancet: One Hundred Years of the Canton Hospital, 1835～1935* (Shanghai, 1935), pp. 28～29.

❸ CR, II:4 (Aug. 1833), p. 187.

❹ Allen to E. W. Sehon, Dec. 7, 1866, cited in Bennett and Liu, "Christianity and the Chinese Idiom," p. 165.

多迷信思想的愚蠢和謬誤」。他曾向其中國學生表演煤氣點燈，成功地使他們「目瞪口呆」。但是他要將科學用來支持基督教教義的努力卻基本未能成功 ❹ 。

李提摩太也一直試圖使中國官員和士人對「科學的奇蹟」產生興趣。他希望這樣或能促使他們運用科學以造福中國人。但李氏的目的與林樂知的一樣，並不限於在中國推廣科學技術。他總是將他演示出的科學的力量與上帝連在一起。從 1881 年到 1883 年間，李氏堅持每月向中國士大夫演講各式各樣的「奇蹟」。他用以形容其聽眾觀眾反應的最常用字眼是「震驚」。李氏發現，中國士大夫覺得「近代科學的魔力遠超過所有其他魔法」 ❻ 。

林樂知其實知道，相信宗教奇蹟的時代已過去了。但他確信，在中國，「如果將科學有技巧地演示出來」，則其功用幾乎可像宗教奇蹟一樣「奇妙而戰無不勝」 ❼ 。林樂知的見解揭示了科學在當時中國傳教界恰扮演著「宗教奇蹟」在西方的社會角色。正是因為這些科學演示充滿了奇蹟、魔力、震驚和目瞪口呆一類效果，傳教士自己再次無意中認同於江湖藝人和風水先生一流。雖然中國士人實際上多少都相信一些風水，但風水先生作為一個社群的社會地位並不比江湖藝人高。具有諷刺意味的是，李提摩太自認他向中國人傳播科學的目的之一就是消除他們對風水的迷信，他本人卻曾被中國人請去看過風水。這個例子說明確有中國人將傳

---

❹ Bennett and Liu, "Christianity and the Chinese Idiom," pp. 166～167.

❻ Richard, *Forty-five Years in China*, pp. 158, 160～163.

❼ Allen's Diary, Apr. 13, 1864, cited in Bennett and Liu, "Christianity and the Chinese Idiom," p. 165.

教士視為風水先生一流❹。

　　由此看來，傳教士以科學為工具傳播福音的努力並不很成功。但像林樂知和李提摩太這樣一些傳教士也的確相信採用近代科學技術本身是對中國有好處的。他們這樣一種善意的動機使得其觀念較易於為中國士人所接受。其次，當科學不只是作為表演，而是與輪船、鐵路、電報等近代技術產物相連時，其說服力就大大加強了。當林樂知告訴中國士人科學正是西方「富強」的基礎時，他就搔著了當時中國士人的癢處❹。近代中國士人的心態早已在變，富強本非儒家強調的國家目標。中國士人既因屢挫於西方和日本而大談國家富強，實已轉向西方的價值系統。雖然不免有些躊躇遲疑，中國士人終於逐漸趨向林樂知和其他傳教士指給他們的方向——尋求富強。

　　另外，雖然許多傳教士總是強調科學技術是西方文明的一個組成部分，也有一些像狄考文一樣的傳教士卻主張：人和國家可以有特定的認同，學問卻應是普世性的，誰能掌握就屬於誰。狄考文很清楚，許多中國人就因為科學技術是外來學問而在學習它們時不免有羞恥之感❺。他的觀點顯然有助於舒緩中國士人學習科學的遲疑感。到後來，這樣一種學問超越文化的觀點成為尊西中國士人既可學習西方而同時又能保持自身心態平衡的最重要理論支點。

---

❹ Richard, *Forty-five Years in China*, pp. 123, 80～81.

❹ Bennett and Liu, "Christianity and the Chinese Idiom," p. 194.

❺《萬國公報》，卷 14 (1881～1882)，第 29 頁，轉引自王樹槐，《外人與戊戌變法》，中研院近史所，1965，第 21 頁。

　　當然，中國士人對科學的接受是有一較長過程的。起初，中國士人雖承認西方有「長技」，且降節「師夷之長技」，卻很少視其為真學問。然而，一旦中國士人開始學習「夷狄」之長技，試圖「盡其中之秘」時，他們很快發現在長技背後隱伏著系統的科學理論知識。科學的確如林樂知所說是「寧靜地」起作用。只要中國人在學西方長技的方向上邁出第一步，他們就像郭士立所期望的那樣，確實發現有很多東西要向西方學習。很快，「西學」這個專門詞彙就出現在中國士人的思想論說之中。

　　同樣，郭士立的另一希望也迅速實現了。學習西人的長技正是走向承認西方與中國平等的第一步。承認西方不僅有長技而且有學問則意味著中國士人在內心中已認為中西完全平等。當中國士人對西學的態度進而從承認轉為傾慕時，他們對科學的認知也相應轉變了。同時，也許因為科學確實比其他部分的西學更加具有普世性，科學很快就成為西學中最受中國士人歡迎的一部分。從清季到今天，絕大多數西方學說和概念在中國都曾受到不同程度的挑戰或批判，唯獨科學（作為一種象徵）仍像不倒翁一樣始終屹立在那裡（今日朝野都還在大聲疾呼尊重科學，提示著仍是象徵過於實際）。

　　與此同時，中國士人既然在內心中承認西方為平等，則中國過去成功的秘訣在其學問典籍之中這樣一種傳統認知就自然延伸到西方身上。於是對西學典籍的需求立刻大增。當傳教士最後集中於利用出版物來影響中國士人時，其以前努力傳播科學的效果即開始凸顯出來。西學本身也跨越中西認同的緊張 (tension)，獲得了一個更具普世性的名稱——新學。一旦不存在認同問題，西

學在中國的傳播便如翻江倒海,形成一股巨瀾。

　　早年俾治文主張重視寫作勝於口頭宣教時,他只是與中國士人重眼學輕耳學的傾向暗合。半個世紀之後,狄考文才有意識地注意到中國士人治學的這一趨向[51]。的確,在華教會在利用出版物方面進展並不算快。雖然像林樂知和李提摩太這樣的一些傳教士一直重視新聞及出版事業,但教會出版物的數量和傳播範圍仍然有限。到 1880 年代李提摩太仍在警告:「我們尚未認識到文獻典籍的巨大重要性」[52]。

　　1891 年李提摩太被任命為經費充足的廣學會的書記,教會出版事業算是找到了合適的人選。而且這任命適逢其會:一是如前所述,傳教士到此時已更加重視對中國士人的影響;二是傳教士本身的現代化使其逐步疏離於砲艦政策而採和平說服取向,故中國士人的反感減輕;三是更多的中國士人已開始主動尋求西學書籍。十九世紀最後十年間廣學會的出版物劇增,而且傳播範圍也遍及全國[53]。「新學」在中國成為顯學,士人競相趨從後,傳教士要改變中國人思想方式的目標很快得以實現。

三、始料未及的後果與影響

　　到中國士人自身愈來愈多地進入傳播西學的行業之後,傳教士的影響就開始減弱。具有詭論意味的是,到中國士人自辦的刊

---

[51] 王樹槐,《外人與戊戌變法》,第 21 頁。

[52] 轉引自 B. Reeve, *Timothy Richard, D. D.* (London, 1912), p. 81.

[53] 參見顧長聲,《傳教士與近代中國》,第 158〜160 頁。

物和自譯的西書漸漸普及時，傳教士在中國新聞出版業的作用就已趨於「完成」，遂漸退居邊緣地位。一旦中國士人自己承擔起傳播西學的任務，傳教士的影響立刻式微。西學在中國能形成大潮，傳教士起了最主要的作用。但這股大潮卻反過來把始作俑者推到邊緣的地位，這個結局大約是傳教士沒有預料到的。二十世紀傳教士在文化事業中已側重於辦學，特別是辦大學。正如《外交報》1908 年一篇名為〈申論外人謀我教育權之可畏〉的文章說：庚子以後，在華西方教會「所心營目注，專以教育為當務之急」❺❹。這一方面是因為轉向尊西的中國社會對此需求大增，但多少也因教會在新聞出版業已漸難立足這一因素使然。

　　當然，中國士人一旦主動學習西方，西方文化優越性的確立就只是時間問題了。到 1898 年時，傳教士立德 (Archibald Little, 1838～1908) 已肯定地寫道：「西方思想方式（在中國）取得控制地位的日子一定會來到」❺❺。若比較立德的滿懷信心與 1869 年時楊格菲的猶疑，中國思想界的變化之大就可見一斑了。而且，正是嚴復從西方進化論化約出的「優勝劣敗，適者生存」的簡單公式，最後說服了許多中國士人。有此理論，強力就成了最好的說服手段。既然中國屢被戰敗，則其文化必然低劣。中國人從以前不以成敗論英雄到承認敗即是劣，其價值觀念已完全轉到西方一邊了。西方在改變中國人思想方式一點上已基本成功。

---

❺❹ 轉引自楊天宏，《基督教與近代中國》，第 101 頁，並參見同書第 102～103 頁。

❺❺ Archibald Little, *Gleanings from Fifty Years in China* (London, 1910), p. 37.

　　一旦中國人承認自己文化低劣，則為了自救，除了學習西方之外別無選擇。而西人在打壓中國文化方面，據章太炎的觀察，一方面由傳教士鼓動，一方面又向留學生灌輸，配合相當默契。接受了西方觀念的留學生更因中國科學不如西方而以為「一切禮俗文史皆可廢」。這個觀察與胡適所見大致相同。胡適曾說：「今留學界之大病，在於數典忘祖。」他發現，在美國的中國學生，「懵然於其祖國之文明歷史政治」。由於「不講習祖國文字，不知祖國學術文明」，這些人首先就無自尊心。因為不知本國古代文化之發達、文學之優美、歷史之光榮、民俗之敦厚，則一見他國物質文明之進步，必「驚嘆顛倒，以為吾國視此真有天堂地獄之別。於是由驚嘆而豔羨，由豔羨而鄙棄故國，出主入奴之勢成矣」。到他們回國，自然會「欲舉吾國數千年之禮教文字風節俗尚，一掃而空之，以為不如是不足以言改革也」❺❻。

　　在這種情形下，中國士人自認「野蠻」，主張為重建新中國新文化而破壞自己的固有文化，都是順理成章的發展。其結果，便是本文開頭提到的新的崇拜。新舊和進步與保守漸成價值判斷的依據。而新又是西方式近代化的代名詞。英文的 modernism，今日是譯作「現代主義」的，在那時卻翻譯為「從新主義」❺❼，極具象徵意義。

　　從魏源提出「師夷之長技以制夷」以來，許多中國士人一直在尋找一個中西文化之間的會接點。許多中國士人都傾向於認為

---

❺❻ 王汎森，《章太炎的思想》，第 81 頁；胡適，〈非留學篇〉。

❺❼ A. H. Mateer, *Hand Book of New Terms* (Shanghai, 1917), p. 80.

文化體系是可分的，故有可能接受或採納異文化的某些部分並整合進自己的文化之中。「中學為體，西學為用」正是這一觀念的典型表達。但是，十九世紀的西方傳教士基本是主張文化體系是完整不可分的。他們以為，對異文化要麼整體接受，要麼全盤拒斥，沒有什麼中間立場（這當然與基督教一神獨尊的排他性是相關聯的）。由於中國在「學戰」中的大敗，文化整體觀在二十世紀初一度頗占上風。這正是後來有人提倡全盤西化的思想基礎。

　　另一方面，文化可分論也是中國士人藉以避開認同問題的實際理論依據。中國士人可以接受許多西方東西而不覺十分於心不安，仍能保持其中國認同，就是有文化可分論作基礎。清季士人講西學源出中國也好，講中體西用也好，多半都是在保持中國認同的基礎上，為引進西方文化找依據。到傳教士的整體文化觀占上風之後，西向的中國士人就只有「破華夷之界」，在學問的普世性上做文章以超越認同問題。二十世紀風行於中國的各種西方主義如無政府主義、社會主義、世界主義等，有一個共同的特點，即超人超國。華夷既無界，大家無所謂認同，中國士人也可超越於「文化低劣而野蠻」的中國文化認同。這其間自覺或不自覺的苦心，亦良有以也❸。

　　傳播西學的角色既然已逐漸由中國士人自己承擔起來，西方對中國的文化滲透實已得到中國人的主動配合。當然，中國配合者自己通常並未意識到他們所起的這種作用。他們的目的是要使

---

❸ 本段論述可見 Joseph R. Levenson 的影響，參見氏著，*Confucian China and Its Modern Fate* (Berkeley, Calif., 1958, 1964, 1965).

中國富強並最終凌駕於西方之上，主張學西方的鄭觀應在論西學時說：「夫欲制勝於人者，必盡知其成法，而後能變通，能變通而後能克敵。」明確其學西方的目的是「制勝克敵」，最後「駕出西人之上」❺❾。這個觀點與同時代另一位西學鼓吹者馮桂芬的看法如出一轍。這不僅未離開早年「師夷之長技以制夷」的軌道，其動機也與傳教士的完全相反。

　　而且，羅榮渠先生已指出：「基督教十字軍對中國的征服也失敗了。」❻⓿首先，延續到二十世紀的西方砲艦政策大大抵消了傳教士的和平說服努力。其次，傳播西方文化以改變中國人的思想方式，只是走向使中國人皈依基督教的第一步。但傳教士始終未能將其與下一步連接起來。中國士人的思想方式雖然已逐漸西移，他們中的多數仍然不能接受基督教。實際上，恰如謝衛樓(Devello Z. Sheffield, 1841～1913) 在 1877 年就已指出的：「經過西方科學教育的異教徒比一般異教徒更難接受福音」❻❶。第三，傳教士運用科學為佈道工具的取向更有自掘墳墓的性質。在文化可分論影響下的中國士人，一旦掌握了科學的一般道理，立即用之以證明基督教的不科學❻❷。

　　曾經一度加入基督教的胡適不久就退出，後來雖然傾向「西化」，卻長期攻擊教會教育，就是一個顯例。早年的無神論者胡適之所以能成為基督徒，部分即因為他將基督教作為「優越的」西

---

❺❾ 鄭觀應，〈西學〉，《鄭觀應集》，上冊，第 202 頁。

❻⓿ 羅榮渠，〈論美國與西方資產階級新文化輸入中國〉，第 78 頁。

❻❶ 轉引自史靜寰，《近代西方傳教士在華教育活動的專業化》，第 30～31 頁。

❻❷ 參見楊天宏，《基督教與近代中國》，第 71～75 頁。

方文化之一部分而接受，確實不無想疏離於「野蠻落後」的中國而認同於「優越的」西方之意。但胡適在對西學有較多把握之後，就將西方文化一分為二，在基督教的傳播方式上看到了與中國的「村嫗說地獄事」、塑造「神像」、「佛教中之經咒」、以及「道家之符籙治病」等同樣「野蠻」之處；基督教既然與「野蠻」的中國相類似，其不屬於那「優越的」西方即不言自明，當然也就不必對之尊奉，而在摒棄之列了❻❸。

　　早在十九世紀末，傳教士已有意識地為「取代儒學的地位」而培養能為其所用的華裔人才，擬「用基督教和科學來教育他們，使他們能勝過中國的舊士大夫，因而能取得舊士大夫階級所占的統治地位」。隨著尊西崇新趨勢的形成，以新人取代舊人這一點不久就已基本實現。但正如傳教士在 1890 年就認識到的那樣，在華教育就像一柄雙刃劍，「基督教會必須讓它為上帝服務，否則魔鬼撒旦將利用它來反對上帝。」❻❹傳教士的利用「科學」，主要是因為其與基督教一樣屬於西方；但「科學」與同屬西方的撒旦也是同源，歐洲反「科學」的教士正以其為撒旦的產物，故其究竟與上帝和撒旦孰近，證明起來還很困難。

　　重要的是，西方文化優勢在中國的確立意味著所有反西方的努力都要用西方的觀念來使之合理化。近代中國士人在承認西方文化優越的同時，卻得以藉主要是西來的「科學」（中國自然也有

---

❻❸ 說詳羅志田，《再造文明之夢》，第 87～88 頁。

❻❹ 分別轉引自校史編委會，《華西醫科大學校史》，四川教育出版社，1990，第 4～5 頁；王立新，〈晚清在華傳教士教育團體述評〉，《近代史研究》，1995 年 3 期，第 32 頁。

科學，但觀其在五四時所得的「賽因斯」之名，就很能提示時人口中的「科學」的淵源所自）之力將基督教排斥在那優越的「西方」之外。中國士人以科學反基督教固然有所謂「理性」的成分在，但恐怕多少也有潛意識中抗拒西方文化滲透的民族主義意識在起作用。傳教士最熱心傳播的科學到後來竟成為抵制基督教的最有力武器，這又是傳教士未能始料所及的。

　　然而，近代中西文化競爭給中國打下的烙印無疑是長久的，其影響已延伸到思想領域之外。綜觀二十世紀初年中國各派政治文化首領的背景，除了直接的軍人領袖，大抵有兩大特色：或多少與軍隊或軍事教育有關，或與新聞出版業有關。少年得志者大致不出此二途，許多人更是二者兼而有之（「超越」的熊十力即曾從軍，「閒逸」的周作人是軍校畢業，都是例證）。而尚武心態和新聞出版業正是中西「學戰」的直接產物。也就是說，中西學戰至少部分改變了近代中國上升性社會變動的模式，甚至可以說影響到整個社會結構的變遷。這個問題甚大，只能另文探討了。

（原載《歷史研究》，1996 年 6 期）

失去重心的近代中國：清末民初思想權勢與社會權勢的轉移及其互動關係

　　百年來的「近代中國」，亂多於治，可以說沒有十年的安穩日子；與兩千年的「古代中國」的治多於亂、總有一千多年的安定適成鮮明對照。近代中國何以久亂而不治？一言以蔽之，就是沒有一個文化、社會、思想和政治的重心。

　　章太炎在 1918 年時說：「六七年來所見國中人物，皆暴起一時，小成即墮……一國人物，未有可保五年之人，而中間主幹之位遂虛矣。」❶胡適在同一時期也注意到同樣的現象。他在 1919年感嘆說：「十年來的人物，只有死者能保盛名。」❷的確，1918年前的一二十年是中國變化最劇烈的一段時間：政治舞臺上的新角色層出不窮，思想界其實也是新人輩出，正是典型的「你方唱罷我登場」的局面。但他們確實都如太炎所說，小成即墮，未能形成持久的影響。到 1932 年，胡適有了進一步的理解後，也大致與章太炎達成了共識。他指出：我們中國這六七十年的歷史所以

---

❶ 章太炎，〈對重慶學界演說〉，《歷史知識》，1984 年 1 期，第 44 頁。

❷ 胡適致高一涵等（稿），1919 年 10 月 8 日，《胡適來往書信選》，中華書局，1979，上冊，第 72 頁。

　　一事無成，中國的民族自救運動之所以失敗，「都只因為我們把六七十年的光陰拋擲在尋求建立一個社會重心而終不可得。」❸

　　這個問題，學術界過去注意得不夠。本文擬將近代中國失去重心這一現象納入中國社會發展的內在理路及西潮衝擊之下整個近代中國的巨變這一縱橫大框架中進行探討，重點考察分析中國近代原居四民之首的士向知識分子的轉化、知識分子在社會學意義上的邊緣化、以及邊緣知識分子的興起這一連續、相關而又充滿變化的社會進程。從思想與社會的權勢角度言，此進程與近代中國正統衰落、異軍突起這樣一個整體趨勢是密切相關的。這樣的大題目當然不是一篇文章所能處理的。在缺乏大量個案研究的情形下，本文只能提出一個走向框架性詮釋的思路，既作為個人今後研究的起點，更希望能成為引玉之磚，促進學界同人對此問題的關注。由於現存社會統計資料的不足和不準確，本文在研究取向方面，特別注重思想演化與社會變遷的互動關係，從當時人的心態變化入手來反觀社會的變動，希望能有進一步的認識。

一、思想權勢轉移：從西學不能為用到中學不能為體❹

　　章、胡二氏所觀察到的中國失去重心的現象，雖是民初數年之事，但揆諸後來的歷史，這個現象基本是持續的。而其淵源，尚更在西潮東漸之前。龔自珍在道光年間，已指出中國本身思想

---

❸ 胡適，〈慘痛的回憶與反省〉，《獨立評論》，18（1932 年 9 月 18 日）。

❹ 本節的基本觀點，詳見本書〈從西學為用到中學不能為體：西潮與近代中國思想演變再思〉，〈學戰：傳教士與近代中西文化競爭〉，及〈胡適與社會主義的合離〉各篇，下面只勾勒其大概。

文化重心由京師向山林的傾移。他在那時寫的〈尊隱篇〉中說：「古先冊書，聖智心肝」及「人功精英，百工魁傑」等，均已「不留京師」；京師既然不能留有識之士，於是既貧且賤，而「豪傑益輕量京師，則山中之勢重矣」。孔子早就說過：「天下有道則見，無道則隱。」（《論語・泰伯》）只要天下有道，士人就應出仕。而龔生此文竟名為〈尊隱〉，儼然影射彼時已是天下無道，故士人流向山林，致國失重心。這樣看來，中國之衰敗不待西潮衝擊已經開始了。

但近代更重要的思想權勢轉移，無疑是近代中國士人面臨西潮蕩擊，被迫做出反應，從而引出一系列文化、社會、經濟、政治以及思想的大變化。近年來，費正清提倡最力的「西方衝擊─中國反應」這一近代中國的詮釋模式，因其西方中心觀所暗含的「文化帝國主義」意味，在中美兩國均已不受歡迎。但是，研究模式的合用與否是可以辯論的，近代確實出現「西方衝擊─中國反應」這一歷史現象卻是不容置疑的。實際上，西潮衝擊中國引起的變化，特別是在文化史、思想史、社會史範圍內，中外的研究都還在較淺的層面，應作進一步的探討。

就思想文化言：中西之間的文化競爭是中外矛盾的關鍵。西方在文化競爭方面是有備而來，中方則是在競爭過程中才逐步認識到時人所稱的「學戰」的重要，故在不知不覺中被西方改變了思想方式。由於中國士人在文化競爭中的失敗，西方文化優越的觀念在中國士人心目中得以確立，並出現一種「新的崇拜」：新即是善，舊即是惡；新舊和進步與保守漸成價值判斷的依據。而新又是西方式近代化的代名詞。英文的 modernism，今日是譯作「現

代主義（或近代主義）」的，在那時卻翻譯為「從新主義」❺，極具象徵意義。

　　嚴復以為，近代中國士人對於新說的態度有二：「不為無理偏執之頑固，則為逢迎變化之隨波。」究其原因，就是對中國的傳統學問，「除以為門面語外，本無心得；本國倫理政治之根源盛大處，彼亦無有真知。」一句話，關鍵還是心中「本無所主」，所以表現出進退失據的現象❻。換言之，如果中學不能為體，西學也就難以為用。錢穆指出：中體西用雖然是晚清士人的共識，但當時的人「實在也並不知道中學之體是一個什麼體。自己認識不足，在空洞無把柄的心理狀態中，如何運用得別人家的文化成績？」結果「西學為用」也不能成功，實即體用皆空❼。這樣，中國士人沿著「西學為用」的方向走上了「中學不能為體」的不歸路。在失去文化立足點後，更因多層次的心態緊張步入激進化的軌道，造成民國初年思想界群龍無首、不知所趨的局面。正所謂邯鄲學步，反失其故。自身的立腳點一失去，就出現了章太炎所見的現象。

　　章太炎正是以近代中國人不習「歷史」──即傳統的失落──來解釋民國無重心的現象，他指出，民國中間主幹之位空虛就是因為近人「不習歷史，小智自私，小器自滿，背逆形便而不知，違反人情而不顧」，蓋「歷史之於任事，如棋譜之於行棋」。有清

❺ A. H. Mateer, *Hand Book of New Terms* (Shanghai, 1917), p. 80.

❻ 嚴復致熊純如，1916 年 9 月 20 日，《嚴復集》，中華書局，1986，第 3 冊，第 648 頁。

❼ 錢穆，《中國思想史》，新亞書院，香港，1962，第 165 頁。

一代從曾國藩到張之洞，對歷史知識，素所儲備，故尚能得力。民國人不習歷史，恰如不習譜而妄行棋，則「成敗利鈍，絕無把握」。由於這些人物「不習歷史，胸襟淺陋」，所以其得勢就如「無源之水，得盛雨而成潢潦」，當然也就不能持久，遂造成「一國無長可依賴之人」的局面❽。太炎所說的「歷史」，其涵蓋遠比一般人所認知的「歷史」更廣大，大致即其愛說之國粹，略近於今人所說的文化「傳統」。則國無重心正因為風雲人物已不能把握中國文化傳統。

　　但另一方面，太炎的話也提示了社會變動與思想權勢轉移的互動關係。清季民初社會政治都呈亂象，所以「盛雨」頻仍，「暴起一時」的人物確實不少。盛雨之下能否成潢潦，有時也不完全因個人的胸襟學養。太炎自己的「歷史」知識，當世可說不作第二人想，但也只在清末革命時「暴起」，民國建立後幾年間，就不但沒有成潢潦的跡象，反已有過時之虞。章氏在民國後的思想界，基本是處於較邊緣的地位，在政界則更不必說了。且章氏又自認長於論政，其涉應世變，亦一向「專恃歷史之力」。他對於民國時局，更經常「苦心直言」。惟聽者卻「多不見信」。

　　唐德剛先生說，一個思想家的「思想」一定要與現實的社會變動相配合，要主觀客觀「裡應外合」才能產生大的影響❾。但以「歷史」知識武裝起來的太炎思想，那時似乎就與當下的社會

---

❽ 章太炎，〈對重慶學界演說〉；〈救學弊論〉，轉引自湯志鈞，《章太炎年譜長編》，中華書局，1979，下冊，第 759 頁。

❾ 唐德剛，《胡適雜憶》，華文出版社，北京，1992，第 79 頁。

變動和社會思潮「裡應外合」不起來。可見章氏所說的「歷史」，要大家都習才行。曾國藩、張之洞的時代，全國大多數士人都還未失其「故」，所以尚能占據中心。到民國則全社會絕大多數人都已不習「歷史」，即使如太炎等少數人習之，也不能形成今人所說的全國性思想論說 (discourse)。少數人所習的「歷史」不為大家所接受，自然不能占據那空虛的中間主幹之位。

而全社會都不習「歷史」，無論是有意無意，均體現出一種思想權勢的轉移。張之洞曾說：「世運之明晦、人才之盛衰，其表在政，其裡在學。」❿這是中國傳統觀念中政治與學術關係的典型表述。由此看去，思想權勢的轉移不但是民初國無重心這一整體現象的一個重要組成部分，而且是造成這一現象的主要原因之一。但思想權勢轉移本身又是與社會權勢轉移相關聯的。世運明晦、人才盛衰所反映的，不正是社會的變遷麼。故章太炎對中國失去重心的解釋雖頗為深刻，卻仍只見到問題的一面，不能完全解釋這一失去重心的現象。這裡顯然還有其他原因。

二、社會權勢轉移：從士到知識分子

前引胡適對近代中國一事無成是因為中國人六七十年來一直在「尋求建立一個社會重心而終不可得」的解釋，已提示了從社會方面探索思想和政治演變原因的新詮釋途徑。胡適以為，這是

---

❿ 張之洞，〈勸學篇序〉，轉引自余英時，〈中國近代思想史上的胡適〉，收在胡頌平編，《胡適之先生年譜長編初稿》，全10冊，聯經出版公司，1990年修訂版，第1冊，第9頁。

因為中國離封建時代太遠；對君主制的信念又為墮落的晚清所毀壞；再加上科舉制度使社會階級太平等化；人民窮而無資產階級；以及教育不普及，也不存在有勢力的智識階級等等 ❶。這些見解大多有些道理，但也都有些「隔」，並未中的。而且這裡的有些理由如科舉制度，恐怕正是過去兩千年之所以能有社會政治重心的重要因素。故近代中國社會重心的缺失還須從其他方面去認識。

　　這個問題近年由余英時先生作出了進一步的解答。這其中一個根本原因就是從傳統的士到現代的知識分子的社會大轉變 ❷。過去中國的社會重心正是處於社會結構中心地位而居「四民之首」的士。由於有此重心的存在，歷代由邊緣人打天下後便能轉換到「陛下與士大夫共治天下」的局面。思想權勢的轉移作用於社會，就產生了廢科舉興學堂等教育改革。其社會學意義就是從根本上切斷了「士大夫」的社會來源，使士的存在成為一個歷史範疇。新教育制度培養出的只有在社會上「自由浮動」的現代知識分子。士的逐漸消失和知識分子社群的出現是中國近代社會區別於傳統社會的最主要特徵之一。

　　清季從改科考到廢科舉，取士的標準有一個變化的過程。十九世紀最後一二十年間，科舉取士的標準，已是鼓勵新舊學兼通。汪康年於光緒十五 (1889) 年應鄉試，以第三藝作騷體，不合科場程式，依舊例應不取；卻因在次題〈日月星辰繫焉〉中，能「以

---

❶ 胡適，〈慘痛的回憶與反省〉，《獨立評論》，18（1932 年 9 月 18 日）。

❷ 參見余英時，〈中國知識分子的邊緣化〉，《二十一世紀》，第 6 期（1991年 8 月）。

吸力解『繫』字，羅列最新天文家言」，被主考官認為「新舊學均有根柢」，欲以首名取，終因犯規而以第六名中式。科場程式尚不熟，竟能以高名取，可知實以「新學」中式❸。這雖然只是一例，但民國新人物中有功名者實多，大抵為清季最後二十年間中式者，卻頗發人深省。同時，中國腹地的讀書人，已可能因買不到「新學」書籍而競爭不過口岸的士子❹。其結果，在趨新大潮的衝擊下，科舉考試已可能憑機遇而不是作文的本事，考試的公平性和所選出之人的代表性均已不及以往。

這樣，清季最後十年的科舉考試產生出來的近代中國最後一代社會學意義上的士，在思想上和心態上恐怕已與傳統的士大不一樣；反之，這一代士人與中國最早一代的知識分子，其社會存在雖有根本的不同，在思想和心態方面，卻每有相近之處。從這個意義上看，清季民初之時，中國的社會時段和思想時段發展並不完全同步。一般人視為不兩立的新與舊，不論在社會史意義上還是在思想史意義上，或者是在兩者互動的意義上，都不是那麼截然兩分，毋寧說更多是你中有我、我中有你❺。

從梁啟超以來，許多人常愛說近代中國士人關懷的重點有經器物到政制再到文化的階段性演變，治史者也多援用之。這大致是不錯的。但具體到個人，這樣的階段性演變或可能僅部分體現，

---

❸ 事見汪詒年纂輯，《汪穰卿先生傳記》，收在章伯鋒、顧亞主編，《近代稗海》，第 12 輯，四川人民出版社，1988，第 194 頁。

❹ 參見劉大鵬，《退想齋日記》，山西人民出版社，1990，第 86、102、121 頁。

❺ 參見羅志田，〈林紓的認同危機與民初的新舊之爭〉，《歷史研究》，1995年 5 期。

或者全無體現，甚至可能不發生關係。生活在「政制階段」的「社會人」，其思想很可能尚在 「器物階段」，或者已進到 「文化階段」。陳寅恪先生自詡其思想在「湘鄉（曾國藩）南皮（張之洞）之間」，就是一個典型的例子。且中國幅員遼闊，地緣文化的因素歷來較強，近代全國各地發展尤其不平衡。京、滬和一些口岸或者已到後面的時段，內地則可能尚不同程度地處於前面的時段，或竟在兩時段之間。若必以整齊劃一的階段論去觀察詮釋問題，恐怕有適得其反之虞❶❻。

　　據山西舉人劉大鵬的日記，新學書籍到 1903 年在山西還不多見。山西士人到河南應試，發現那裡的「時務等書，汗牛充棟」，遂紛紛搶購，致使書商立即漲價❶❼。可見同為內地且鄰近如山西、河南，新學的傳播就很不一樣，兩地讀書人已不可同日而語。到 1918 年，馮友蘭從北大畢業回到河南開封，要宣傳響應新文化運動，辦了一個名為《心聲》的月刊。馮氏所撰的發刊詞說：該雜誌的宗旨，「在輸入外界思潮，發表良心上的主張，以期打破社會上、教育上之老套，驚醒其迷夢，指示以前途之大路，而促其進步。」❶❽以此看來，新文化運動之後的河南，讀書人的心態大約尚與清季之人相近。以開封與北京的接近，新學的傳播竟然又相去甚遠，遑論北京與山西的思想差距了。

　　同樣，近代中國思想時段和社會時段不同步的現象也體現在

---

❶❻ 參見葛佳淵、羅厚立，〈「取法乎上」 與 「上下左右讀書」〉，《讀書》，1995 年 6 期。

❶❼ 劉大鵬，《退想齋日記》，第 121 頁。

❶❽ 馮友蘭，《三松堂自序》，三聯書店，1984，第 49 頁。

少年胡適身上。胡適在其英文本自傳中，曾特別講到他在上海讀到的〈新民說〉等文章「猛烈地撼動了我以為中國的古文明已經自足，除船堅砲利外勿需向尚武而唯物的西方學習這樣一種美夢」❶，這對瞭解少年胡適及其時代，都有深刻的提示性。這已是二十世紀初年，在今日一般認為在那時思想屬於「先進」的中國人心目中，張之洞的思想已不能應付時局，更不用說曾國藩的了。至少在績溪時的小胡適，其思想倒更像在「湘鄉南皮之間」的陳寅恪。如果從近代思想時段和社會時段不同步的角度去觀察，則安徽績溪與上海的那一段距離所造成的思想差距大約有二三十年即整整一代人之多。考慮到績溪所在的徽州素稱商業發達之地，而胡家自己在上海就有店鋪，信息的流通應無大妨礙，則我們對清季中國城鄉的差別，特別是思想、觀念、心態的差別，恐怕還應往其他方面作進一步的仔細探討。

　　清季興學堂之舉，就值得再作考察。清政府在改革科舉之時，已開始興辦學堂來填補科舉制的教育功用，這本是很有見識的舉措。但一種新教育體制並非一兩紙詔書在一夜間便可造成，而清季舉國都已有些急迫情緒，竟不能等待學堂制的成熟即已將科舉制廢除。舊制既去，而新制尚不能起大作用，全國教育乃成一鍋夾生飯。因學堂畢竟初創，在相當長一段時間裡許多新學堂的教育質量實際不如舊私塾。新學堂確實培養了不少「新人物」，卻未必養成了多少「新學人」。學子無學，是後來其社會地位逐漸下降

---

❶ 參見胡適在 *Living Philosophies* (New York, 1930, reprinted, 1942) 中的自傳條目，p. 247。

的一個重要原因。

　　據章太炎在 1897 年的觀察，「浙中風氣未開，學堂雖設，人以兒戲視之。」❷以浙江靠海之近，而風氣尚未開，學堂不過被視為兒戲，餘處概況可以想見。幾年後，風氣已大開，但學堂的教育質量卻仍不高明。1903 年有人調查了江南的教育界，發現「仕宦中人，競言開學堂，不知學堂為何事也；地方紳士，競言開學堂，則以學堂為利藪也；士林中人，競言開學堂，只以學堂為糊口也」，雖然情況頗不如人意，但各界人士都競言開學堂，可知風氣確已大開。但講到學堂的教育，則南京、蘇州、上海等地「最著名大學堂」的情形是：「陸師學生派充師範，八股專家支持講席；以格言語錄為課本者有之，以夏楚擊碎學生首者有之。禁閱新報、禁談自由。」而「各府州縣之中小學堂以及私設之蒙學堂，則分科教授，目錄未知；官樣文章，胡盧未肖」❷。

　　觀此可知上有所好，下必趨奉；詔書一下，則人人皆競言開學堂。但事前並無人才物質的充分準備，許多新學堂也就難以起到原設計的建設性功用。不過，初雖情形不佳，既已成風氣，若假以時日，終有改善之可能。而陸師學生派充師範這一現象表明，晚清走製造、強兵之路，其本身的成就固然有限，但各軍事學校因所學科目較新而辦學認真，遂成為清季新學人才的重要甚而是主要來源。我們只要看從嚴復到周樹人兄弟等都曾是軍校學生，

---

❷ 章太炎致譚獻，光緒 23 年 3 月 19 日，轉引自姜義華，《章太炎思想研究》，上海人民出版社，1985，第 63 頁。

❷ 侯生，〈哀江南〉，《江蘇》，1（1903 年 4 月），《辛亥革命前十年間時論選集》，三聯書店，1960，卷 1（下），第 537 頁。

就可見一斑。實際上，從「新學」角度言，陸師學生任教習是遠比八股專家更合格的。不過，軍校畢業生本身也有限，短時間內仍跟不上當時全國各省府州縣都競開學堂的大趨勢。

就以辦學堂最著力的張之洞長期管轄的兩湖地區言，同樣在1903年，那裡也甚感「苦無教習」，最多只能辦不太合格的中等學堂。當地的留日學生觀察到：「今日欲聘教習，求之中國，能教英文、算學者則有之矣，能教物理、化學者則未之聞也。」如果想聘請留學生，則「留學生之卒業者，寥寥無幾。即間有一二，亦不易於招致」；若聘外國人，則「言語既苦其難通，薪俸又嫌於過重」，真是條條蛇都咬人。結果，湖南的新興學校裡，教習「無非調劑老朽之舉貢編修」。可知兩湖地區的情形與江浙基本相近❷。梁啟超認為這是那時全國普遍的現象。他在〈新民說〉中指出，當時各省雖「紛紛設學堂矣，而學堂之總辦提調，大率最工於鑽營奔競、能仰承長吏鼻息之候補人員也；學堂之教員，大率皆八股名家弋竊甲第武斷鄉曲之巨紳也」❸。

當時的論者以為，以這樣的「老朽無學之人」來教書，只能誤人子弟。這一點，也值得重新探討。這裡所謂的「無學」，當然是指無西學。若以「舉貢編修、八股名家」來授西學，大約真會誤人子弟。但如果他們只傳授舊學，結果又如何呢？而且，當時留學

❷ 〈與同志書〉、〈勸同鄉父老遣子弟航洋遊學書〉，《遊學譯編》，7（1903年5月）、6（1903年4月），《辛亥革命前十年間時論選集》，卷1（上），第396、385頁。

❸ 梁啟超，《飲冰室合集·專集》之四，林志鈞編，中華書局，1989年影印本，第63～64頁。

生的西學程度，是否像一般人認知的那樣高呢？少年胡適所受教育
之新與舊，很能給我們一些其所處時代的啟示。胡適在家鄉安徽績
溪上莊受過九年傳統的私塾「舊教育」，轉入上海的新學堂梅溪學
堂，六個星期後即因能糾正老師的「國學」錯誤而一日之中跳升了
四班。後來到更有名的澄衷學堂，一年中仍能跳升四班㉔。

　　胡適的經歷提示我們對當時的教育恐怕要重新認識。首先是
上海新學堂的國文不如績溪上莊的私塾。胡適除了在中國公學時
外，一向是以國文占優勢的。但他的「國學」，在那時其實並不很
高明。他對「經義」，起初就根本不知是怎麼回事。對國學的重要
組成部分「小學」，他的工夫也相當差。胡適後來說，「我在家鄉
時，『十三經』還沒有讀完，《周禮》也未讀，就到上海去了。所
以對小學的工夫不深。」㉕但這樣的胡適在上海卻一向以國文吃
香，可知那時十里洋場的國文已大衰。

　　但上海學堂的「新學」水準，則還是相當不錯的。胡適因為
國文的優勢，所以在上海期間得以把主要的功夫下在英文算學上。
不過兩年後，胡適考入留日學生自辦的中國公學，同學皆為因抗
議而返國的留日學生。該校號稱「中國第一所私立大學」，但胡適
在學校裡竟然以英文好著名，算學也「毫不費力」，反而將功夫用
在學做舊詩和寫白話文章之上。可知那時許多留學生，也只是徒
有虛名而已。至少從日本回來的許多留學生在「新學」方面的知

㉔ 本段及以下兩段，參見羅志田，〈「率性」與「作聖」：少年胡適受學經歷
　 及胡適其人〉，《四川大學學報》，1995 年 3 期。

㉕ 唐德剛譯注，《胡適口述自傳》（以下簡作《口述自傳》），華東師範大學
　 出版社，1993，第 38 頁。

識水準實際上遠不如上海有些私立中學校的學生。而這些留學生恰多是在各地新學堂受過訓練的。可知同為新學堂，其間的差距有時可以相當大。

實際上，可以說正是清末的城鄉差別、特別是安徽鄉間私塾尚未沾染口岸風氣的傳統蒙學教育造就了後來被認為是啟蒙大師的胡適。在西潮入侵之後中國許多口岸地方，傳統的教育方式已大大式微，其一個後果就是傳統教育最講究的「讀書寫字」的基本功已較前薄弱。那種眼睛盯著少數不世出的精英分子的中國傳統教育❷，只有在與口岸沒有怎麼「接軌」的鄉間還基本存在。而胡適正靠著鄉間「國文」的訓練，在那「邯鄲學步，反失其故」的上海新學堂，打出了自己的天下。也是靠著舊學的基礎，再加上澄衷學堂的英文訓練，胡適就能擊敗全國各地的許多學子，一舉步入了庚款留學生這一真正全國性的少數精英群體。

同時，胡適的經歷也體現了近代中國人上升性社會變動 (social mobility) 取向的改變。在四民社會中，士大夫已成一個固定詞組；由於士是「大夫」即官吏的基本社會來源，道統與政統是一體的。人的上升性社會變動雖然可以有其他的途徑和選擇，從士到大夫是最受推崇和欣賞的取向。換言之，士與大夫的幾乎等同的內在邏輯聯繫恐怕是其最主要的社會吸引力。科舉制廢除後，道統與政統已兩分，這就改變了人的上升性社會變動的取向。同時，前述思想上之「新的崇拜」作用於社會，其直接影響就是上升性社會變動漸漸也幾乎到了唯新是尚的地步。

---

❷ 參見葛佳淵、羅厚立，〈「取法乎上」與「上下左右讀書」〉。

　　早期留學生，多邊緣人物而少「良家子弟」。到科舉改革之時，留學已成學子的眾矢之的。嚴復在 1902 年觀察到：「近今海內，年在三十上下，於舊學根柢磐深，文才茂美，而有憤悱之意，欲考西國新學者，其人甚多。上自詞林部曹，下逮舉貢，往往而遇。」❷到民國時，「以官費留學為賞功之具」（許多人願領此賞，就最說明問題）。胡適在美國讀書時「留學界官費者居十之六七」。他在 1914 年寫的〈非留學篇〉裡說，「今日最大之隱患」，在「國中有名諸校，都重西文，用西文教授科學」而「國內學生，心目中惟以留學為最高目的」，他們「以為科舉已廢，進取仕祿之階，惟留學為最捷」。胡適所說的國內學生，部分也是以自己的經歷為底子的。他自己在赴北京考試之前給母親的信中就曾說，「現在時勢，科舉既停，上進之階惟有出洋留學一途。」的確，那時一旦得一本科學位歸，即被「尊之如帝天」。世風之變，是極為明顯的❷。

　　教育改革引起近代中國社會結構的一大轉變，是四民之首的「士」這一舊的社會群體的逐漸消失和在社會上自由浮動的「知識分子」這一新的社會群體的出現。「士」的消失意味著四民社會已成為歷史（四民社會的解體自然還有許多其他原因，比如新型的金融業、工商業等的出現，以及由此帶來的城市與鄉村的疏離

---

❷　嚴復，〈論教育書〉，《外交報》(1902)，《辛亥革命前十年間時論選集》，卷 1（上），第 113 頁。

❷　胡適，〈非留學篇〉（此文刊於 1914 年的《留美學生季報》第 3 期，原報難覓，本文所用，是王汎森先生所贈之手抄本，特此致謝）；胡適致母，1910 年 6 月 30 日，《安徽史學》，1989，1 期，第 75 頁。

等都是很重要的因素)。同時，四民社會的解體本身也是現代知識
分子不得不在社會上自由浮動的造因之一。兩者之間是一種互動
且互為因果的關係。

　　知識分子與傳統的士的一大區別即前者已不再是四民之首。
在四民社會中，士大夫一身而兼「道統」和「治統」的重心，集
議政與參政於一身。四民之首的最重要含義就是士與其他三民的
有機聯繫以及士代表其他三民參政以「通上下」。蓋科舉制正是士
與其他三民保持有機聯繫的最重要渠道。故像曾國藩這樣的士人
不論居廟堂還是處江湖，都可久居主幹之位。今既被廢除，道統
和治統已基本疏離，新學制產生出的現代知識分子既然在社會「自
由浮動」，大部分人一般只想議政不欲參政，通常也只能議政而不
能參政。一小部分人乾脆走進了象牙塔，疏離於大眾亦即農工商
三民。知識分子與大眾的疏離及道治二統之分，正是歷史知識決
不遜於曾國藩、張之洞的章太炎就連在道統中也不能久居「中間
主幹之位」的根本原因。

　　士的來源既因社會變遷而中絕，其在社會上的領導作用也就
空出。傳統的士大夫作為四民之首這一社會角色的一個含義就是
士也是其他三民的楷模，分配給大眾的社會角色是追隨；而榜樣
與追隨者之間，仍保持著有機的聯繫。社會分工既然確定，雙方
都不存在要辨明地位高下的必要。但隨著四民社會的解體和新觀
念的引入，傳統的社會分工遭到質疑，過去認為不言而喻的事情
現在卻需要論證了。林白水在 1904 年時指出：「現在中國的讀書
人，都是以上流社會自命的；凡不讀書的人，如工農商兵，共會
黨裡面的人，都說他是下流社會。這種意見，並不是從現在才有

的，但既然有了這意見，群力的團結，自然不能夠堅固了。」❷
以是否讀書分上下流，且必須加以強調，即是社會變動的表徵。

「讀書人」正是過渡時代的士、知識分子、及邊緣知識分子
的共同點。從士轉化為知識分子那一兩代人，在身份轉換時確有
某種困境。當讀書人的主體已是知識分子之時，上一代的「遺士」
有時也不免為知識分子的社會角色所覆蓋。反過來，早期知識分
子的心態和行為上，也處處可見士的餘蔭。

近現代知識分子的觀念與傳統的士有同有異。他們大體上認
同於士的社會角色，或者說繼承了士的社會責任。傳統的士的責
任是務本，所以他們必須要有遠慮。這一點，民初知識分子也力
圖繼承之。但有一個大的區別：士集道統與政統於一身，對於眼
前的國是，必須有以因應。也就是說，士要直接參政。而知識分
子則相對要超然一些，多數是像胡適一樣傾向於「講學復議政」，
把直接參政置於第二位；但也有人試圖將學術與政治分開，乾脆
鑽進象牙塔，不問世事。故他們對政治可議而不參，也可視而不
見，完全不議。前者是新文化運動諸人所一意提倡，後者雖被魯
迅視為是「新思想中了『老法子』的計」，但確實是五四之後幾年
間許多知識分子「自己願意」的❸。

實際上，民初不論社會區分上的士與知識分子還是思想區分
上的新派與舊派，其思考的問題是非常接近的。像章太炎和梁啟

❷ 林懈，〈論合群〉，《中國白話報》，1904，《辛亥革命前十年間時論選集》，
　卷 1（下），第 909 頁。
❸ 「魯迅致徐炳昶」，1925 年 3 月 29 日，《魯迅全集》，人民文學出版社，
　1981，第 3 卷，第 25 頁。

超這樣最後一代的士，早年處於思不出其位的時代，所謂「不在
其位，不謀其政」，那時的議政就是參政。他們晚年都基本以講學
研究為主，看上去很像知識分子。實際上，他們像傳統士人一樣，
是參政不成之後才做學問。但社會既然已大變，他們到底也只能
是議得多而參得少。不過，他們要想參政的傳統情結一直都在，
且「出仕」的願望到老並不稍減。故其並不專意於學術，一有機
會，總是又議政又參政。北伐之時，久已不談政治的章、梁二氏
都突然異常活躍，不僅大發政論，更或直接或間接奔走於各勢力
之間，只是到後來發現其想認同的北方已無希望，才漸漸歇手。

　　梁啟超在 1927 年 5 月給他兒女的一封信，頗能表現過渡時
期士與知識分子心態的異同。他自稱那時「天天在內心交戰苦痛
中」。因為不少朋友敦促他出山組黨，而他又討厭政黨生活。「因
為既做政黨，便有許多不願見的人也要見，不願做的事也要做，
這種日子我實在過不了。若完全旁觀畏難躲懶，自己對於國家良
心上實在過不去。」梁氏最後擬取妥協的辦法，就是對政治議而
不參。可是新一代的讀書人丁文江，卻主張梁「全不談政治」，專
做學問。梁啟超又覺得「這樣實在對不起我的良心」❸。丁文江
所說，其實只是他對梁在學術上發展的一種希望，因為丁氏自己
就已直接參政。胡適晚年自述說，「我對政治始終採取了我自己所
說的不感興趣的興趣。我認為這種興趣是一個知識分子對社會應
有的責任。」❷這才是身歷從士到知識分子過渡的當事人對兩者

❸ 梁啟超，〈給孩子們的信〉，1927 年 5 月 5 日，收在丁文江、趙豐田編，
　《梁啟超年譜長編》，上海人民出版社，1983，第 1130 頁。

間區別的最佳表述。

　　簡言之，清季民初讀書人在社會學意義上從士轉化為知識分子似乎比其心態的轉變要來得徹底。士與知識分子在社會學意義上似乎已截然兩分，在思想上卻仍蟬聯而未斷離。民初的知識分子雖然有意識要起新的社會作用，扮演新型的社會角色，其心態卻在無意識中仍傳承了士以天下為己任的精神及其對國是的當下關懷。身已新而心尚舊（有意識要新而無意識仍舊），故與其所處之時代有意無意間總是保持一種若即若離的狀態。這是民初知識分子的許多行為在今人看來充滿「矛盾」的一個主要原因，也是其不全為時人所理解接受的一個根本因素。作為一個在社會上自由浮動的社群，知識分子可以與其他各社群都有所關聯，但其浮動性本身在某種程度上也意味著與其他社群的疏離。而疏離的結果就是自身的邊緣化。

三、社會權勢再轉移：知識分子的邊緣化與邊緣知識 分子的興起

　　近代知識分子和邊緣知識分子的產生及其自覺意識的萌芽，幾乎是同時的。早期的學校和學生的程度都相差甚遠，同一學校的學生有時已不可同日而語，異地異校的學生更不能一概而論。這樣，由於或主觀或客觀的原因，有的人繼續深造，乃成為知識分子；有的人不願或無緣長期受教，便成為邊緣知識分子。同時，在近代中國的特殊語境中，有一些正在受教育過程中的知識青年，

---

❸❷ 《口述自傳》，第 36 頁。

其最後是否會成為知識分子尚屬未定，但又已參與社會事務的討論，本文在技術處理上將其未受完系統教育時的言論均納入邊緣知識分子的範疇；對那些繼續深造者，則將其已受完系統教育時的言論納入知識分子的範疇。

大約從 1903 年起，近代知識分子和邊緣知識分子的自覺意識已萌芽。那年 1 月《湖北學生界》雜誌的創刊，就頗有些象徵意義。從該雜誌的內容看，裡面的「學生」顯然已不是清代科舉中人的謙稱，而是一個開始獨立的有自覺意識的社會群體。特別是該刊第二期發表的李書城寫的〈學生之競爭〉一文，就很能反映新興知識分子（含邊緣者）要主動異化出「士」這一讀書人群體的自覺意識。李氏將學生列為一個單獨的社群，居於由士大夫組成的上等社會和基本不識字的下等社會之間。並明確指出上等社會已崩潰決裂而不能救國，只能「待繼起者收拾之」。下等社會則因不知祖國歷史地理而使愛國之心無由產生。「學生介於上等社會、下等社會之間，為過渡最不可少之人。」不但要肩負起救國重任，而且要為「下等社會之指向針」❸。

當然，這裡的學生，主要還是指學問的載體。在某種程度上甚至也可看作尚未成為「大夫」的「士」要與「大夫」決裂之意，隱約可見道統與治統分離所造成的困惑。其基本的出發點，雖然仍是士的以天下為己任的傳統精神，卻並不認同於傳統的士，既不以士自居，也不自詡為道統的載體。李書城不僅強調「重哉學

---

❸ 李書城，〈學生之競爭〉，《湖北學生界》，2（1903 年 2 月），《辛亥革命前十年間時論選集》，卷 1（上），第 452～459 頁，下段同。

生之位置」，而且提出學生應先注目與「內界之競爭」：一是「權利之爭」，即爭參政議政之權利；二是「勢力之爭」，要爭在國是上的影響力。總之處處呈現一種過渡與萌芽的特徵，但獨立與疏離的傾向是明顯的。

留美學生許肇南就主張一國命脈在中等社會。胡適有詩記許氏的觀念說：「諸公肉食等狐鼠，吾曹少年國之主。……願集志力相夾輔，誓為宗國去陳腐。」❸❹留學生當然不是邊緣知識分子，而是已進入真正的「中等社會」。但同在中等社會之中，肉食的「諸公」與「吾曹少年」顯然是兩個社群；而後者也已將前者視為「陳腐」，要誓為宗國去之。這裡也同樣呈現出一種過渡與獨立的傾向。正像許多晚清士人反清是因為清廷不能救國一樣，新興的學生社群之所以要主動從士大夫中異化出來，也是因為他們認為士大夫已不能承擔救國的使命。

可以說，知識分子有意無意間也對其自身的邊緣化作出了「貢獻」。在尊西崇新的過程中，當知識分子將傳統學問的載體「士」擠到了社會的邊緣時，他們實際上促成了整個讀書人的邊緣化。如果說在整個社會體系中存在著讀書人的邊緣化的話，在讀書人群體之中還有遺留的更邊緣化的「士」社群以及正在興起的邊緣知識分子社群。現代知識分子比士當然要新，新興知識分子與遺留的士兩者之間如果出現競爭，通常是前者取勝。但在整個社會的地位，近現代社會中知識分子卻明顯不如當年的士了。士為四

---

❸❹ 胡適日記（本文所用胡適日記為亞東圖書館 1939 年版的《藏暉室札記》，以下只注年月日），1914 年 8 月 14 日。

民之首意味著士在社會上扮演領導角色，四民社會解體後知識分子因其浮動性和邊緣化卻未能完全接替這一社會的領導角色，於是出現中間主幹之位空虛的現象。

同樣，科舉制的社會功用並不止教育。它在整個傳統中國社會結構中起著重要的聯繫和中介作用。但是，清季人在改革和廢除科舉制時基本只考慮到其教育功用並試圖加以彌補。科舉制的其他社會功用，有些是非常重要的，基本不在時人考慮之中，自然也談不上填補，但其社會後果卻是長遠的。

中國歷史上科舉考試最高一層即在京城，同時更於京師設大學、太學、國子監、翰林院等，並集中了大量的職業「言官」。這些制度，在不同程度上起著思想的社會聚合作用。結果使京師不僅為政治中心，同樣也是全國性的思想論說 (discourse) 中心，士人的思想多以京師為依歸。龔自珍以為，京師的重要，很大程度上在其能聚集古今典籍，供天下有心人觀覽，故此遊士雲集，人文薈萃。換言之，京師的地位，正在其能為天下思想中心並能吸引天下有識之士（〈太史公書副在京師說〉）。

在龔生眼裡，帝王和士人間顯然有一種既對立又統一的「辯證」互動關係。雙方既相互依托，又實存競爭。由於士人是「四民之聰明喜議論者也。身心閒暇，飽暖無為，則留心古今而好議論」❸，故對「人主之舉動措置，一代之所以為號令者，俱大不

---

❸ 龔生這裡對士人的界說，與熊彼得在四十年代給知識分子下的定義，有異曲同工之妙。參見熊彼得，《資本主義、社會主義和民主主義》，中譯本，商務印書館，1979，第 183～185 頁。

便」。所以，歷代帝王在京師廣置樂籍，也是為了以聲色「箝塞天下之遊士」（〈京師樂籍說〉）。但帝王需要集多士於京師參政議政是很明顯的。唐太宗謂天下英雄盡入彀中，其實也不無此意。到京師不能為思想論說中心，即政治中心與論說中心兩分時，多半已是亂世而非治世。

明清鼎革，滿人以異族入主中原，士人或不仕二朝，或不仕「夷狄」，多散居山林。幾代人後滿漢意識漸淡，京師乃復為思想論說中心。太平天國起，政治權勢從中央往地方傾移，封疆重臣的幕僚集團已有成論說重鎮之勢。洋務運動起而新學興，新學的中心卻在東南，京師已漸失競爭能力。戊戌變法時京師一度有成思想中心之勢，但轉瞬星散。庚子義和團事起，京津士人四出避亂，而新老趨時名士多集中於上海，隱然成一新言論重心。雖然為時不長，且各方意見很不統一，但也成為不少新人藉以成名的機緣。故梁啟超的文章方風行於海內外，而章炳麟、蔡元培、吳稚暉等言論界新人已露頭角。江南言論重心由兩廣而湖湘而江浙，雖半由偶然，卻不可忽視。到科舉廢而新舊攻守之勢異，言論中心更隨之而轉。

汪康年在廢科舉後的 1907 年指出：「政府者宜多方羅致，使四方有懷欲陳者悉趨而麇聚於京師而上之於朝廷，使全國人心皆以京師為依歸，而朝廷亦得聽採之益。……今使四方之奇人傑士，莫欲至京師而散處於山顛水涯或遠適異國而各為其所欲為，如是則京師謂之空無人焉可也。不特此也，奇人傑士之蹤跡不向於京師則必背於京師，蹤跡之向背即心跡向背之符也。」汪氏可謂深得思想與社會互動之機。他觀察到：「今士至都者，不為官則為學

堂教習，否則以考試，無他目的也。」蓋朝廷「若以富貴為招，則來者皆志在祿糈，而於國家無與」。他提出的解決辦法是：不如「令靜整宏達之士，以報館之名，使首建議論於都中而布之四方，使都城與各省互相開引，而妄謬欺盡之官吏亦有所憚而不敢肆。以士招則士至，以言招則言至。士至言至，則天下之人心皆至，如是則朝廷之勢不孤而國事亦有所倚矣」❸❻。

清季學制既改，士的社會來源斷絕，養士的翰林院已不復能起思想的社會聚合作用，而新辦的京師大學堂也未能集中人才。恰如汪康年所言，京師既不能為思想論說中心，又不能與各省互相開引，則清廷勢益孤，垮臺是早遲的事。在道治二統兩分的情勢下，民國後蔡元培主北大時的確頗能在北京重建全國思想論說中心。這部分是因為趨新已成全國風向，東南之新學優勢頓失。留學生欲為官任教者，齊聚京師，北京儼然再成中心。但因北京政治及教育皆不能保持穩定，不僅未能形成真正的全國性政治中心，且言論中心也於數年間聚而復散，北伐前後知識分子紛紛南下，但也未能在南方形成全國性的思想論說中心，中國言論中心自此不存❸❼。

中間主幹之位既虛，遂給邊緣人造成機會。同時，由於科舉制廢除而新的職業官僚養成體制缺乏，使政統的常規社會來源枯竭，原處邊緣的各新興社群開始逐漸進據政統。近代軍人、職業

---

❸❻ 汪康年，〈論朝廷宜激勵國民多設報館於京師〉，原刊《京報》，收在《汪穰卿先生傳記》，第 260～261 頁。

❸❼ 參見羅志田，〈南北新舊與北伐成功的再詮釋〉，《新史學》（臺北），5 卷 1 期（1994 年 3 月），第 87～129 頁。

革命家和工商業者等新興權勢社群因「市場規律」的需求而崛起，是知識分子在中國社會中處於一種日益邊緣化的境地的又一重要原因。

科舉制度廢除所造成道治二統兩分的直接結果就是其載體士與大夫的分離。清季所設學堂，最初不過是要養成新型的「大夫」以應付新的局勢。特別是京師大學堂，入學者本是官員，在功能上亦無非新型翰林院也。且清季士人心態已變，張百熙為管學大臣時就主張讀書不為做官。他在 1904 年對新進士金梁說：「京師人才所萃，來者皆志在得官，君當以求學問為先，官豈可求，惟學問必求而始得爾。」❸可知彼時不僅政治中心與論說中心兩分，而主事者竟然以為分開才是正常，士人觀念已大轉。民國後學生已平民化，蔡元培長校後更要驅除「科舉時代思想」，提出大學生「當以研究學術為天職，不當以大學為升官發財之階梯」。

但問題的另一方面是，科舉已去，官吏不復要求資格。若大學僅為學術研究之機關，而不再是官吏養成之地，則有良好訓練的官吏又從何而來？民國政府及彼時知識分子，顯然未能認真考慮此一重大問題。民國官場之濫，即從為官不要求資格始。國無重心，亦因官場之濫而強化。科舉之時，士是大夫的來源，大夫也是士的正當職業。如今士與大夫分離，前者變成主要議政而不參政的職業知識分子，則勢必出現新的職業「大夫」即職業官吏。

但大夫既然不從士來，又並無新的官吏養成體制，傳統的官

---

❸ 金梁，《光宣小記》，章伯鋒、顧亞主編，《近代稗海》，第 11 輯，四川人民出版社，1988，第 286 頁。

吏生成方式即只剩「出將入相」一途。軍人在近代中國的興起，似乎已成必然之勢。「民國成立，軍談熏天」，便是時代的寫照。有人曾與民國報人王新命談起他選女婿的標準，要「三十歲以下，又成名又成業者，且非軍人」，王氏回答說：「在科舉已廢的今天，三十歲以下能夠成名成業的非軍人，實不可多得。」❸ 這正是典型的時代認知。

不過，「出將入相」終非正途，且將也並非都能相。在中國的傳統選舉制度已去，而又沒有真正引進西方的選舉制度時，新的大夫漸漸只能如梁啟超所說，多從不事生產的社群中來。在革命已成近代中國的伴生物的時代，也就出現了像孫中山那樣的職業革命家這一新的社群。王新命的話，其實也不無士大夫意識的殘存。不論是有意還是無意，他顯然忽略了近代從邊緣走向中央的另一大社群——工商業者，特別是近代漸具獨立身份認同的紳商❹。不管知識分子主觀上是否有與這些新興社群爭奪社會權勢的願望，它們的興起在客觀上促進了知識分子的邊緣化。

與此同時，中國傳統中的反智傾向也得到某種程度的「現代復興」。梁啟超在〈新民說〉中點名攻擊讀書人說：「謂其導民以知識耶？吾見讀書人多而國民愚也。謂其誨民以道德耶？吾見讀

---

❸ 沃秋仲子（費行簡），《民國十年官僚腐敗史》，榮孟源、章伯鋒主編，《近代稗海》，第 8 輯，四川人民出版社，1987，第 17 頁；王新命，《新聞圈裡四十年》，海天出版社，1957，第 136 頁。

❹ 從社會史或社會學取向來研究職業革命家者，我尚未見到，其實也是大可開拓的領域。關於紳商，參見馬敏，《官商之間：社會劇變中的近代紳商》，天津人民出版社，1995。

書人多而俗日偷也。」這些人「事無廉恥而嗜飲食，讀書人實一種寄生蟲也。在民為蠹，在國為孟」 ❹。

梁氏的觀念很得另一個讀書人林白水的同感。林氏在 1903 年說：「我們中國最不中用的是讀書人。那般讀書人，不要說沒有宗旨、沒有才幹、沒有學問，就是宗旨、才幹、學問件件都好，也不過嘴裡頭說一兩句空話，筆底下寫一兩篇空文，還能夠幹什麼大事呢？」林氏特別指出，以前的讀書人也還是有用的，「但是現在的讀書人比不得從前」了。林氏本有替國民立說之志，他在 1904 年寫的〈國民及其意見〉中說：「你道這意見是我一個人的意見麼？大家是國民，便大家都有這一番的意見，我白話道人不過替你們大家發表發表罷了。」以前的士人是代聖人立言，現在林氏要代國民立言。立場一移，他就理直氣壯地代國民斷言說：「現在中國的讀書人沒有什麼可望了。」❷讀書人在「現在」的無用，實即傳統的士人不能因應新的形勢。

到 1915 年北京政府被迫接受日本「二十一條」的大部後，梁啟超重申他對中國讀書人的譴責。他說：「今日國事敗壞之大原」，即種因於士大夫之惡劣。因為蠹國之官僚、病國之黨人，皆士大夫也。「勸老百姓愛國者，士大夫也；而視國家之危難漠然無動於衷者，即此士大夫也；利用老百姓之愛國以自為進身之徑謀食資者，亦即此士大夫也。」不過，梁啟超主要是自責，他還是認為

---

❹ 梁啟超，《飲冰室合集・專集》之四，第 89～90 頁。

❷ 林懈，〈發刊詞〉、〈國民及其意見・序論〉，《中國白話報》，1904 年，1903 年 12 月 19 日，《辛亥革命前十年間時論選集》，卷 1（下），第894、603～605 頁。

「一國之命運，其樞紐全繫於士大夫」，所以，「欲國恥之一灑，其在我輩之自新。我輩革面，然後國事有所寄」❹。這已是民國初年，梁啟超以天下為己任的思想，的確是士大夫的傳統觀念；但他所說的「士大夫」，在社會學意義上已不存在，只能是「讀書人」的同義詞而已。

另一方面，清季教育制度改革的又一個影響深遠的社會後果即是中國的城鄉漸呈分離之勢。傳統中國士人是以耕讀為標榜的，多數人是在鄉間讀書，然後到城市為官。舊制即使讀書做官，或候缺或丁憂或告老，讀書人多半要還鄉。這當然不止是人員的流通，它還意味著信息、資金等多渠道的流通。更重要的是，它使整個社會處於一種循環的流動之中。新制則大學畢業基本在城市求職定居，甚至死後也安葬在城市，不像以前一樣要落葉歸根。整個社會的循環流動在相當大程度上中止了。而這個問題在很長時間內並未得到時人的重視，也沒有產生出什麼因應的措施。所以到民國後，章太炎指出，「自教育界發起智識階級名稱以後，隱然有城市鄉村之分。」所謂「智識階級」，其實就是教育制度改革的產物。太炎更敏銳地認識到，由於「城市自居於智識階級地位，輕視鄉村」，就產生了城鄉「文化之中梗」❹。民初的知識分子學洋人提出「到民間去」的口號，正是城鄉分離的明證。

而教育改革、特別是科舉制的廢除，也是大量邊緣知識分子

---

❹ 梁啟超，〈痛定罪言〉，《飲冰室文集》，卷33，第1～9頁。

❹ 章太炎，〈在長沙晨光學校演說〉，1925年10月5日，轉引自湯志鈞，《章太炎年譜長編》，下冊，第823頁。

出現的一個直接原因。在科舉之時，讀書人「向學」之心從少到老不疲，清代便有百歲童生的盛舉。但新學堂收生則有年齡限制。起初雖不乏二十歲上下的中小學生，但過三十者即極少見，以後入學年齡限制更愈來愈小。換言之，科舉制廢除的當時就斷絕了已成年而尚未「進學」的大量讀書人成為士的可能。再以後，任何讀書人到了一定年齡，如果還未跨入知識分子階層，就已不再有希望。而從清季起直到今天，中國高等教育機構的容量與同時期中等教育的畢業生相比，一直是相當微小的。從這個視角看，近代教育的開放性是不及以往的。在傳統的讀書做官心態影響尚大（意味著大量的人要走讀書之路），而高等教育機構的容量又甚小的情形之下，勢必產生大量的邊緣知識分子。

近代中國特別是民國初年的各邊緣人集團中，介於上層讀書人和不識字者之間的邊緣知識分子是最值得注意而迄今尚未得到足夠注意者。他們不中不西，不新不舊，中學、西學、新學、舊學的訓練都不夠系統，但又初通文墨，能讀報紙；因科舉的廢除已不能居鄉村走耕讀仕進之路，在城市又缺乏「上進」甚至謀生的本領：既不能為桐城之文、同光之詩而為遺老所容納，又不會做「八行書」以進入衙門或做漂亮駢文以為軍閥起草通電，更無資本和學力去修習西人的「蟹行文字」從而進入留學精英群體，但其對社會承認的期望卻不比上述任何一類人差。他們身處新興的城市與衰落的鄉村以及精英與大眾之間，兩頭不沾邊也兩頭都不能認同——實際上當然希望認同於城市和精英一邊而不太為其所接受。

對這樣一種社會群體的界說，傳統中國的士農工商既不適用，

近代西方的社會分類標準也覺勉強。過去有些學者不免將其拔高。如周策縱先生不僅將五四前後的初高中學生納入知識分子的範圍，而且將第一次世界大戰時旅歐華工中的識字者也歸入知識分子社群。美國學者朱丹 (Donald Jordan) 則將二十年代的中學生列入「上層精英」(elite) 之中❹。這樣的分類，不論以中西當時和現在的標準，均覺勉強。但這些學者之所以不得不如此，正從一個側面凸顯了邊緣知識分子這一社會群體在近代中國的重要性。

　　邊緣知識分子對城鄉分離的情勢感觸最深。近代以還，由於上升性社會變動的途徑多在城市，邊緣知識分子自然不願認同於鄉村；但其在城市謀生甚難，又無法認同於城市。他們不像魯迅那樣有固定收入可以抄碑帖排遣意緒，也不像胡適那樣可以在大學獲取有面子的高薪教職。與魯、胡一樣，他們每日目睹中國在西潮衝擊下的敗落；與魯、胡不同，他們同時看見自己生涯的無望。這樣的雙重失意惆悵，使邊緣知識分子比別人多一層煩惱焦慮，因而也就更迫切需要寄托於一種較高遠的理想，以成為社會上某種更大的事業的一部分。即使生活改善不多，到底是為一種更大更高的目標而生存、而奮鬥。所以他們對社會政治等的參與感和實際的參與都要比其他許多社會群體更強。

　　同時，由於邊緣知識分子不論身心都徘徊在城鄉和精英與大眾之間，其在一定程度上也就起到了聯繫和溝通城鄉及精英與大

---

❹ Chow Tse-tsung, *The May Fourth Movement: Intellectual Revolution in Modern China*, Cambridge, Mass., 1960, pp. 9, 38; Donald Jordan, *The Northern Expedition: Chinese National Revolution of 1926～1928*, Honolulu, 1976, pp. 17～18.

眾的功用。所謂邊緣，本是雙向的，即一腳踏在知識分子一邊，一腳踏在不能讀寫的大眾一邊。這樣一種兩可的特性使其有時恰更容易被雙方接受。知識分子可見其知識的一面，大眾則見其通俗的一面。

　　近代中國既然是走在所謂現代化的路上，其大方向總的來說是在向西走。而知識精英的西向程度是遠超過大眾的。錢穆就從義和團事件中看出上層知識分子與大眾在民族主義方面的疏離。他說，近代中國知識分子「天天把自己從西方學到的許多對中國民眾並非切膚之痛的思想和理論來無條件地向他們炫耀誇揚。外國的件件對，中國的件件不對」。實際上，民族主義情緒更強的一般民眾，對此「是會發生很大反感的」❹。這裡面的關係當然還更複雜。知識精英所表現出的民族主義情緒，或者不是那麼強烈，但其內心深處實際的民族主義關懷，實不稍讓於大眾。這個問題不是這裡可以說得清楚，只能另文探討。但是，一般民眾認知中的知識精英，當然只能來自其表現出來的部分。錢氏觀察到的現象確實存在。

　　胡適還是一個邊緣知識分子時，雖然自己一直在下大功夫學英文，卻也在《競業旬報》裡鼓勵世人要「使祖國文字，一天光明一天。不要卑鄙下賤去學幾句愛皮細底，便稀奇得了不得。那還算是人麼？」❹可知當時學了幾句 ABCD，確實可以「稀奇得

---

❹ 錢穆，《中國思想史》，第 177 頁。

❹ 胡適，〈愛國〉，《競業旬報》，34 期，轉引自周明之著、雷頤譯，《胡適與中國現代知識分子的選擇》，四川人民出版社，1991，第 28～29 頁。

了不得」。而這裡流露出的對那些能說 ABCD 者既羨慕又憎恨的邊緣知識分子心態，是非常傳神的。胡適後來成了知識精英，心態為之一變。也曾用「幾句愛皮細底」去「威懾」章太炎那樣的國學家。但近代多數沒能學會「蟹行文字」的邊緣知識分子，確實是在追逐西潮的同時對西化精英有某種不舒服的感覺。而西化知識精英與一般民眾之間的疏離，顯然還更寬。這對非常認同「與一般人生出交涉」這一取向，並將其視為「中國文學革命的預言」❹的新文化諸賢來說，不能不說是一個詭論性的結局。其原因，恰蘊涵在文學革命自身之中。

近代士人講開通民智，以白話文來教育大眾早已不斷有人在提倡，陳獨秀和胡適都曾身與清末的白話文活動。但是，晚清和民初兩次白話文運動，也有很大的區別。胡適說，前者的最大缺點是把社會分作兩部分：「一邊是應該用白話的『他們』，一邊是應該做古文古詩的『我們』。我們不妨仍舊吃肉，但他們下等社會不配吃肉，只好拋塊骨頭給他們去吃罷。」余英時先生以為，胡適答案中關於「我們」和「他們」的分別，「恐怕也包括了他自己早年的心理經驗」。但胡適「在美國受了七年的民主洗禮之後，至少在理智的層面上已改變了『我們』士大夫輕視『他們』老百姓的傳統心理」❹。

---

❹ 胡適，〈五十年來之中國文學〉，《胡適文存》（本文所用《胡適文存》初集和 2 集，為上海亞東版，1920，1924，以下均略作《文存》加集、卷、頁數），2 集卷 2，第 164～165 頁。

❹ 胡適，〈五十年來之中國文學〉，第 192 頁；余英時，〈中國近代思想史上的胡適〉，第 26～27 頁。

　　余先生這裡強調的「理智的層面」是一個關鍵。在意識的層面，胡適的確想要藉「國語的文學」這一建設性的革命達到合「他們」與「我們」而融鑄中國之「全國人民」的目的。但其潛意識仍不脫「我們」的士大夫意識；他要為「國人導師」的自定位決定了他最多不過做到變輕視「他們」為重視「他們」（沒有做到當然不等於不想做到）。胡適以白話文學為活文學的主張在相當長的時間裡並未得到真正老百姓的認可，原因也在於此。關鍵是，一旦「與一般人生出交涉」成為宗旨，什麼是活文學便不是胡適等所能憑一己之愛好而定，而實應由「一般人」來定。換言之，面向大眾成了目標之後，聽眾而不是知識精英就成了裁判。在胡適等人的內心深處，大約並未將此裁判的社會角色讓出。胡適關於歷代活文學即新的文學形式總是先由老百姓變，然後由士人來加以改造確認即是保留裁判角色的典型表述。

　　這就造成了文學革命諸人難以自拔的困境：既要面向大眾，又不想追隨大眾，更要指導大眾。梅光迪、任鴻雋、林紓都在不同程度上意識到這一點的。梅氏以為，如用白話，「則村農傖父皆是詩人」。任鴻雋有同感。他在給胡適的信中說，「假定足下之文學革命成功，將令吾國作詩者皆京調高腔。」❺⓪而林紓則對「凡京津之種販，均可用為教授」這種潛在可能性深以為戒。在這一點上，「舊派」比「新派」更具自我完善性。傳統的士大夫的社會角色本來就是一身而兼楷模與裁判的，分配給大眾的社會角色是追隨；追隨得是否對，仍由士大夫裁定。兩造的區分簡明，功能

❺⓪ 胡適日記，1916 年 7 月 22 日，24 日。

清晰。但對民初的知識分子——特別是有意面向大眾的知識分子——來說，事情就不那麼簡單了。所有這些士大夫的功能，現代知識分子似乎都不準備放棄；但他們同時卻又以面向大眾為宗旨。這裡面多少有些矛盾。關鍵在於大眾如果真的「覺醒」，自己要當裁判時，知識分子怎樣因應。假如稗販不再是「可用為教授」，而竟然「思出其位」，主動就要作教授，那又怎麼辦？林紓已慮及此，新文化人卻還沒來得及思考這一問題。

　　過去研究文學革命，雖然都指出其各種不足，但一般尚承認其在推廣白話文即在試圖「與一般人生出交涉」方面的努力和成功。其實恰恰在這一點上，文學革命只取得了部分的成功。胡適自稱，「在短短的數年之內，那些（白話）長短篇小說已經被正式接受了。」❺❶實際上，最接近「引車賣漿者流」的讀者反而在相當時期內並不十分欣賞白話文學作品，張恨水就同樣用古文寫小說而能在新文化運動之後廣泛流行，而且張氏寫的恰是面向下層的通俗小說。這很能說明文學革命在白話方面的「成功」其實還應做進一步的分析。如果從銷售的數量言，二三十年代文言小說恐怕不在白話小說之下。美國學者林培瑞已作了很大努力去證實是哪些人在讀文言小說，那些人就是以上海為中心的「鴛鴦蝴蝶派」早已生出交涉的「一般人」❺❷。

　　不過，文言小說在相當時期裡的風行雖然可用統計數字證明，

---

❺❶《口述自傳》，第 164 頁。

❺❷ Perry Link, *Mandarin Ducks and Butterflies: Popular Urban Fiction in Early Twentieth-Century China*, Berkeley and Los Angeles, 1980.

文學革命許多人自己的確沒有認識到，恐怕也不會承認，他們在「與一般人生出交涉」方面竟然成功有限。很簡單，他們自己的文學作品也確實很能賣，同樣是不斷地再版。這就提出一個新的問題，文學革命者們到底與什麼樣的「一般人」生出了交涉呢？或者說，究竟是誰在讀文學革命者的作品呢？後來的事實表明，在相當長的一段時間裡，接受白話小說者只是特定的一部分人。他們中許多是從林譯文言小說的讀者群中轉過來的，有的更成了後來的作者（如巴金）。另一些大約也基本是嚮往新潮流或希望走向「上層社會」的知識青年。魯迅當然也曾見過以帶著體溫的銅元來買新小說的電車售票員，但他似乎也就只見到那一個。

但魯迅畢竟比一般新文化人要深刻。他其實已認識到「民眾要看皇帝何在，太妃安否」，向他們講什麼現代常識，「豈非悖謬」。正如湯茂如在 1926 年所說，「梁啟超是一個學者，梅蘭芳不過是一個戲子。然而梁啟超所到的地方，只能受極少數的知識階級的歡迎；梅蘭芳所到的地方，卻能受社會上一般人的歡迎。」所以魯迅乾脆主張「從智識階級一面先行設法，民眾俟將來再說」❸。

孔子說，我欲仁而斯仁至。從接收者一面看，那些關心「皇帝太妃」也歡迎梅蘭芳的「一般人」，因其本不嚮往新潮流，也就不怎麼感受到文學革命的「衝擊」，自然也就談不上什麼「反應」了。可以說，原有意面向「引車賣漿者流」的白話小說只在上層精英知識分子和追隨他們的邊緣知識分子中流傳，而原被認為是

❸魯迅致徐炳昶，1925 年 3 月 29 日，《魯迅全集》，第 3 卷，第 24～25 頁；湯茂如，〈平民教育運動之使命〉，《晨報副刊》，1927 年 1 月 25 日。

為上層精英分子說法的古文卻在更低層但有閱讀能力的大眾中風行，這個極具詭論意味的社會現象說明胡適提出的「白話是活文學而文言是死文學」的思想觀念其實是不十分站得住腳的。

這就揭示了胡適等人在有意識的一面雖然想的是大眾，在無意識的一面卻充滿精英的關懷。文學革命實際上是一場精英氣十足的上層革命，故其效應也正在精英分子和想上升到精英的人中間。新文化運動領導人在向著「與一般人生出交涉」這個取向發展的同時，已伏下與許多「一般人」疏離的趨向。這個現象在新文化運動時已隱然可見了。

但是，從另一方面看，對於民國初年那些介於上層讀書人和不識字者之間、但又想上升到精英層次的邊緣知識分子來說，以白話文運動為核心的文學革命無疑適應了他們的需要。陳獨秀當時就已指出：「中國近來產業發達，人口集中，白話文完全是應這個需要而發生而存在的。適之等若在三十年前提倡白話文，只需章行嚴一篇文章便駁得煙消灰滅。」❺₄若仔細觀察，陳獨秀所說的白話文的社會背景，實際上就是那些嚮往變成精英的城鎮邊緣知識分子或知識青年。

自己也從基層奮鬥到上層的胡適非常理解這種希望得到社會承認的心態。他在後來寫的《中國新文學大系・建設理論集》的「導言」中說：「小孩子學一種文字，是為他們長大時用的；他們若知道社會的『上等人』全瞧不起那種文字，全不用那種文字來著書立說，也不用那種文字來求功名富貴，他們決不肯去學，他

---

❺₄ 轉引自余英時，〈中國近代思想史上的胡適〉，第25頁。

們學了就永遠走不進『上等』社會了！」❺像孔子一樣，胡適希望能夠向學的人都有走進上等社會的機會，所以他特別注重教育與社會需求的關聯。他剛從美國回來時就注意到：「如今中學堂畢業的人才，高又高不得，低又低不得，竟成了一種無能的遊民。這都由於學校裡所教的功課，和社會上的需要毫無關涉。」❻且不管胡適所說的原因是否對，他的確抓住了城市社會對此類中學生的需要有限這個關鍵。而高低都不合適，正是邊緣知識分子兩難窘境的鮮明寫照。

　　這些人的確最支持白話文運動。正如胡適所說，文學革命能很容易就取得成功的「最重要的因素」就是「白話文本身的簡捷和易於教授」。他更明確指出，文學革命就是要把『大眾所酷好的小說，升高到它們在中國活文學史上應有的地位』。小說的地位升高，看小說的「大眾」的地位當然也跟著升高。胡適並有意識地「告訴青年朋友們，說他們早已掌握了國語。這國語簡單到不用教就可學會的程度」，因為「白話文是有文法的，但是這文法卻簡單、有理智而合乎邏輯，根本不受一般文法轉彎抹角的限制」，完全「可以無師自通」。簡言之，「學習白話文就根本不需要什麼進學校拜老師的。」實際上，「我們只要有勇氣，我們就可以使用它了。」❼

---

❺ 收在姜義華主編，《胡適學術文集・新文學運動》，中華書局，1993，第239頁。

❻ 胡適，〈歸國雜感〉，《文存》，卷4，第10頁。

❼ 《口述自傳》，第166、229、163頁。應該指出，胡適的「最重要」是數個並列，而不是通常的唯一之「最」。

　　這等於就是說，一個人只要會寫字並且膽子大就能作文。這些邊緣知識分子在窮愁潦倒之際忽聞有人提倡上流人也要做那白話文，恰是他們可以有能力與新舊上層精英競爭者。一夜之間不降絲毫自尊就可躍居「上流」，得來全不費工夫，怎麼會不歡欣鼓舞而全力支持擁護！到五四運動起，小報小刊陡增，其作者和讀者大致都是這一社會階層的人。從社會學的層面看，新報刊不也是就業機會嗎？他們實際上是自己給自己創造出了「社會的需要」，白話文運動對這些人有多麼要緊，而他們的支持擁護會有多麼積極，都可以不言而喻了。

　　胡適的主張既然適應了民國初年社會變動產生出的這一大批邊緣知識分子的需要，更因為反對支持的兩邊都熱烈參與投入，其能夠一呼百應（反對也是應）、不脛而走，就不足為奇了。而且，胡適寫文章是有心栽花。他「抱定一個宗旨，做文字必須要叫人懂得」，為此而改了又改，就是「要為讀者著想」。胡適關懷的不止是他自己是否懂，而且是「要讀者跟我的思慮走」。這樣努力使自己的文章「明白清楚」的結果是「淺顯」，而淺顯又適應了邊緣知識青年的需要。同時，他作文既然不是「只管自己的思想去寫」，而是「處處為讀者著想」，有時或不免因為想像中的讀者的緣故要收束或張大「自己的思想」，這或者使胡適所表述的未必總是完全代表他的本意（應至少代表了大意）。但這樣與一般作者不同的一心一意從讀者角度出發的苦心，在民初思想接收者漸居主動地位時，就給胡適帶來了意想不到的正面回饋❺❽。

---

❺❽ 胡頌平編，《胡適之先生晚年談話錄》，中國友誼出版公司，1993，第

　　文學革命無疑給邊緣知識分子提供了方向和出路。當他們從茫然走向自覺時，也必定要想發揮更大更主動的作用。的確，正是嚮往「上層」的邊緣知識分子才是西向知識精英的真正讀者聽眾和追隨者，有時並將其所接收的再傳布給大眾。故在知識精英面前，邊緣知識分子代大眾而為一種想像的聽眾；在大眾面前有時又代精英執行士的社會領導作用。這樣的中介功用至少部分彌合兩者的疏離，但有時也可能造成雙方虛幻的接近感。

　　邊緣知識分子在對大眾立言之時，其口號仍基本是從知識精英那裡傳承來的西向口號，這是近代中國全社會或多或少都有尊西傾向的一個重要原因。但是，邊緣知識分子也有自己的思想，故在溝通雙方時有意無意間將自己的願望和觀念轉移到兩造身上。更因其中介功用的不可或缺，結果不但影響雙方，更有因替代而成真的情形。錢穆觀察到的精英往西走而大眾民族主義情緒尚強的現象，部分也有邊緣知青的作用。蓋西化口號下所包含的實際內容，經邊緣知青轉手後，到一般民眾那裡已大為淡薄。如果說近代中國人表露出的民族主義情緒有一個自下而上逐漸淡化的現象，可以說其西化傾向也有一個自上而下的淡化過程。這裡面邊緣知識分子的中介作用是有特殊意義的。

　　而且，正因為邊緣知識分子所掌握的中西學均有限，反容易自以為「已學通」而行動更大膽活潑。他們的行動能力的確是超過知識精英的。林白水早已表達了讀書人「最不中用」，只能「嘴

　　23、240、66 頁；唐德剛，《胡適雜憶》，第 70 頁；胡適，《四十自述》，第 123 頁。

裡頭說一兩句空話，筆底下寫一兩篇空文」的認知。他要證明讀
書人沒有用，進而說：「你看漢高祖、明太祖是不是讀書人做的？
關老爺、張飛是不是書呆子做的？可見我們不讀書的這輩英雄，
倘然一天明白起來，著實利（厲）害可怕得很。」不過，林氏馬
上又指出：「書雖然來不及去讀，報卻是天天要看的。」❺❾林氏這
裡透露出，他所針對的，正是那些不太算得上「讀書人」，卻又還
能看報者。正因為邊緣知識分子膽大肯幹，一般民眾漸得出他們
在「幹」而知識精英只會「說」的認知。

　　這樣，新文化運動的一個目的本來是要彌合士人與大眾的疏
離，即胡適所說的要合「我們」與「他們」為一體，故曾努力「與
一般人生出交涉」。但其尊西的取向恰又擴大了雙方間的疏離。四
民社會中士人本是社會其他階層的楷模，這樣的疏離當然對新型
「士人」的楷模地位大有毀損。近現代知識精英既然連與大眾溝
通都困難，也就難以充分填補因士的來源中絕而出現的社會領導
空缺。而膽大肯幹的邊緣知識分子反能部分取代知識精英以填補
此社會領導地位的空缺。

　　這就是章太炎、胡適所見的民國人物不能持久的一個主要原
因。而且章、胡二氏自己，亦在此循環之中。君不見民初太炎說
本文開頭所引一段話之時，他本人及嚴復、康有為、梁啟超諸賢
都還在壯年，就不得不讓少年的胡適「暴得大名」嗎？胡適自己

❺❾ 林懈，《中國白話報・發刊詞》，1903 年 12 月 19 日，《辛亥革命前十年
　　間時論選集》，卷 1（下），第 603～605 頁。清初的曾靜曾說，以前的皇
　　帝都讓世路上的英雄做了，其實皇帝合該我儒生做。與林的認知恰相反。

在 1918 年寫的一篇文章中，以上海大舞臺為「中國的一個絕妙的縮本模型」，指出：在臺上支撐場面的「沒有一個不是二十年前的舊古董！」換言之，這麼多年中國並沒有造出什麼「新角色」。古董而且舊，其過時自不待言。據胡適在那時的看法，這是因為中國「時勢變得太快，生者偶一不上勁，就要落後趕不上了」❻ 。

　　的確，清季民初中國思想界的激進化真是一日千里。從新變舊有時不過是幾年甚至幾個月之事。胡適曾以龔自珍的「但開風氣不為師」與章士釗共勉，因為他們「同是曾開風氣人」。但是，這些「曾開風氣人」都在開風氣之後不久就「落伍」。同樣曾開一代風氣的「新黨」代表梁啟超就是幾年間就被其追隨者視為保守而摒棄了。以溫和著稱的胡適自謂受梁的影響甚大，但也遺憾地指出，「有時候，我們跟他走到一點上，還想望前走，他倒打住了……我們不免感覺一點失望。」❻ 胡適如此，激進者自不待言。

　　但梁啟超和章士釗的落伍是不同的。胡適以為，梁氏「這幾年頗能努力跟著一班少年人向前跑。他的腳力也許有時差跌，但他的興致是可愛的」。梁所跟著跑的「少年」，正是胡適等人，當然可愛。章則不然，他不但不跟著少年跑，而且攻擊梁說，「梁任公獻媚小生，從風而靡，天下病之。」所以胡適說章甘心落伍而不甘心落魄，不得不站到反對的一邊去作首領。其實，梁的落伍，部分也因為他並不僅僅是跟著跑。錢基博說，胡適歸國，「都講京

---

❻　胡適，〈歸國雜感〉，《文存》，卷 4， 第 2 頁 ； 前引胡適致高一涵等（稿），1919 年 10 月 8 日。

❻　胡適，〈老章又反叛了〉，《胡適學術文集・新文學運動》，第 164～168 頁；《四十自述》，第 100 頁。

師，倡為白話文，風靡一時。」梁啟超「樂引其說以自張，加潤
澤焉。諸少年噪曰：『梁任公跟著我們跑也』」，但「梁出其所學，
亦時有不『跟著少年跑』而思調節其橫流者」❷。

　　一個人是否落伍即在於是否「跟著少年人跑」，頗能提示那時
的時代風尚。具有詭論意味的是，在這樣的時代，要想「調節其
橫流」，必先「跟著少年跑」；如果不「跟著少年跑」，也根本就無
法「調節其橫流」。但若「調節其橫流」的苦心超過了「跟著少年
跑」的努力，仍要落伍。胡適的「暴得大名」，本來部分是因適應
了新興的邊緣知識「少年」的需要。後來胡適也自覺不自覺地一
直「跟著少年跑」。但終因他仍不時「思調節其橫流」，胡適不久
也蹈梁啟超的覆轍。他暴得大名後不及十年，也旋即被一些走上
他所指引的「西化」之路但更年輕的新知識精英視為「新文化運
動的老少年」，已「中止其努力」而落伍了❸。

　　在某種程度上，能有較長遠的政治思慮，也是社會分工上已
不再為四民之首，而在思想上多少還能為社會指方向的民初知識
分子存在的一項主要社會價值。故在民初的北洋時期，才有些自
以為是社會中堅、卻因道治二統的分離而獨善其身的「好人」出
來努力影響政治，甚至有組織「好人政府」的想法。這正是重心
已失，卻還有些餘勇可賈的時候。但「好人」之必須「出」，實即
其已不再居於社會中心的直接表徵。「好人政治」的失敗本身進一

---

❷ 胡適，〈老章又反叛了〉；錢基博，《現代中國文學史》，文海出版公司影
　印 1936 年增訂版，第 354 頁。

❸ 梁叔瑩，〈思想上的新時代〉，《晨報副刊》，1927 年 2 月 14 日。

步表明這些「好人」也不能像傳統的士那樣作政治的重心。

　　知識分子既然已不能為社會指引方向，其存在價值自然就進一步降低，不得不讓位給具體做事的邊緣知識分子。「好人」們既然自知無用，大家或者學俄國的虛無黨「到民間去」；或者如胡適所認知的那樣去追趕時勢，以「免了落後的危險」。到二十年代生胡適與死孫文論「知難行易」還是「知難行也不易」，觀點雖對立，但都著眼於「行」的青年，正是「知」和知的載體都已差不多到頭，只好讓位於「行」和行的載體的一個表徵。

　　本來近代中國不論思想社會，總之都呈正統衰落、邊緣上升的大趨勢，恰與「新的崇拜」相表裡。崇新則自然重少。從邏輯上言，中國傳統既然黑暗，則越年輕當然受害越少也越純潔，故少年才代表著中國的未來和希望。所以魯迅寧願自己來肩負那「黑暗的閘門」，讓青年少讀或不讀中國書；而錢玄同更主張將四十歲以上的人全殺掉。他們無非都是眼盯著那較純潔的年輕一輩。在此重少的流風所被之下，更形成一種老師向學生靠攏的新風尚。上層知識分子反向邊緣知識分子看齊，世風為之一變。

　　到 1946 年，聞一多自問道：中國的老師和學生「究竟是誰應該向誰學習？」答案自然是老師向學生學。因為「這年頭愈是年輕的，愈能識大體，博學多能的中年人反而只會挑剔小節。正當青年們昂起頭來做人的時候，中年人卻在黑暗的淫威面前屈膝了」❻❹。1948 年聞氏的朋友朱自清去世，許德珩在輓聯中說：朱

---

❻❹ 聞一多，〈八年的回憶和感想〉，《聞一多全集》，湖北人民出版社，1993，第 2 卷，第 432 頁。

氏「教書三十年；一面教，一面學，向時代學，向學生學」❻。
這真是那個時代作教師者「跟著少年跑」的最好寫照。

這也是民初社會變動的思想語境。本來邊緣知識分子因在社
會變動中上升的困難，就更迫切需要寄托於一種高遠的理想，以
成為社會上某種更大的事業的一部分。所以他們對社會政治等的
參與感要比其他許多社會群體更強。白話文的推廣既擴大了邊緣
知識分子的隊伍也強調了他們的影響，白話文本身同時又為日後
的標語口號演說等政治行為的興起埋下了伏筆。故蘇俄式的群眾
政治運動方式尚未引進，其在中國得以風行的土壤已經準備好了。
五四運動更使社會各界注意到學生力量的重要。京、滬新聞出版
界立即開始大量啟用大學生，各政黨則同時注意在中學生中發展
力量。胡適等新文化人提倡在先，邊緣知識分子自覺在後；他們
一旦自我覺醒，參與意識更強，就要在社會政治生活中起到更大
的作用。二十年代李璜已在抗議各政治黨派驅使利用中學生參政
而造成其流血犧牲。魯迅到廣州也發現北伐軍中拼命的原來竟是
學生輩❻。此時邊緣知識分子無疑已漸成中國政治力量的主力軍。

這樣，在中國歷史上，邊緣知識分子第一次既是政治運動的
主力軍又部分是其領導中心；而且恐怕是唯一一個參與意識既強，
其數量又大到足以左右其所在政治運動的社會群體。二十世紀中
國各政治運動的成敗，常視其能否吸引和容納大多數邊緣知識分

---

❻ 轉引自謝興堯，〈我編專刊〉，《讀書》，1995 年一月號，第 134 頁。

❻ 李璜，〈我們為什麼要辦愛國中學〉，《晨報副刊》，1926 年 7 月 27 日；
魯迅，〈慶祝滬寧克復的那一邊〉，《國民新聞》（廣州），1927 年 5 月 5
日，重印在《中山大學學報》1975 年 3 期。

子而定。同時，青年邊緣知識分子自身也要受時代激進趨勢的影響，其激進也隨時代而進步；而且他們一旦激進起來，其速度又比老師輩更為迅猛。

君不見「問題與主義」論爭時，後來的馬克思主義者毛澤東此時基本是站在主張研究「問題」這一邊的。同樣，後來非常著名的共產黨人惲代英，在五四前後給胡適的信中所表露的思想，就比錢玄同還要溫和得多。惲代英主張「與舊勢力不必過於直接作敵」。他覺得更有成效的辦法是「把孔子的好處發揮出來」以平舊派不正的感情，然後證明舊派其實不合孔子之道。惲氏已認識到那時「所謂新人物不盡有完全之新修養。故舊勢力即完全推倒，新人物仍無起而代之之能力」❻❼，這在當時是極少見的卓識。新派破壞了舊的以後，用什麼新的東西來代替呢？胡適和新文化人除了用白話來代替文言這一確切答案，似乎也未準備好其他方面的具體解答。既然不能取代，一味打倒，只會增強中國的亂象。持這樣穩健觀念的人，竟然不久就成為身與武裝革命的領袖，可知邊緣知識青年行動起來之後，其激進是遠過於其老師輩的。五四時如果要在胡適與陳獨秀之間劃一條線，很可能毛和惲都會站在更溫和的胡適一邊。但他們後來在共產黨內，都覺得陳獨秀右傾（即保守）並努力反對之。幾年之間，兩代人「進步」的速度已完全不可同日而語了。

---

❻❼ 毛澤東曾在湖南組織「問題研究會」，這樣重視「研究問題」的在當時國內還不多見。參見汪澍白等，〈青年毛澤東世界觀的轉變〉，《歷史研究》，1980 年 5 期；惲代英信引自耿雲志，《胡適年譜》，四川人民出版社，1989，第 73 頁。

四、結語

　　以士農工商四大社會群體為基本要素的傳統中國社會結構，在自身演變出現危機時，恰遇西潮的衝擊而解體，拉開了近代中國社會結構變遷的序幕。社會結構變遷既是思想演變的造因，也受思想演變的影響。西潮衝擊之下的中國士人，由於對文化競爭的認識不足，沿著西學為用的方向走上了中學不能為體的不歸路，失去了自身的文化立足點。文化立足點的失落造成中國人心態的劇變，從自認為世界文化的中心到承認中國文化野蠻，退居世界文化的邊緣。近代中國可以說已失去重心。結果，從思想界到整個社會上都形成一股尊西崇新的大潮，可稱作新的崇拜。從 1880 年代中期起，科舉考試內容已重新學勝於舊學，中國腹地不能接觸新學書籍者已難以通過考試。實際上，最後一代社會學意義上的士在思想上已與傳統的士大不相同。

　　思想權勢的轉移是與社會權勢的轉移伴生的。四民之首的士這一社群，在近代社會變遷中受衝擊最大。廢科舉興學堂等改革的社會意義就是從根本上改變了人的上升性社會變動取向，切斷了「士」的社會來源，使士的存在成為一個歷史範疇。士的逐漸消失和知識分子社群的出現是中國近代社會區別於傳統社會的最主要特徵之一。知識分子與傳統的士的一大區別即其已不再是四民之首，而是一個在社會上自由浮動的社群，道統與政統已兩分，而浮動即意味著某種程度的疏離。再加上近代軍人、職業革命家和工商業者等新興社群的崛起，知識分子在中國社會中處於一種日益邊緣化的境地。同時，由於科舉制廢除而新的職業官僚養成

體制缺乏，使政統的常規社會來源枯竭，原處邊緣的各新興社群開始逐漸進據政統。身處城鄉之間和精英與大眾之間的邊緣知識分子尤其適應近代中國革命性的社會變動。崇新自然重少，在此大趨勢下，出現聽眾的擁護與否決定立說者的地位、老師反向學生靠攏這樣一種特殊的社會權勢再轉移。

而行的載體的地位一上升，又反過來影響思想演變的走向。中國思想權勢又出現新的轉移。余英時先生說，馬克思主義一類思想在中國社會上的廣泛傳播，「最先是大學生受到感染，然後再一步一步地影響到教授階層。」❸老師向學生學習既然成了終生的目標，則學生喜歡的，老師也不得不學著去喜歡。這當然是有一個過程的。新文化運動的老師輩由威爾遜向列寧的轉移，恰證明這樣一個學生影響教授的過程。

陳獨秀在 1918 年底所作的《每週評論》的〈發刊詞〉中，還曾稱威爾遜為「世界上第一個好人」。他在 1919 年也曾喊出「拿英美作榜樣」的口號。兩年後陳就已成了中國共產黨的創始人。到 1923 年 12 月，北大進行民意測量，投票選舉世界第一偉人，497 票中列寧獨得 227 票居第一，威爾遜則得 51 票居第二。威爾遜從「第一好人」變為「第二偉人」，正是由美到俄這個榜樣的典範轉移趨於完成的象徵。的確，「新俄」對中國人的吸引力是多重的。國民黨人和共產黨人或者看到的是革命奪權的成功，自由主義者看到的恐怕更多是奪權後的建設和「改造社會」的措施。胡

---

❸余英時，〈中國近代思想史中的激進與保守〉，《歷史月刊》，第 29 期（1990 年 6 月），第 145 頁。

適在 1930 年斷言：蘇俄與美國「這兩種理想原來是一條路，蘇俄走的正是美國的路」。溫和的自由主義者胡適可以推崇新俄直到抗戰結束，那幾十年間中國思想權勢的向著蘇俄一邊倒，應該是毫無疑問的了 ❻❾。

同時，近代新的崇拜雖因失去思想、社會重心而起，當其成為「風氣」之後，又反過來強化了中間主幹之位空虛的現象。崇新的一個直接後果就是不斷地追求進一步的新，則「國中人物，皆暴起一時，小成即墮」，固亦宜也。一般老百姓，固然要不斷追求更新的偶像；就是已成偶像者，也要不斷地破舊，以證明及維持其新。可是新總是相對於舊的，一旦舊被破除，新也就不成其為新。如是則既存的偶像轉眼已舊，不得不讓位於更新者。如此循環往復，沒有一個大家可接受的持續象徵，於是中間主幹之位空虛就成為近代中國持續的社會現象。

不過，近現代中國知識分子尊西崇新，其潛意識裡也未嘗沒有以夷制夷這個理學模式傳統的影響在。其學習西方之目的是為了要建立一個更新更強的國家，最終凌駕於歐美之上。在此情勢之下，民族主義乃成一股大潮。從社會學的角度看，民族主義運動有其特殊的吸引力。邊緣知識青年在其中找到自身價值的實現，從不值一文的白丁 (nobody) 變成有一定地位的人物 (somebody)，國家的拯救與個人的出路融為一體。精英知識分子也在這裡發現一個選擇，即一條通往回歸到與大眾和國家民族更接近的路徑；在某種程度上也可說是從邊緣回歸中央的可能。如果可以把走進

❻❾ 說詳羅志田，〈胡適與社會主義的合離〉。

象牙塔這種與大眾的疏離視為傳統之士的內在超越性的某種外在社會化，則經民族主義運動而回到與大眾的接軌就是一種超越的超越，即外在地超越於內在超越的社會化。故即使僅從這一層面看，民族主義運動為知識分子的邊緣化和新興的邊緣知識分子都提供了某種出路，其在近代中國的影響自然非其他主義可及。

但是民族主義只能提供出路，卻不能解決全部問題。重心既失，邊緣人打了天下後仍面臨是以自己為中心獨治還是重建一個社會重心來「共治」天下的問題。蔣介石在北伐結束後曾感嘆說：「今之行政機關所最難者，不用一舊有人員，則手續多有不便；用一舊有人員，則舊有之積習，照隨之而入。」❼此語固有其特定的指謂，但多少透露出那種獨治也難，共治又無所與共的窘境。

更重要的是，中國的民族主義自身也是在失去重心的情形下主要靠「收拾西方學理」而成型的。其與世界其他地區的民族主義的一大區別，即在於其採取了包括激烈反傳統和追求「超人超國學說」這樣一些通常是非民族主義的表現形式。胡適在北伐統一之後不久仍說中國的民族自救運動已失敗，即因為他一生追求的「再造文明」的目標並未實現。中國重心之失的根本還是中國人已失其故，缺乏一個重建民族認同的文化基礎。沒有這樣一個基礎，即使「收拾」一些西方的學理，仍談不上對外來思想資源的消化、借鑑和利用；沒有這樣一個基礎，更不可能建立起社會和政治的重心。重心不立，則亂多於治的現象必然反覆出現。所

❼ 蔣介石，〈今日黨員與政府軍隊及社會之組織唯一要素〉，《盛京時報》，1928 年 8 月 18 日。

謂「再造文明」，正是要重建這個民族認同的文化基礎。不過胡適的意思，歷來就為其追隨者和反對者所誤解。他提出的這個任務恐怕也仍有待完成。

（原載《清華漢學研究》，第 2 輯）

近代中國民族主義
的特殊表現形式

胡適世界主義思想中的民族主義關懷

　　余英時先生說，胡適在美國留學的七年「是他一生思想和志業的定型時期」❶。胡適選擇的志業就是要為中國再造文明，以為中國不亡的遠因，而最終是要使中國達到能與歐美國家平等的地位。那麼，他又形成了什麼樣的思想呢？毫無疑問，胡適接受了現代自由主義，並終生為在中國實現自由主義政治而努力。但他在留學期間形成的有系統有特色的思想，則不能不首推他的世界大同主義。這一思想，仍是要在理論上論證中國應有與歐美國家平等的地位。貫穿在胡適志業和思想裡面的，就是對祖國深摯的愛，是一種典型的民族主義的關懷。而胡適一生，又恰恰對民族主義始終有那麼幾分保留，常常被人認為是西化派。為什麼會出現這樣深具詭論意味的現象？要弄清這一點，不可不對胡適的世界主義進行認真的考察。

　　然而，中外學術界對胡適的世界主義，一向未予足夠的重視。目前所見，僅周明之先生論述較詳。周先生已注意到胡適的世界主義與民族主義的關聯，但他看到的更多是其對立的一面❷。這

---

❶ 余英時，〈中國近代思想史上的胡適〉，見胡頌平編《胡適之先生年譜長編初稿》，第 1 冊，聯經出版公司，1990 年修訂版，第 63～74 頁。

部分是因為胡適本人的表達就有些「言不盡意」。本文擬回向原
典，從胡適內容豐富的留學日記中鈎深致隱，「在其不盡意的言
中，來求得其所代表之意，乃及其言外不盡之意」❸；希望能重
建其世界主義思想發生發展的內在理路，論證其思想的出發點和
歸宿實際都是民族主義；並從實踐的層面考察世界主義者胡適在
因應國家危難時表露出的或隱或顯的民族主義真情。同時，也簡
單分析何以一般人心目中的胡適形象 (the image of Hu Shi) 與民
族主義之間總有距離的一些原因。

一、世界主義與民族主義

　　胡適在留學時給他的大同主義或世界主義所卜的英譯名詞是
兩意並存，一為 Cosmopolitanism （今譯世界主義），一為
Internationalism（今譯國際主義），而兩者意義本是不同的。可知
胡適在一開始時概念確實不十分肯定，後來才逐步發展確立。他
在晚年口述其自傳時，就特別注意把他所謂的「世界主義」與「國
際主義」區分開，以後者來發揮他稍後的「新和平主義」❹。國
際主義在意義上當然沒有世界主義那麼超越，其胸懷更小但卻更

---

❷ 參見周明之著、雷頤譯，《胡適與中國現代知識分子的選擇》（以下簡作
　《胡適》），四川人民出版社，1991，第六章。

❸ 錢穆，《中國思想史》，香港新亞書院，1962，第 33 頁；參見葛佳淵、羅
　厚立，〈「取法乎上」與「上下左右讀書」〉，《讀書》，1995 年第 6 期。

❹ 胡適，《藏暉室札記》（以下簡作胡適日記加年月日），上海亞東圖書館，
　1939，1914 年 11 月 4 日；唐德剛譯注，《胡適口述自傳》，華東師範大
　學出版社，1993，第 55 頁。

注重各自之國。這恰是胡適的世界主義一開始就有的特點，其實也是自然的發展。要深入瞭解胡適的世界大同主義思想，最好是從其發展進程來考察。

胡適在上海澄衷學堂時，在讀了嚴復譯《天演論》的吳汝綸刪節本後，寫過一篇題為：〈物競天擇，適者生存〉的作文，頗得嚴復提倡的「競爭」意旨（赫胥黎的原意是主張以人倫抑制競爭）。他說：「國魂喪盡兵魂空，兵不能競也；政治、學術西來是仿，學不能競也；國債壘壘，人為債主，而我為借債者，財不能競也。以劣敗之地位資格，處天演潮流之中，既不足以赤血黑鐵與他族角逐，又不能折衝尊俎戰勝廟堂，如是而欲他族不以不平等相待，不漸漬以底於滅亡，亦難矣。嗚呼！吾國民其有聞而投袂奮興者乎？」❺胡適在此文章中已表達出從兵、學、財多角度全面競爭的民族主義思想。

文章反映的時代氣息，應予特別的注意。胡適自己後來說：「讀《天演論》，做『物競天擇』的文章，都可以代表那個時代的風氣。」而當時人讀《天演論》，側重的恰「只是那『優勝劣敗』的公式在國際政治上的意義。在中國屢次戰敗之後，在庚子辛丑大恥辱之後，這個『優勝劣敗，適者生存』的公式確是一種當頭棒喝，給了無數人一種絕大的刺激。幾年之中，這種思想像野火一樣，燃燒著許多少年人的心和血」，這裡所謂「國際政治上的意義」，就是民族競爭的思想。胡適後來酒醉後罵租界的巡捕是「外國奴才」，他自己說那時主要靠「下意識」在起作用，正是他民族

---

❺ 轉引自耿雲志，《胡適年譜》，四川人民出版社，1989，第 12 頁。

主義意識的表露❻。

　　胡適自己就是那些在民族危機下「投袂奮興」的人中的一個，他後來基本接受辛亥革命前讀書人的觀念，認為民族競爭最終是落實在「學戰」之上。在此基礎上，他一直持一種文化的國恥觀，憂國之將亡而思解救之道，特別關注文化碰撞與移入的問題。胡適認為，中國的國恥就是因為「學不能競」，同時也表現於學子的「無學」，留學就是文化競爭失敗的結果。他因而提出要造使中國不亡的遠因，即為中國再造新文明。他說，「救國千萬事，造人為重要。但得百十人，故國可重造。」故「造因之道，首在樹人；樹人之道，端在教育」。首先是辦中國自己的大學，「俾固有之文明，得有所積聚而保存；而輸入之文明，亦有所依歸而同化。」如果大學辦不成功，則學子不得不長期留學，將「永永北面受學稱弟子國」。這不但是「天下之大恥」，更重要的是「神州新文明之夢，終成虛願耳」❼。只有充分理解胡適這種少年讀書時已具有的強烈的民族主義情感，才能領會他那世界大同主義的真意。

　　胡適自稱，他的世界大同主義是「經十餘次演說而來，始成一有統系的主義」。1912 年 10 月，胡適在讀希臘史時，「忽念及羅馬所以衰亡，亦以統一過久，人有天下思想而無國家觀念，與吾國十年前同一病也。」羅馬不少先哲「倡世界大同主義，雖其說未可厚非，然其影響所及，乃至見滅於戎狄，可念也」。可知此

---

❻ 胡適，《四十自述》，上海書店影印亞東 1939 年版，第 100、167～171 頁。

❼ 胡適日記，1916 年 1 月 21 日，8 月 22 日；胡適，〈非留學篇〉，此文刊於 1914 年的《留美學生季報》第 3 期，原報難覓，本文所用，是王汎森先生所贈之手抄本，特此致謝。

時他尚存晚清人的觀念 ， 對世界主義從整體上不十分欣賞 。 到 1913 年初，胡適曾就他的「世界觀念」作演說，以為西方古代的世界主義者「不特知有世界而不知有國家，甚至深惡國家之說，其所期望在於為世界之人 (A citizen of the world)，而不認為某國之人，今人所持之世界主義則大異於是。今日稍有知識之人，莫不知愛其國」。故胡適給他的世界觀念下的定義是：「世界主義者，愛國主義而柔之以人道主義者也。」這時胡適已有了他的以愛國主義為基礎的「現代世界主義」觀念，但仍不欣賞西方古代的世界主義。他特別認為丁尼生的詩「彼愛其祖國最摯者，乃真世界公民也」與他的見解暗合。這個見解胡適後來講得不算多，實際一直保持。1917 年時他還專門摘錄威爾遜的話，威氏說歐戰已使美國人不得不變成「世界公民」（此已與古希臘人之義不同），但並不因此減少其美國特色。只要把威氏話中的美國換成中國，就是胡適自己的意思了 ❽ 。

　　1914 年春夏之交，已結束本科學業的胡適因同學有的畢業歸國，頗引起一些鄉愁。他自己既想歸國，又想繼續多學知識，甚感矛盾。後來去留雖決，終因「歸思時縈懷緒」，心情不免煩躁動蕩，行為也有些變化（如開始去女生宿舍訪人），思想也發生了較大的轉變：以前他常為中國各種風俗制度等辯護，此後則開始較多看到西方的好處和中國的不如人處；以前他論事還多出於中國的傳統觀念，此後則漸偏向西方的思路 ❾ 。

---

❽ 胡適日記，1914 年 11 月 4 日，1912 年 10 月 25 日，1913 年 4 月（原無日），1917 年 2 月 23 日。

　　與此同時，胡適的世界主義思想也有發展。那年 5 月，康乃爾大學學生對「吾國，是耶非耶，終吾國」(My country, right or wrong, my country) 這個觀念進行討論，胡適以為此意為「但論國界，不論是非」，寫信給登載此言的該城報紙批駁之。胡適指出，這實際是一種雙重道德標準，即在國內實行一種標準，在國際又實行另一種標準。他認為這是一種「極端之國家主義」。此信得到康大前校長夫人的讚許（其實可能是客氣話）。胡適大概很受鼓勵。兩個月後，他又將此作為「狹義愛國心之代表」納入他關於「大同」的演說。這一次就先後遇到兩個人告訴他，其實他的理解是片面的。胡適演說剛完，就有某夫人對他說，那句話不一定理解成「吾國所行即有非是，吾亦以為是」，而更多是「無論吾國所為是耶非耶，吾終不忍不愛之」的意思。次日，也聽了胡適演說的一位英文教授告訴他，那句話的意思的確可有多解，但其本意是「父母之邦，雖有不義，不忍終棄」，胡適表示同意此二人的看法❿。

　　其實胡適心裡並未全通。他以為，「是非之心，人皆有之，然是非之心能勝愛國之心否」是另一問題。胡適引孔子的「父為子隱，子為父隱」的話，指出人皆有私心。「吾亦未嘗無私，吾所謂『執筆報國』之說，何嘗不時時為宗國諱也。」胡適說，他「每讀史至鴉片之役，英法之役之類，恆謂中國直也；至庚子之役，

---

❾ 這個變化牽涉較寬，只能另文探討。參見胡適日記，1914 年 6 月 1～12 日、20 日，8 月 10 日。

❿ 胡適日記，1914 年 5 月 15 日，7 月 26 日。

則吾終不謂拳匪直也」。胡適的意思，他對中國是有所隱有所不隱。但其舉例皆用中外關係史事，揭示了他頗為含蓄的言外之意：他的「雙重標準」其實是針對西方說的。他在第一篇文章裡就說，道德標準不應對國人是一種，對他國之人或化外之人 (outlandish people) 又是一種。那英文的「化外之人」，正是白人稱殖民地人的術語。這也就是章太炎指責「始創自由平等於己國之人，即實施最不自由平等於他國之人」的意思。只有明白了這一點，才能理解胡適明知他理解字義有偏差，終不能完全心服的深意❶。

後來胡適見《紐約晚郵報》社論，說「世界者，乃世界人之世界，不當由歐美兩洲人獨私有之。亞洲諸國為世界一部分，不宜歧視之」，胡適因自己「久持此意」，馬上給報紙寫封信去表示支持。他讀威爾遜在參議院演說，以為「陳義甚高」，實因其在強調民族自決。威氏說：「任何國家都不應尋求將自己的政策加諸別的國家或民族之上。每個民族，不論大小強弱，都應讓其不受妨礙，不受威脅，不懷恐懼地自由決定其自己的政策和自己的發展道路。」威爾遜也曾說，「若吾人以國中所有不敢行之事施諸他國，則吾亦不屑對吾美之國旗。」這正是胡適所希望的西方的態度。在國家與是非這個問題上，胡適覺得最理想的境地，仍是威爾遜所說的：「人能自省其嘗效忠祖國而又未嘗賣其良心者，死有餘樂矣。」他記錄的卡萊爾與他「平日所持相契合」的一段話，仍是說的一種可以最愛自己祖國，但對他國也持公正愛心，同時又不傷害個人所信奉之哲學。像以往一樣，胡適想要實現的還是

---

❶ 胡適日記，1914 年 5 月；章太炎，〈五無論〉，《民報》16 號。

魚與熊掌兼得 ⓬ 。

　　而且，正如許多二十世紀中國讀書人一樣，胡適在安身立命之處，仍嚮往著傳統的士那種相對的超越心態。這種觀念表現在當地一位支持胡適的報紙投書人所引用的孔子的話：「大臣者，以道事君，不可則止。」⓭對傳統的中國人來說，為保衛祖國而死，所謂「執干戈以衛社稷」而死君事（《左傳》哀公十一年），是大得讚許的。而其高明處，則不僅僅是捍衛了國家利益，還有一個在此之上的「取義成仁」的個人道德完形。清季以至民初中國讀書人雖因不斷的國恥和思想的西化而服膺西方近代民族主義，但最終還是暗存一種「道高於國」的觀念，總嚮往一種在民族主義之上的「大同」境界。胡適也與他們一樣，事急則訴諸民族主義，事態稍緩，便又徘徊於各種接近「大同」的主義之間。故近代中國人在說民族主義時，未嘗須臾忘記在此之上的大同；但中國人在說世界主義或類似主義時，其實也都在表達民族主義的關懷。

　　1914 年 10 月時，胡適對他後來頗為推崇的和平主義者安吉爾 (Norman Angell) 的學說還並不以為然，他認為其以生計之說來弭兵，是搞錯了方向。因為歐人是為「國家」而戰，不是為金錢而戰。他說，「今之大患，在於一種狹義的國家主義，以為我之國須凌駕他人之國，我之種須凌駕他人之種。」為此目的，不惜滅人之國與種。胡適重申，這仍是因為對國內國際實行雙重標準的

⓬ 胡適日記，1915 年 11 月 25 日，1917 年 1 月 22 日，1914 年 7 月 12 日，8 月 9 日。

⓭ 胡適日記，1914 年 8 月 10 日。

緣故。歐人在國內雖有種種道義準則，卻以為「國與國之間強權即公理耳，所謂『國際大法』四字，即弱肉強食是也」❹。

兩個月後，胡適在論證中國的國防問題時，進一步明確指出：今日世界之大患是強權主義，也就是以所謂「天演公理」為思想基礎的弱肉強食的禽獸之道。三年前進化論者胡適初來美國時，聽說美國那時有教師因「倡言『天演論』致被辭退」，感到大不可解，慨嘆為「怪事」！這是他開始瞭解中國尊奉的「西學」似乎在西方本身地位並不那麼高（留學與看翻譯西書的大區別就在此）。如今已對西學有更深把握的胡適認識到，達爾文的「優勝劣敗」之天演學說本身「已含一最危險之分子」。重要的是，他現在知道西人也主張「天擇」之上還應該有「人擇」；養老濟弱，就是以人之仁來救天地的不仁❺。

在那年早些時候寫的〈非留學篇〉中，胡適還認為中國舊文明不適於今日之時代和世界，其中之一即「人方倡生存競爭優勝劣敗之理，我乃以揖讓不爭之說當之」，今思想既然扭轉，他就專以此說來糾正優勝劣敗之西說。他再讀中國古代的老子、墨子，就發現其以爭鬥或不爭不鬥來區別人禽（其實儒家亦然）是很有價值的思想資源，可以用來構建他的大同主義。這樣，對胡適來說，西方的「人擇」說就起到了為中國傳統思想正名的作用。他在下意識中實已暗示先秦中國思想較當時的歐洲還更「進化」，但這一觀念似乎始終未能到達有意識的層面。胡適敏銳地認識到日

---

❹ 胡適日記，1914 年 10 月 26 日，以下幾段也參見此日。

❺ 本段及下段參見胡適日記，1914 年 12 月 12 日，1911 年 3 月 14 日。

本對中國的霸道行為就是以「西方強權主義」為思想武器的。所以，只有國際道德「進化」到重「不爭」的「人擇」程度，中國才能有和平。

　　胡適以為，英國人提出的「我之自由，以他人之自由為界」就是以「人擇」限制「天擇」的學說。這就提示我們，胡適之所以服膺現代自由主義也是以民族平等為基準的，而且他廣讀十九世紀中葉以來的英國自由主義經典似乎就是為了從理論上構建他的大同學說。他從斯賓塞、穆勒（J. S. Mill，胡譯彌爾）、格林（T. H. Green，胡譯葛令）、邊沁等人（胡適統稱為英國倫理派）的著作中一一讀出了「自由以勿侵他人之自由為界」的意思，而貫之以他提出的「一致」觀念。胡適以為，個人倫理應首重一致，即言與行一致、今與昔一致、對人與對己一致。這最後一點，尤宜實行於國際關係。「己所不欲，勿施於人。所不欲施諸同國同種之人者，亦勿施諸異國異種之人也。」所以，當他說大同主義的根本是一種「世界的國家主義」時，生於弱國的胡適實際是以世界主義來反強權，特別是反抗種族和國家壓迫，也就是他自己所說的：「以人道之名為不平之鳴」❶❻。

　　這進一步揭示了胡適的世界主義或大同主義中的民族主義成分。胡適就「人群之推廣」指出：「自一家而至一族一鄉，自一鄉而至一邑一國。」這正是西人論民族主義起源最常說的話。但胡

---

❶❻ 胡適日記，1914 年 10 月 19 日。有意思的是，嚴復也從穆勒的《論自由》中讀出了「群」和「己」之權界，再往下推一步就是群與群之權界了。近世中國人因自身國力屢弱，讀西人書的確別有心得。

適意不止此。他說,「今人至於國而止,不知國之外更有人類,更有世界,稍進一步,即躋大同之域。」所以,「愛國是大好事,惟當知國家之上更有一大目的在,更有一更大之團體在。」也就是斯密斯 (Goldwin Smith) 所謂「萬國之上猶有人類在」。重要的是人類不僅僅是一團體,而且是一目的,道德理想主義的色彩在這裡特別明顯(康德和格林均同)。這樣,胡適就把中國的「道高於國」的傳統觀念與現代自由主義的準則結合起來而構成了他的以「世界的國家主義」為核心的大同學說。

但胡適在有意識的層面對民族主義頗有保留是無疑的。這又怎樣解釋呢?或者可以說,胡適之所以不能在有意識的層面完全接受民族主義,是因為他覺得民族主義在理論上有講不通的地方。胡適給自己下的一個定義是「行文頗大膽,苦思欲到底」 **❼**。他還有個法寶,有時思不到底時便「展緩判斷」。這一點在他對民族主義的認知上也有體現。

1917 年 3 月,報載王闓運去世。胡適想起十年前讀其《湘綺樓箋啟》,裡面說,八國聯軍入北京而不能滅我,更談不上瓜分中國。而且,中國人「去無道而就有道,有何不可?」當時「讀之甚憤,以為此老不知愛國,乃作無恥語如此」,今「思想亦已變更」,覺得王所說,「惟不合今世紀之國家主義耳」,其實正合中國「古代賢哲相傳舊旨」。故不應以後出之外國學說責中國舊學家。這也引起胡適對民族主義進行系統的反思,他以「去無道而就有道」之觀念論證民族主義說:「國家主義(民族的國家主義)但有

---

❼ 胡適日記,1916 年 1 月 29 日。

一個可立之根據」，即「一民族之自治，終可勝於他民族之治之」，中國人推翻滿清，即因滿人實已不能治漢族。但若所得不過袁世凱，不見得比滿清好，則「不以其為同種而姑容之」。若在袁與威爾遜之間選擇，「則人必擇威爾遜，其以威爾遜為異族而擇袁世凱者，必中民族主義之毒之愚人也。」 ⑱

　　但胡適大約也覺得這樣主動選擇外國人治中國到底有點不太妥當，旋又自解說，要點還在「終」字上，「今雖未必然，終久必然也」。可是他發現這實是「遁辭」，於理無法再論。轉以威爾遜所說的「政府之權力生於被統治者之承認」來論證民族主義，仍發現承認也須有標準，是以種族為標準還是以政治之良否為標準，皆回到前面的兩個論據上，所以「終不能決也」。這是胡適「展緩判斷」思想方式的典型表現。實際上胡適正是在為他在有意識的層面不能服膺民族主義化解。民族主義的各種「前提」既然都不成立，民族主義本身也就「不能單獨成立」，當然可以不尊奉。所以，胡適可以理直氣壯地說，「今之狹義的國家主義者，往往高談愛國，而不知國之何以當愛；高談民族主義，而不知民族主義究作何解。」

　　概言之，胡適不講民族主義是因為中國國力弱，如果講民族主義便為強國張目；他講世界主義恰是要抑制歐西國家的弱肉強食主義。同樣，後來孫中山專講民族主義、不講世界主義也是因為中國弱，以為如果講世界主義便為強國所用。兩人的出發點是一樣的，關懷也是同樣的。區別在於孫看見民族主義在中國可能

---

⑱ 本段與下段參見胡適日記，1917 年 3 月 7 日。

的聚合力，而胡看見民族主義在西方已出現的破壞力。從根本上，孫中山同樣受中國傳統的大同學說影響，他也不反對世界主義，只不過認為世界主義是下一階段的事。而胡適主張世界主義，是想越過民族主義而直接達到獨立自主和國與國平等，其要想「畢其功於一役」的心態又與孫中山同。

然而，如果從傳播上言，胡適的信息就並未能完全傳達到聽眾（包括孫中山）那裡，不但絕大部分同時代人都不瞭解胡適不接受民族主義的真意，就是後來的研究者也很少注意及此。這在寫文章專以明白淺顯出之，希望讀者「跟著他走」的胡適來說，不能不說是一個小小的悲哀。而且，由於胡適長期在口頭上堅持對民族主義保持距離，漸漸地有時也真的以為自己是站在民族主義的對立面，更要找出民族主義的不足來維持自己心態的平衡。「三人成虎」的功用並不見得只適用於聽眾，許多時候其實也適用於立說者自己。

很明顯，胡適的「世界的國家主義」是想要尋求一種魚與熊掌兼得的境界。但這樣的境界在實踐的層面有時便難做到，且頗易引起誤會。再加上胡適幼秉父親關於作人要「率其性」的教導，從小又由母親著意培養出「異於群兒」的特定身份認同，他一向自命「狂狷」，標榜特立獨行，有意無意間總愛「立異以為高」⓳，就更容易為人所誤解了。胡適其實知道愛國與愛主義有時會矛盾。他的德國朋友墨茨，因持和平主義，歐戰起後不願從

⓳ 詳見羅志田，〈「率性」與「作聖」：少年胡適受學經歷及胡適其人〉，《四川大學學報》，1995 年第 3 期。

軍，就遠避他國。胡適說他「非不愛國也，其愛國之心不如其愛主義之心之切也，其愛德國也，不如其愛人道之篤也」，但胡適也指出這正體現了墨茨只能是一個「理想家」❷。在實踐的層面，如果不能魚與熊掌兼得之時，胡適自己究竟愛哪樣更甚，用他的話說，要等到國家危難時才知道。

二、祖國：你如何愛他？

胡適在 1916 年 9 月作的白話詩〈他〉中說：「你心裡愛他，莫說不愛他。要看你愛他，且等人害他。倘有人害他，你如何對他？倘有人愛他，更如何待他？」日記中說是因東方消息不佳而作此自謔，並加注說，「或問憂國何須自謔，史何須自謔。答曰：因我自命為『世界公民』，不持狹義的國家主義，尤不屑為感情的『愛國者』故。」可知其雖自命為世界公民，大致也像當年自命為新人物一樣，並不能完全認同理想上的世界主義。同時，也可知胡適強調理智的愛國，並發誓祖國有難時將體現其愛；但他要異於群兒，雖愛國而有時故意做得像不愛❷。

在胡適看來，這裡面還有一些細微的區別：一個是心與行動的區別，心可甚愛，行動則不必一定參與。一個是參與是否能改變局勢的區別，如果不能，則如他的好友許怡蓀眼中高臥南陽的諸葛亮：「誠知愛莫能助，不如存養待時而動。」所謂待時而動，就是參與能改變局勢的時候，就要動。後來抗日戰爭起，胡適覺

❷ 胡適日記，1914 年 12 月 6 日。
❷ 胡適日記，1916 年 9 月 6 日。

得他能起作用，也就參與了。不過，他自己也一直有要以不朽來報國獻世之心，故每引歌德凡遇政治大事震動心目，就全心全意致力與一種決不關係此事的學問以收束其心的例子自安其心❷。

在理想的層面，胡適或者真希望世界一家。他曾對一牧師說，「今日世界物質上已成一家」，並舉航海、無線電等為例；而世界「終不能致『大同』之治者，徒以精神上未能統一耳，徒以狹義之國家主義及種族成見為之畛域耳」❸。世界若真能一家，胡適就可脫離不高明的中國人之認同而成世界公民，當然也就不受「種族成見」的影響了。但一「家」與世界公民並非同一概念。一家也好，大同之治也好，這些詞語的使用說明胡適自己所持仍是中國觀念。而且，世界一家當然好，但現在實際尚未一家。胡適雖然以歌德自居，以安其心，還要能自圓其說。且眼下的危機也不能不顧，所以每不得不再進而自解。這一點在因第一次世界大戰而起的中日危機上，表現得最充分。

早在 1914 年 8 月初胡適寫的一篇分析第一次世界大戰的文章中，他就預感到戰爭可能波及中國。那時他已經據比利時抵抗而失敗的例子，判斷「吾國即宣告中立，而無兵力，何足以守之！」十天後，日本參戰以得青島之勢已明，胡適還希望日本得青島後「或以歸中國而索償金焉」。這個想法，「人皆以為夢想」。但胡適自有所本。原來他認為「他日世界之爭，當在黃白兩種。黃種今日惟日本能自立耳。然日人孤立，安能持久？中國者，日

---

❷ 許怡蓀的話引自胡適日記，1914 年 12 月 9 日。

❸ 胡適日記，1914 年 11 月 17 日。

之屏蔽也」，所以，胡適覺得日本會為中國得青島。黃白種爭，本清季革命黨人的口頭禪，足見中國公學那段經歷暗中仍在影響胡適。不過，胡適對國際政治的理想化和「樂觀」，也確超乎常人，難怪他的同學都笑他「癡妄」 ❷。

　　但是胡適此時還沒有想到假如日本的行為證明他確實 「癡妄」，中國應何以處之。他在那年夏天與女友韋蓮司討論過這個問題，韋女士主張取不爭主義，胡適則持兩端，覺國防也不可緩。到 11 月的一次演講中，仍主一面講國際道義一面準備國防。但在同月韋女士將去紐約時，兩人又談及不爭問題。韋女士重申不爭勝過爭，並以比利時為例明確指出，中國不抵抗日本侵略，損失雖大，若抵抗，則損失必 「更大千百倍」。這時胡適已顯然有同感 ❷。但日本的威脅是明顯的，爭與不爭，都要有個解決之道。

　　到 12 月，胡適終於決定接受韋蓮司的觀點，並「決心投身世界和平諸團體」。他因而從根本上考慮和論證中國的國防問題。胡適問道：「今人皆知國防不可緩，然何謂國防乎？」在他看來，即使中國的海陸軍與日本並駕甚至超過日本，都不能解決問題，因為日本有盟國，盟國還有與國。中國之想以增軍備救亡者，「其心未嘗不可嘉」，但行不通。即使日本和歐洲國家二十年不發展，中國之軍力也不可能在此期間達到與之為敵的地步。所以，「根本之計，在於增進世界各國之人道主義。」以目前言，中國所能做的

---

❷ 胡適日記，1914 年 8 月 5 日，16〜17 日。

❷ 本段及下段參見胡適日記，1914 年 12 月 12 日，1915 年 1 月 18 日，1 月 27 日。

就是以個人和國家的名義，「斥西方強權主義之非人道，非耶教之道」；同時「極力提倡和平之說，與美國合力鼓吹國際道德」，如果國際道德「進化」到重「不爭」的「人擇」程度，中國也就有了和平。

但是，不論胡適的這些觀念在理論層面有多麼正確，在實踐的層面，他的解決之道確實也太多未知數：日本肯停下其行動來聽中國講人道和公理嗎？美國願意並能夠與中國「合力鼓吹國際道德」嗎？後來的史實證明胡適方案中這主要的兩點都是空想。

胡適認為遠東局勢的最後解決一定建立在中日的相互理解與合作之上，但相互理解與合作決非一方以武力征服另一方所能產生❷。他在三十年代重申此觀點時，進一步指出日本要征服中國不能靠武力，而必須征服中國人的心。結果引起輿論大譁，為各方人士所痛詆。其實胡適心靈深處，仍有黃白種爭的思想；他在三十年代寫文章時心裡想的，應該也就是中日的相互理解與合作而已。但他的日記那時還未出版，一般人也沒有讀到他早年寫的東西，在日本侵略正急之時，當然不會想到胡適言外的深意了。關鍵在於，雖然相當多的日本人也公開主張或心中暗存黃白種爭的思想，他們卻並無中日合作的念頭，反而以黃白種爭的觀念來為其征服中國正名：中國既然已敗弱，日本就必須負起這一鬥爭中黃種方面的絕對領導責任。胡適與日本人的出發點不無共同之處，但他的方案的確只能是空想。

胡適對美國更是寄予厚望。他一向不喜歡拿破崙把中國比做

---

❷ 胡適致《展望》雜誌的信，收在胡適日記，1915 年 3 月 1 日。

睡獅，而主張不如比做等待愛情之吻的睡美人，並希望美國能充當那吻美人的角色❷。但是，美國在處理國際關係之時，首先要考慮其實際的利益及其能力的範圍。當與其利益一致時，美國是可能願意與中國「合力鼓吹國際道德」的。但即便如此，美國是否能夠做到其所欲為，還要視各種因素的影響而定。一戰時對美國——特別是威爾遜政府——寄予厚望的中國人當然不止胡適，威爾遜也確曾努力想要實現其提倡的民族自決的原則；但他的「新原則」終於鬥不過歐洲的帝國主義「舊政治」，胡適和許多與他思想相近的人，也就不得不失望了。

　　而且，如果這些理想化的目的不能實現，中國當下應該怎樣對付日本的侵略呢？這一實際而具體的問題，胡適並未回答。其實，胡適心中有一說不出口的答案。他知道他所說都是所謂「七年之病，求三年之艾」，而且是「獨一無二之起死聖藥」。如果有人認為這太「迂遠」，則「惟有坐視其死耳」。換言之，中國眼下若與日本戰，則只有死。正因為這樣，他才專門講大同、人道、與和平。「吾豈好為迂遠之談哉？吾不得已也。」中國不能打，胡適要學歌德，不得已而言長遠之計，一半也是聊以自解罷了。胡適既然認為中國無力抵抗日本，而世界又已成強權世界，對於弱者來說，除此又有何術？胡適心裡明白，他的「所謂拔本探原之計，豈得已哉！豈得已哉！」❷

　　在這一年左右的時間裡，胡適的思想已大變了好幾次。從為

---

❷ 胡適日記，1915 年 1 月 4 日。

❷ 胡適日記，1915 年 1 月 18 日，2 月 14 日。

祖國辯護到看見中國社會體制的大病，再從認為中國的不爭思想不適合時代和世界到專以此思想來矯正西人競爭之說，其變化的幅度之大及其迅速和頻繁，都已可令人嘆為觀止。不過，胡適這些變化中，也蘊涵著不變，那就是他對國家民族命運的深切關懷。仔細觀察，每次變化的後面，都可見那一層「不得已」的愛國心。所變者，不過是其表述、詮釋、以及擬想中的解決之道罷了。

中日「二十一條」交涉起，胡適認為，中國之事，「病根深矣」。許多留美同學「不肯深思遠慮，平日一無所預備。及外患之來，始驚擾無措；或發急電，或作長函，或痛哭而陳詞，或慷慨而自殺；徒亂心緒，何補實際？」反失了「大國國民風度」。在同學會集會專論此事那天，他因事不能參加，先留一條子請會長代讀。上面說，「吾輩遠去祖國，愛莫能助，紛擾無益於實際，徒亂求學之心。電函交馳，何裨國難？不如以鎮靜處之。」結果，「會中人皆嗤之以鼻」。他的好朋友任鴻雋也說，「胡適之的不爭主義又來了！」這「又來了」數字，暗示了胡適的不爭主義一向不十分得人心，此時當然更加不受歡迎。他繼而在《留美學生月報》上發表一篇公開信，呼籲採取他所稱的「理智愛國」(patriotic sanity) 的正確途徑。並重申：「吾輩遠去祖國，當以鎮靜處之，以盡學子求學之責。切勿為報章之喧囂所紛擾，致離棄吾輩之重要使命。吾輩當莊嚴、鎮靜、勿被擾、不動搖、安於學業。吾輩尤應自我預備，若祖國能渡此大難——對此余深信不疑——乃推動其全面之進步；即或不能，亦可使祖國起死回生。」㉙

㉙ 胡適日記，1915 年 3 月 1 日、3 日，5 月 25 日。

　　實際上，胡適是有意不「逐諸少年之後」，以體現其特立獨行之處。胡適的後天修養使他頗能折衷，天性作人卻不喜調和。他以為，「調和者，苟且遷就之謂也。」張奚若曾對胡適說，「凡人之情，自趨於遷就折衷一方面。有非常之人出，而後敢獨立直行，無所低徊瞻顧。如此，猶恐不能勝人性遷就苟且之趨勢。若吾輩自命狂狷者亦隨波逐流，則天下事安可為耶？」胡適以為，「此言甚痛，為吾所欲言而不能言。」❸ 因為他自己也是「自命狂狷者」中的一個。這就是他率性的一面了。

　　胡適下意識中頗欣賞自己少時的「先生」認同和讀大學二年級時同學所贈的「博士」綽號，在四十歲寫中英文自傳時猶不能忘。那兩者的共同點，其實主要不在胡適自己說的小愛遊戲，而在其「異於群兒」。他這種從小由母親著意培養出的與眾不同之處，更由於父親關於作人「率其性」的教導而增強。胡適有意無意間總愛維持之。他的朋友說他「好立異以為高」，喜歡「捨大道不由，而必旁逸斜出」等等，都是這個傾向的發展。且胡適的立異是要立大異，他認為，在小事上白表與人異，而臨大節則不知所措，只是「下焉者」。他所嚮往的，是「不苟同於流俗，不隨波逐流，不人云亦云。非吾心所謂是，雖斧斤在頸，不謂之是。行吾心所安，雖舉世非之而不顧」❸ 胡適對中日關係本有些與人不同的觀念，但他作人要「率性」，要與眾大不同的傾向也是清楚

----

❸ 胡適日記，1915 年 10 月 1 日。

❸ 胡適日記，1915 年 3 月 1 日，4 月 27 日；參見胡適在 *Living Philosophies* (New York: World, 1930, reprinted, 1942) 中的自傳條目，第239 頁。

明確的。

　　胡適知其通信不會受歡迎，結尾時特地提醒說，要罵我之前請先細讀我書。結果如他所料，這封公開信激起了許多留學生對他猛烈攻擊。也如他所料，並沒有多少人細讀他的信。大家的批判集中於他的態度而不是信的內容，總的精神是大家認為他不夠愛國。不過也有一些批評頗能擊中胡適的要害。一位學生批評說「一旦日本控制了中國，則要驅逐他們勢必使用武力」；而且，「去使中國起死回生要遠比在日本入侵之前進行抵抗要困難得多。」另一位學生雖然接受學生的本分是讀書學習，但他也提醒胡適，一個國民有責任在國家陷入危機時去探索解決問題的方法❸❷。

　　胡適自己的確也在思考一個「真正的最後解決」。他以為那不能是對日作戰，因為中國的軍力不足以戰；他也知道那不能是像袁世凱政府正在進行的那樣將中日問題國際化以尋求列強的支持。胡適說，「真正的最後解決必須往其他方面探尋——它遠較吾人今日所猜想者更為深奧。余亦不知其在何處；余只知其不在何處。」在更廣義的層面，胡適其實早已找到了他那「遠為深奧」的「真正的最後解決」。1916 年初他在致友人許怡蓀的信中說：「適近來勸人不但勿以帝制攖心，即外患亡國亦不足顧慮。」他堅持認為，「倘祖國有不能亡之資，則祖國決不致亡。倘其亡之，則吾輩今日之紛紛，亦不能阻其不亡。」目前所應該做的，是「打定主義，從根本下手，為祖國造不能亡之因」，其方法就是他一直

---

❸❷ 參見羅志田，〈「二十一條」時期的反日運動與辛亥五四期間的社會思潮〉，《新史學》3 卷 3 期 (1992)，第 84～85 頁。

強調的興教育辦國立大學。胡適重申，一國無高等學位授受之地，則「固有之文明日即於淪亡，而輸入之文明，亦扞格不適用，以其未經本國人士之鍛煉也」❸。

　　胡適已在考慮固有文明的淪亡和輸入文明的收受問題，識見確高於許多時人。但他在「為祖國造不能亡之因」的時候，卻可以置祖國目下是否即亡於不問，邏輯上多少有些問題。但並非胡適一人有此觀念。張謇在 1913 年說他十餘年前就已認為「中國恐須死後復活，未必能死中求活。求活之道惟有實業、教育」；與胡適約略同時，陳獨秀因痛疾而倡言「國不足愛，國亡不足懼」；章士釗提出，「故知吾國即亡，而收拾民族之責仍然不了。」一向主張推動長遠之社會教育的梁啟超也說：「雖國亡後，而社會教育猶不可以已。亡而存之，舍此無道也。」❹胡適見此文，覺「其言甚與吾意合」，因為梁也在講「七年之病求三年之艾」。更與胡適意思接近的，是梁也在考慮國亡之後的存國之道。

　　那時回國不久的留美學生許肇南給胡適寫信說，「在理，以吾國現在人心社會，若不亡國，亦非天理。」許氏據因果相尋之理以為，中國人「造孽太久」而不易解脫，「欲揚眉吐氣，為強國之

❸ 胡適日記，1916 年 1 月 25 日；胡適，〈致「甲寅」雜誌記者〉，《甲寅》，1 卷 10 號，1915 年 10 月 10 日。

❹ 張謇致張孝若，1913 年春，見楊立強等編，《張謇存稿》，上海人民出版社，1987 年版，第 651 頁；陳獨秀，〈愛國心與自覺心〉，《甲寅》，1 卷 4 號，1914 年 11 月 10 日；秋桐（章士釗），〈國家與我〉，《甲寅》，1 卷 8 號，1915 年 8 月 10 日；梁啟超，〈政治之基礎與言論家之指針〉，摘抄在胡適日記，1915 年 5 月 23 日。

民」，要在好幾代之後了。現在只有像曾國藩所說，「不問收穫，且問耕耘」，盡自己責任，「一息尚存，亦努力造因而已」。這些觀念，後來胡適都愛掛在口上。他在幾天之後，即已發展出他所謂「活馬做死馬醫」的觀點。胡適也認為，中國當時國事敗壞已達「不可收拾」的程度，小修小補已不能收效。必須「打定主意，從根本下手，努力造因，庶猶有死灰復燃之一日」。這裡的「死灰復燃」，即是把中國視為已亡。胡適的理由是，對活馬常不忍下手，姑息苟安的結果是「終於必死」。倒不如「斬釘截鐵，認作已死，然後敢拔本清源，然後忍斬草除根」 **㉟** 。

　　這麼多人對亡國問題所持的看法都非常相近，說明這至少是相當大一部分人的共識。他們共同的超越立場，很能從一個側面表現出歷來主張道高於治的中國讀書人在追求一個超越於國家民族的高遠目標的同時無意中將自己置於國家民族之上的特點。在民初新舊過渡時代之中，如果說張、梁、章三人已近「功成身退」

㉟ 許肇南致胡適，1915 年 10 月 23 日，收在胡適日記，1915 年 11 月 25 日，並參見 1916 年 1 月 4 日日記。從現實層面看，如果可以視中國為已亡，則無論進行怎樣的破壞，都不致過分。中國的激進化，又多了一層理論的支持。這正是胡適後來愛說的「正義的火氣」的一個出處。超越於國家民族之上的新舊讀書人既可以置中國當下是否亡於不顧，也可以從為國家民族造不亡的遠因這一正義目的出發去 「拔本清源、斬草除根」。中國士人一向推崇「當仁不讓於師」的特立獨行風尚，其在擔任「社會的良心」時所受的制約，又基本上全在個人的良心。在此情形之下，「正義的火氣」 就最難抑制，而近代中國的激進化就愈發不可收拾了。

的階段，或可代表傳統的「士」的餘蔭；陳、胡則是即將升起的新星，應屬名副其實的新興「知識分子」的範圍。雙方在這一點上，觀念竟然如此接近。在其潛意識中，大約都有顧炎武關於「亡國」與「亡天下」之辨的影子在 ❸。清季人常說「亡國亡種」，這裡的「種」，其實也就是從文化取向定義的「天下」。所以國可以亡，新舊士人仍可以去盡「收拾民族」之責以保「天下」。

　　不過，胡適雖然認為在中國人內部「作駭人之壯語」於事無補，但他自己暗中已定下「執筆報國」的計劃，即對美國報刊上不利於中國的「不堪入耳之輿論」，要予以「斥駁」。在 1915 年 2 月初的《新共和》雜誌上，曾刊有「中國一友」的來信，說中國人不適於自治，其共和制已失敗，故日本的干涉，對中國對西片都有好處。此信的觀點不久又為美國另一大雜誌《展望》吸收進其社論。胡適「讀之大不滿意」，分別作書駁之。他在信中提醒那位中國之友，現在的時代是一個「民族覺醒的時代」。胡適肯定，已經推翻了滿清統治的中國民族之覺醒，也一定會永遠憎恨任何外國外族的統治或「指導」。他強調，任何旨在使日本控制或「指導」中國的嘗試都只會在中國播下騷亂和流血的種子。中國眼下確實無力抗拒日本武力脅迫下的要求，但中國青年的英雄熱血，儘管未必當下見效，必會灑遍共和之神州。胡適指出，像中國這樣一個大國，改革是不能一蹴而就的。中國實行共和不過三年，要判斷其成敗尚為時太早。更重要的是，他引用威爾遜的觀點說：

----

❸ 《日知錄・正始》：「有亡國有亡天下。亡國與亡天下奚辨？曰：易姓改號，謂之亡國。仁義充塞，而至於率獸食人，人將相食，謂之亡天下。」

每個民族都有權決定自己的政府形式；每個民族都有權不受干涉地尋求自救之路。中國有權決定自己的發展❸❼。

　　這正是胡適在實行他以個人名義「斥西方強權主義之非人道」的主張，也就是以西方之理論來駁斥西方強權主義。對胡適來說，「執筆報國」的戰場不在中國同學會裡，而在美國的輿論界。胡適在這兩封信中表現出他對西方有關政治理論的熟悉已達如數家珍的程度，這正是他高於其大部分中國同學之處，頗能體現「大國國民的風度」。這裡表現出的民族主義，其誠摯不下於《留美學生月報》上的那些文章，而在理論表述上則過之。

　　同時，胡適雖然提倡大家對中日爭端以鎮靜處之，其實他自己的心情又哪裡有那麼容易平靜。胡適在 1915 年 5 月 29 日給韋蓮司的信（見日記）中承認，他本來已經意識到自己騖外太甚，正擬糾正，結果中日交涉事件「把一切都攪翻了」。可知胡適再三勸大家要以鎮靜處之，恐怕也有自戒之意，他大約知道自己就未必做得到。在國家民族處於危機之時，胡適與其他人一樣，心中是極不平靜的。心既不寧靜，胡適就實行他要「斥西方強權主義之非耶教之道」的主張，直接以斥罵傳教士紓解其憤懣。

　　那年 3 月 21 日是教會的禮拜日，胡適在當地的長老會教堂以「基督教在中國的機會」為題發表演說，到耶教的本壘去攻擊耶教在中國的傳播。胡適再次援用他的「雙重標準」理論，指斥傳教士只有在處理國內事務時才稱得上基督徒，一旦進入國際事務，他們都不復是基督徒了。他說，現在那些基督教國家實際上

---

❸❼ 胡適日記，1915 年 2 月 12 日，3 月 1 日及所附信件。

只認暴力為權威，置弱小國家的權益於不顧，並將國家獲利、商業所得、和領土掠奪置於公平正義之上。一句話，胡適宣布：「今日的（西方）文明不是建立在基督的愛和正義的理想基礎之上，而是建立在弱肉強食的準則——強權就是公理的準則之上！」這是胡適對西方文明最激烈的攻擊，其背後隱伏的，就是中日交涉給他帶來的不安和激憤❸❽。

胡適並直接指出，當年德國奪取膠州灣和法國侵占廣州灣，都是以一兩個傳教士被殺害為藉口。也就是說，個別傳教士的死早已成為所謂基督教國家進行領土掠奪的理由。這仍是章太炎指出始創自由平等之人卻對他人不取自由平等的意思。但是，當胡適提出這些基督教國家的行為應為 1900 年的義和團運動負責時，他的意思實際上已比章太炎進了一步：如果西方不以自由平等待中國，則中國也可以不以自由平等待西方，義和團運動本是近代所有中外衝突中胡適最感不能為中國辯護者，但現在他已認為西方也要為此負一部分責任了。

1914 年 9 月，土耳其政府宣布廢除不平等條約中的領事裁判權。胡適見此消息，「不禁面紅耳熱，為吾國愧也！」土耳其政府本來一直要與列強談判解決此問題，而列強則要先觀察土耳其政府能否維持治安，並以此為由拖延談判。結果土政府乘歐戰之機，一舉廢除之，「不復與列強為無效之談判矣」❸❾。胡適的口氣是明顯同情支持土耳其方面的。他當然更希望中國也能這樣做。這才

---

❸❽ 本段與下段均參見胡適日記，1915 年 3 月 22 日中所附的演說內容。

❸❾ 胡適日記，1914 年 9 月 13 日。

是胡適民族主義真情的體現。

　　胡適在國際政治中提倡「不爭」本是不得已，他其實就很讚賞孔子表揚執干戈以衛社稷的「國家思想」。胡適以為，「國家思想惟列國對峙時乃有之。孔子之國家思想，乃春秋時代之產兒；正如今人之國家思想，乃今日戰國時代之產兒。」**❹**一次大戰時代既與戰國時代相類，則正宜有國家思想。胡適又何曾例外呢！

　　同時，胡適在「二十一條」時期表面的不介入態度，部分也因為他不能認同於袁世凱政府。在國家危難之時，是否應舉國一致支持中央政府，是當時許多革命黨人及有革命黨心態的人最覺尷尬之事。胡適是明確反對有人「以仇視日本之故而遂愛袁世凱且贊成其帝政運動」的。但是他又展緩了在日本和袁政府中作出選擇的「判斷」。展緩的意圖，當然也還是想要達到一種魚與熊掌兼得的結局。約二十年之後，當日本的侵略更為緊迫而不能展緩判斷時，他會發現他自己也不得不認同於他本來十分不欣賞的國民黨政權。不管民族主義在理論上是否成立，他終於以此為基礎作出了判斷。

三、餘論

　　胡適一生就中外關係所發表的言論，通常都不怎麼受國人歡迎。這裡顯然存在著誤解。胡適對不同的人講不同的話的取向，在中外關係上表現的最明顯。但他這樣做，是要表現他「大國國民的風度」，是有骨氣而非取巧。簡言之，胡適凡是主張不反對帝

---

❹ 胡適日記，1914 年 10 月 7 日。

國主義的言論，都是對中國人說的；而他對外國人講話時，卻處處指出帝國主義對中國的侵略也是對外國利益自身的危害。中日「二十一條」交涉時胡適的表現，就是最典型的例子。這種情形一般人不知，胡適也不曾努力要讓人知；他的士大夫意識使他很願意體現他的「特立獨行」，對這些誤解並不辯解，只求自我心安。但這就造成了立說者與聽眾之間的傳播障礙。

可以說，胡適的民族主義情緒終其生並不稍減，只是隱與顯的問題：早年很盛，專講愛國；中歲「作聖」心重，以「外國傳教士」自居，故此情緒頗壓抑；晚年老還小，民族主義復盛。胡適某次發現「考古館裡的殷墟石刻的照片，許多外國人看了很欣賞」不覺自得地說：「他們原以為古代的文明只有羅馬、希臘，看了這些三千年前的殷墟石刻，才知道他們那時還是小孩子似的。」1960 年又說，「食不厭精，膾不厭細」這兩句話「是（孔）聖人最近人情的話」。孔子有些思想近人情是他以前也有過的看法。但他接著說：「全世界二千多年的哲人中，沒有第二人說過這些話。」❹這樣的話就不是以前會說的了。

胡適從留學時起事事都在拿中國與西方比。他初到美國，即對美國社會大為傾倒。他說，「美國風俗極佳。此間夜不閉戶，道不拾遺，民無遊蕩，即一切遊戲之事，亦莫不泱泱然有大國之風。對此，真令人羨煞。」❷最後一句頗能道出胡適的心事。他對美

❹ 胡頌平編，《胡適之先生晚年談話錄》，中國友誼出版公司，1993，第44、47 頁。

❷ 胡適致鄉友信，1910 年 9 月 25 日（郵戳），轉引自石原皋，〈胡適與陳獨秀〉，見顏振吾編，《胡適研究叢錄》，三聯書店，1989，第 85～86 頁。

國的種種雖然所知尚在表面，卻暗中處處在與中國的情形比較。嘴上說的美國或不免有理想化的成分，心中想的卻是中國的種種不如意的情景。但比較而多見到中國高明之處，則是只有晚歲才有的情形，這才是其真情的顯露。

但胡適對美國頗多好感的一個直接後果就是他曾一度入了基督教。周明之先生對胡適的入教有頗為深刻的分析。他認為無神論者胡適之所以能成為基督徒，是因為他先已接受了西方文化，並將基督教作為「優越的」西方文化之一部分而接受❹。傳教士正是強調文化的「整體性」的。胡適在中國讀書的十多年間，正是西方文化優越觀在中國士人心目中確立之時。胡適的入教，也確實有想疏離於「野蠻落後」的中國而認同於「優越的」西方之意，而且，就是他大講的世界主義，其中也不無此類蘊涵。

但是，胡適在內心深處早就對傳教士和整個西方在中國行為不滿。他自己雖然曾公開不同意反對「文化侵略」，其實他至少在無意識中對此極為重視。胡適對西方「文化侵略」的急先鋒傳教士和傳教事業（這是從功能看，絕大部分傳教士本身確有「征服」的願望而決無「侵略」的動機），除了留學時加入基督教那一段不長的時間，一生都堅持批判之。這正是晚清以來「學戰」意識潛存的體現。胡適指出，就傳教士個人來說，他們到異端國家去就是為了教化化外之民，所以「當和我們一起時，總帶有傲慢的保護者的高人一等的神態」，在談到傳教對象時無意中從「化外之

---

❹ 本段與下兩段的討論參見周明之，《胡適》，第49～55頁；胡適日記，1912年10月12日，12月24日，1914年9月13日，1915年3月22日。

民」轉換到「我們」，說明這是根據胡適自己在中國的觀察。這裡的傳教士已經有些「文化帝國主義」的意味了。前引胡適在「二十一條」交涉時的講話，直接指斥基督教國家對待弱小國家全持帝國主義態度，完全不符合基督教的教義。這是胡適心急而後道出的真言。

有意思的是，胡適的最終捐棄基督教，卻是根據的文化可分論。他在對西學有較多把握之後，就將西方文化一分為二，在基督教的傳播方式上看到了與中國的「村嫗說地獄事」、塑造「神像」、「佛教中之經咒」、以及「道家之符籙治病」等同樣「野蠻」之處；基督教既然與「野蠻」的中國相類似，其不屬於那「優越的」西片即不言自明，當然也就不必對之尊奉了。在把這些「野蠻」和具有帝國主義性質的西方事物拒絕、摒棄之後，胡適心目中的「西方」就只剩光明了。故文化可分論雖然使胡適捐棄了「西方整體」之重要部分的基督教，卻也同時淨化了他心目中的「西方」。他能長期看到西方的光明一面，正在於此。胡適思想行為表面上的矛盾現象，由此視角去觀察，也就沒有多少矛盾了。

的確，胡適對美國主要是見其好處，說的時候更基本不說其壞處。實際上，胡適不僅瞭解「美之鄉民，以為凡中國人皆洗衣工」；而且在康大校園裡就曾數見種族歧視的事例並出而反對❹。他同時也知道，就是那些主觀上頗同情「弱小民族」的美國人，其下意識中仍有自我優越感存在。胡適參加的康大學生「世界會」，其成員除外國學生外，就是比較喜歡同情外國的美國學生。

---

❹ 胡適日記，1915 年 7 月 8 日，1911 年 4 月 10 日，1914 年 10 月 19 日。

一日有菲律賓學生演說宣傳菲自主，而世界會有人卻「嗤之以鼻」，並有美國學生對胡適說，美國如果讓菲律賓人自主，不過是讓日本人來侵占罷了。胡適聽了，「鼻酸不能答」，只好點點頭。回來後慨嘆道：「嗚呼，亡國人寧有言論之時哉！如其欲圖存也，惟有力行之而已。」❹❺同情外國的美國人之觀念尚且如此，胡適能不別有一番滋味在心頭嗎！

簡言之，胡適與不少他的同時代人一樣，不過是一種游移於中西文化之間的邊緣人。如他自己所說，他身上有「中國的我」和「西洋廿世紀的我」兩個新舊中西不同的「我」並存❹❻。故有人看見他中國的一面，有人看見他西方的一面。不可否認，因為胡適有意要扮演「外國傳教士」的社會角色，他的西方一面表現得要充分得多。實際上，正如傅斯年所說，胡適在安身立命之處，仍是傳統的中國人。據唐德剛先生回憶，晚年在美國與胡適來往的青年後輩，多半還是稍微有點舊學修養的。完全西化的第二三代華裔，與「一輩子『西洋文明』不離口」的胡適，反而無話可談❹❼。這是胡適那種中西之間邊緣人的最佳體現。其本不夠西，也無法真正接受什麼全盤西化。而西方人內心並不承認這些專講西方文明之人為平等（表面上的承認是不算數的），又是這類人最覺尷尬之處。

魯迅在二十年代所輯的舊派挖苦新派的言論中有一條說：「你

---

❹❺ 胡適日記，1911 年 4 月 23 日。

❹❻ 胡適致陶孟和，1918 年 5 月 8 日，見耿雲志，《胡適年譜》，第 62～63 頁。

❹❼ 唐德剛，《胡適雜憶》，北京華文出版社，第 219 頁。

說中國不好。你是外國人麼？為什麼你不到外國去？可惜外國人看你不起。」這真是道出了中西之間邊緣人的窘境。他們雖然在中國總是說西方好，儼然西方的代言人；但西人卻並不將其視為同類。世界主義者的胡適其實進不了他的「世界」的中心。也是羈旅異邦的唐德剛先生即頗能領會這中間的奧妙。五十年代胡適在美國有點落魄時，唐先生曾建議胡適讀過書的哥倫比亞大學的「當道」聘用胡適教漢學研究，可是對方「微笑一下」反問道：「胡適能教些什麼呢？」那種對胡適敬而遠之、其實也不十分看得起的消息在微笑中表露出來，真是別有一番滋味。故唐先生唱嘆：「胡適之的確把哥大看成北大；但是哥大並沒有（像北大那樣）把胡適看成胡適啊！」❹許多與胡適一樣提倡世界主義的非歐美人，的確願意把西方當做他們的「世界」，可是這個「世界」卻沒把他們看作「世界公民」！

　　結果，當五十年代命運真的把胡適推向「世界公民」的定位時，不僅他所嚮往的「世界」（即西方）並不真誠地想接納他，他自己在世界主義面具下潛藏的民族主義真情也就暴露無遺——他在安身立命的大關節處仍是中國的。胡適也並不真要作世界公民，而是帶著幾分勉強回到他的內心並不十分認同的臺灣。胡適晚年再申「寧願不自由，也就自由了」，其實就是孔子「七十而從心所欲」的現代詮釋。倘能寧願不自由，又有何事不是從心所欲呢，自然也就不會逾越什麼規矩了。這樣，不論臺灣的自由有多少，

<hr>

❹魯迅，〈論辯的魂靈〉，《魯迅全集》第 3 卷，人民文學出版社，1981，第
　29 頁；唐德剛，《胡適雜憶》，第 37 頁。

胡適就可以把它視為「自由中國」而作為他的歸宿之地。

（原載《近代史研究》，1996 年 1 期）

新舊文明過渡之使命：胡適反傳統思想的民族主義關懷

　　胡適在新文化運動時期及其後的反傳統主張和行為，海內外學術界已多有論述。近年胡適研究漸熱，論著日多，對於胡適反傳統的認知，已有長足的進步。在詮釋的方面，也有越說越複雜也越成「體系」之趨勢，且多往「功夫在詩外」的方向發展。其上焉者固不乏新知，下焉者則真有些像陳寅恪先生所說的，「其言論愈有條理系統，則去古人（此可改為昔人）學說之真相愈遠」❶。陳先生此言本是影射胡適的墨學研究，今日此趨向竟又漸有籠罩胡適研究之勢，真令人產生不勝今昔之感。但是，胡適及五四人反傳統的影響今日的確仍以各種不同形式存在，對此的研究也還應進一步深入。研究的取向，固然應當多樣化，而回向原典，關注胡適本人，仍不失為一簡單直接之基本方法。

　　胡適一生講話寫文章都有意要清楚淺顯，也以此著稱於世。但這位最希望為人理解的思想家恰又最不容易理解。原因很簡單，正如周明之先生所說，胡適「在不同的場合，對不同的聽眾，說

---

❶ 陳寅恪，〈馮友蘭「中國哲學史」上冊審查報告〉，《陳寅恪史學論文選集》，上海古籍出版社，1992，第 507 頁。

不同的話」❷。與晚年的胡適過從甚多的唐德剛先生以為，胡適
說話「有高度技巧」，在此範圍內，他又是「有啥說啥」❸。正因
為如此，對胡適所說的話就不能全從字面看，而必須仔細分析，
才可以從其「高度技巧」之中，求得其「有啥說啥」的真意。本
文即試圖循胡適反傳統觀念產生發展的內在理路，重建其由原本
主張愛國應當知傳統到認為救亡不得不反傳統這一激烈變化的心
路過程，特別強調胡適的傳教士身份認同及其伴隨的宗教性使命
感在這個激變中的重要作用。

　　胡適在上海讀書時的少年時代和在美國留學的前幾年，民族
主義情緒一直較強。早在 1907 年，胡適在上海看輪舟快馳往來，
「時見國旗飄舉，但不見，黃龍耳。」❹其憂國家之將亡的心情，
與當年胡林翼在長江上看見外國輪船飛駛時如出一轍。但胡適的
民族主義觀念卻比胡林翼的要更豐富。他在上海澄衷學堂時寫的
一篇題為〈物競天擇，適者生存〉的作文中，已表達出從兵、學、
財多角度全面競爭的民族主義思想。他說：「國魂喪盡兵魂空，兵
不能競也；政治、學術西來是仿，學不能競也；國債壘壘，人為
債主，而我為借債者，財不能競也。以劣敗之地位資格，處天演
潮流之中，既不足以赤血黑鐵與他族角逐，又不能折衝尊俎戰勝
廟堂，如是而欲他族不以不平等相待，不漸漬以底於滅亡，亦難
矣。嗚呼！吾國民其有聞而投袂奮興者乎？」❺

---

❷ 周明之著、雷頤譯，《胡適與中國現代知識分子的選擇》，四川人民出版
　社，1991，第 3 頁。

❸ 唐德剛，《胡適雜憶》，華文出版社，北京，1992，第 42 頁。

❹ 胡明編，《胡適詩存》，人民文學出版社，1989，第 11 頁。

　　而且胡適在那時已有意識地以昔日的光榮來激發國人的愛國心。還在他主辦《競業旬報》時期，胡適已指出「國是人人都要愛的，愛國是人人本分之事」，又說「男子首宜愛國，方為盡分」。更重要的是，胡適特別強調指出：「愛國的人，第一件要保存祖國的光榮歷史，不可忘記。忘記了自己祖國的歷史，便處處卑鄙齷齪，甘心作人家的牛馬奴隸了。你看現在的人，把我們祖國的光榮歷史忘記了，便甘心媚外，處處說外國人好，說中國人不好，哪裡曉得他們祖宗原是很光榮的，不過到了如今，生生地，給這班不爭氣的子孫糟蹋了」❻。從歷史的光榮中尋找文化認同的基礎，是世界民族主義的通例。但在十九世紀末二十世紀初因走西學為用之路而造成中學不能為體之後的近代中國，這樣的觀念實已不多見❼，這就是少年胡適的難得之處了。

　　的確，胡適自己就是那些在民族危機下「投袂奮興」的人中的一個。中國的國恥既因「學不能競」，同時也表現於學子「無學」，他終於基本接受辛亥革命前讀書人的流行觀念，認為民族競爭最終是落實在「學戰」之上。在某種程度上，可以說胡適一直

---

❺ 轉引自耿雲志，《胡適年譜》（以下簡作《年譜》），四川人民出版社，1989，第 12 頁。

❻ 〈愛國〉、〈本報周年之大紀念〉、〈讀愛國二童子傳〉，《競業旬報》第38、37、28 期，轉引自李敖，《胡適評傳》，《李敖全集》，四季出版公司，1983，第 8 冊，第 476 頁和朱文華，《胡適評傳》，重慶出版社，1988，第 29 頁。

❼ 參見羅志田，〈從西學為用到中學不能為體：西潮與近代中國思想演變再思〉，《近代史研究》，1995 年 3 期。亦收入本書，第 106～134 頁。

持一種文化的國恥觀，並在此基礎上一面思考文化碰撞與移入的問題，一面憂國家之將亡而思解救之道，以造成使中國不亡的遠因，也就是為中國再造新文明。

正如余英時先生已注意到的，胡適在留學期間「所最關懷的正是中西文化異同的問題，特別是中國傳統在面臨西方近代文明的挑戰時究竟應該這樣轉化的問題」。他在此期間的見解雖然在變，關懷的問題則始終如一❽。在刊於 1914 年的〈非留學篇〉中，胡適已將中西之爭視為兩文明之爭。他說，當中國酣睡之時，西人已為世界造一新文明。「此新文明之勢力，方挾風鼓浪，蔽天而來，叩吾關而窺吾室。以吾數千年之舊文明當之，乃如敗葉之遇疾風，無往而不敗衄。」失敗之餘，只有「乃忍辱蒙恥，派遣學子，留學異邦」。故胡適視留學為「吾國之大恥」，因為中國「以數千年之古國，東亞文明之領袖，曾幾何時，乃一變而北面受學，稱弟子國。天下之大恥，孰有過於此者乎！」胡適之所以要「非」留學，其根本原因就在留學是文化競爭失敗即「學不能競」的結果❾。

胡適因而提出「教育救國」的大目標。他認為中國「今日處新舊過渡青黃不接之秋，第一急務，在於為中國造新文明」，之所以急，是因為已到不得不為的境地。「吾國居今日而欲與歐美各國

---

❽ 余英時，〈中國近代思想史上的胡適〉，收在胡頌平編，《胡適之先生年譜長編初稿》，全 10 冊，聯經出版公司，1990 年修訂版，第 1 冊，第 17～18 頁。

❾ 〈非留學篇〉刊於 1914 年的《留美學生季報》第 3 期，原報難覓，本書所用，是王汎森先生所贈之手抄本，特此致謝。以下凡引此篇，不再注出。

爭存於世界也，非造一新文明不可。」胡適指出，「吾國之舊文明，非不可寶貴也，不適時耳。不適於今日之世界耳。」中國今日既然處在舊文明與新文明過渡之時代，則在造新文明時，既不能「盡去其舊而惟新是謀」，也不能「取其形式而遺其精神」。必須「先周知我之精神與他人之精神果何在，又須知人與我相異之處果何在，然後可以取他人所長，補我所不足；折衷新舊，貫通東西，以成一新中國之新文明」，只有這樣，中國文明才可能「急起直追，有與世界各國並駕齊驅之一日」。

「教育救國」最重要的方針，就是辦中國自己的大學。「俾固有之文明，得有所積聚而保存；而輸入之文明，亦有所依歸而同化。」因為，「大學乃一國教育學問之中心。無大學，則一國之學問無所折衷，無所歸宿，無所附麗，無所繼長增高。」同時，無大學則學子不得不長期留學，將「永永北面受學稱弟子國」。而「神州新文明之夢，終成虛願耳」，此時中國人不得不留學，「以己所無有，故不得不求於人。」留學的目的，就是「乞醫國之金丹」，攜之以歸，「以他人之所長，補我之不足。庶令吾國古文明，得新生機而益發揚張大，為神州造一新舊混合之新文明。」所謂「植才異國，輸入文明，以為吾國造新文明之張本」，但「留學乃一時緩急之計，而振興國內高等教育，乃萬世久遠之圖」。辦大學的作用，尤在不使「輸入之文明，皆如舶來之入口貨，一入口立即銷售無餘，終無繼長增高之望」。

1915年初，胡適的英文老師亞當斯問他：「中國有大學乎？」胡適愧「無以對」。老師告訴他：「如中國欲保全固有文明而創造新文明，非有國家的大學不可。一國之大學，乃一國文學思想之

中心，無之則所謂新思潮新知識皆無所附麗。」故「國之先務，莫大於是」，而「報國之義務（也）莫急於此矣」。不知胡適是否無意中把自己的一些觀點投射到老師身上，這些看法確與胡適的〈非留學篇〉如出一轍。胡適回來慨嘆：「世安可容無大學之四百萬方里四萬萬人口之大國乎！世安可容無大學之國乎！」第二天，他心情仍未平靜，再次感嘆道：「國無海軍，不足恥也！國無陸軍，不足恥也！國無大學，無公共藏書樓，無博物院，無美術館，乃可恥耳。我國人其洗此恥哉！」❿

　　胡適也不無感慨地發現，他所遇歐洲學生，無論何國之人，「皆深知其國之歷史政治，通曉其國之文學。」只有中國和美國學生，才「懵然於其祖國之文明歷史政治」。他對於中國學生沒有幾人能通曉中國文化傳統，深以為「可恥」。胡適對歐洲學生的認知，或不免有誤解誇大處。因為他自己那時除較知歐洲之文學外，並不太知其歷史政治，實無從判斷別人是否「深知」。想來遇到膽大敢說者即以為是深知了。而美國大學生，胡適見得多，而且一向不太看得起。他發現美國大學生最關心的是運動競賽的成敗，其「大多數皆不讀書，不能文，談吐鄙陋，而思想固陋。其真可與言者，殊寥寥不可多得」⓫。

　　但這並不重要。重要的是他引以為恥的中國留學生的狀況，卻不幸是準確的。胡適在〈非留學篇〉中說：「今留學界之大病，

---

❿ 胡適，《藏暉室札記》（以下簡作胡適日記加年月日），亞東圖書館，上海，1939，1915 年 2 月 20、21 日。

⓫ 胡適日記，1915 年 2 月 14 日，7 月 1 日，7 月 22 日。

在於數典忘祖。」那時留美學生的主體是沿海各省教會學校畢業生，不少人連中文都搞不通順，有的甚至不會，自然談不上讀歷史文學舊籍，也難怪其不知中國之固有文明。胡適以為，「留學生而不講習祖國文字，不知祖國學術文明」的結果，流弊有二。首先就是無自尊心。因為不知本國古代文化之發達、文學之優美、歷史之光榮、民俗之敦厚，則一見他國物質文明之進步，必「驚嘆顛倒，以為吾國視此真有天堂地獄之別。於是由驚嘆而豔羨，由豔羨而鄙棄故國，出主入奴之勢成矣」。到這些人回國，自然會「欲舉吾國數千年之禮教文字風節俗尚，一掃而空之，以為不如是不足以言改革也」。

所以，胡適在〈非留學篇〉中仍不忘以昔日的光榮來激發國人的愛國心。他在提出慎選留學生的辦法時，曾列出一些「萬不可少之資格」，其中有相當部分是他自己入康乃爾大學時不具備的。這似乎有點像他後來所開列之「最低限度之國學書目」。但更有可能是他根據自己不得不經常自我補課的經驗發現，如果出國前能達到他所希望的水平則到國外後必能學到更多西方的東西。值得注意的是胡適把「國學、文學和史學」列為首要的三項資格，其目的，則「國文所以為他日介紹文明之利器也；經籍文學，欲令知吾國故文明之一斑也；史學，欲令知祖國歷史之光榮也。皆所以興起其愛國之心也」。

對胡適的〈非留學篇〉頗為稱許的前廣東革命黨人鍾榮光對胡適說，「教育不可無方針。君之方針，在造人格。吾之方針，在造文明。」其實胡適那篇文章處處在講造文明，鍾氏正是看到了胡適特別強調注重人之愛國心的言外之意。在胡適看來，造人即

是為中國再造文明的第一步。他在 1916 年給許怡蓀的信中說，「今日造因之道，首在樹人；樹人之道，端在教育。」固他希望「歸國以後能以一張苦口，一支禿筆，從事於社會教育，以為百年樹人之計」。胡適在同一年送任鴻雋的詩中也說，「救國千萬事，造人為重要。但得百十人，故國可重造」 ⓬ 。

在這首詩中，胡適也指出，「眼裡新少年，輕薄不可靠」，所說的即是那些「數典忘祖」的留學生。他們既然連中文都不通不會，實際上也不能輸入文明。如果不能以國語國文教學著書，「則其所學，雖極高深精微，於莽莽國人，有何益乎？其影響所及，終不能出一課堂之外也」，這些人學問再高深，也不能「傳其學於國人，僅能作一外國文教員以終身耳」，又能輸入多少文明，又能對中國學術文化有多大益處呢！而能以中文作文的胡適自己就不一樣了。所以，他再次強調，中國之教育，必須「以國內教育為主，而以國外留學為振興國內教育之預備」。

尤其值得注意的是，自己曾從農科轉到文科的胡適特別主張重文科，興國學。他說，「即令工程之師遍於中國，遂可以致吾國於富強之域乎？」實際上，中國的諸多問題都不是「算學之程式機械之圖形」可以解決的。如政治、法律、道德、教化等都比機械工程要重要千百倍。因為它們所關係者不止是一路一礦的枝節問題，而是「國家種姓文化存亡之樞機」。胡適以梁啟超和詹天佑對中國的影響為例，說明文理科是本，實業是末，中國人「決不可忘本而逐末」。具體言之，胡適認為，辦國立大學的一個目的就

⓬ 胡適日記，1914 年 9 月 13 日，1916 年 1 月 21 日，8 月 22 日。

是要昌明國學。他說：「今國學荒廢極矣。有大學在，設為專科，有志者有所肄習，或尚有國學昌明之一日。」無大學，「則全國乃無地可習吾國高等文學。」他覺得把中國比做睡獅不如比做等待愛情之吻的睡美人，因為像中國這樣的「東方文明古國，他日有所貢獻於世界，當在文物風教，而不在武力」，故只要中國醒來換上「時裝」，就可以「百倍舊姝媚」❸。

可以看出，胡適基本維持了他以民族主義為基礎的文化國恥觀，而其嚮往的雪恥方向，也還在學戰一途。以建大學為核心的教育救國方針，不能不以建設為主。胡適留學回國的本意是要搞建設的，他在回國前曾說：「吾數月以來，但安排歸去後之建設事業，以為破壞事業，已粗粗就緒，可不須吾與聞矣。」但到臨動身前，他又發現國內局勢不佳，南北分立，「時勢似不許我歸來作建設事」。胡適擔心他有可能根本去不了北京。「此一擾亂乃使我盡擯棄吾數月來之籌畫，思之悵然。」❹不過，這最多不能建設，離破壞應還有相當的距離。後來事實證明胡適不但到了北京，而且居於很能建設的地位。

但是，胡適倡導的文學革命雖也強調其建設性，實際卻很快走向破壞，他自己晚年說這是「為環境所迫，不得已而做出違反其本意的非常行為」❺。這個解釋基本是可以成立的。文學革命和新文化運動走向破壞的外在原因是多方面的，至少包括以下五

---

❸ 胡適日記，1915 年 3 月 15 日。

❹ 胡適日記，1917 年 6～7 月之「歸國記」。

❺ 唐德剛譯注，《胡適口述自傳》（以下簡作《口述自傳》），華東師範大學出版社，1993，第 55 頁。

點：日新月異的中國激進化大潮、社會變化造成的士與知識分子
社會角色的異同、邊緣知識分子的作用、啟蒙就要破壞等，這些
方面只能另文討論。問題在於，這裡是否也還有內在的個人的原
因呢？我以為是有的。這就是胡適的宗教使命感及其傳教士的角
色認定導致他不得不對中國傳統採取批判的態度。

　　與同時代的中國知識分子相比，胡適有著比大多數人更強的
宗教使命感。這一點他並未直接表露，所以過去較少引起注意。
但胡適有時喜歡將自己願意擔任的社會角色投射到其他人身上，
這就給我們留下了認識他的線索。三十年代他關於儒家的定義，
就是一次典型的夫子自道。胡適在他那篇頗為自負的〈說儒〉中，
曾經把儒家描繪為「從一個亡國民族的教士階級，變到調和三代
文化的師儒；用『吾從周』的博大精神，擔起了『仁以為己任』
的絕大使命，──這是孔子的新儒教」，他自己解釋說，「吾從周」
的「周」就是「幾千年的古文化逐漸積聚演變的總成績」，而「仁
以為己任」就是「把整個人類看作自己的責任」❶。這看起來顯
然更像胡適自己而不那麼像先秦的儒家。後者一向主張「有來學
無往教」，最缺乏宗教性的使命感。這裡的使命感當然也是胡適自
己的。

　　胡適在與馮友蘭等人爭論孔子與老子孰先的問題時，晚年「忽
然大覺大悟」，自稱在馮友蘭的「在中國哲學史中，孔子實占開山
之地位。後世尊為唯一師表，雖不對而亦非無由也」那句話中看

---

❶ 胡適，〈說儒〉，《胡適論學近著》，商務印書館，上海，1935，1 集卷上，
第 57、54 頁。

出了馮氏等「誠心的宗教信仰」，頗嘆自己竟然當做學術問題與之爭論，真是白費了心思和心力❼。馮氏等是否有此「誠心的宗教信仰」這裡不必討論。就胡適而言，這個「大覺悟」，恐怕未必是「忽然」的頓悟而更多是漸悟，其實不過是在他自己早就以宗教之心看儒家這一舊念的基礎上再萌發的新知而已。可知胡適那種特定的宗教心到晚年仍潛存。

　　胡適的另一次夫子自道，仍是個「傳教士」，就是他眼中的禪宗七祖：「神會和尚成其革命大業，便是公開的直接的向這聲威顯赫的北派禪宗挑戰。最後終於戰勝北派而受封為『七祖』，並把他的師傅也連帶升為『六祖』。所以神會實在是個大毀滅者，他推翻了北派禪宗；他也是個大奠基者，他奠立了南派禪宗，並作了該宗的真正的開山之祖。」胡適曾在〈荷澤大師神會傳〉中說，「神會的教義，在當日只是一種革命的武器」，是有「絕大的解放作用」的「革命思想」❽。試想神會不論信奉的什麼宗，首先是個佛教徒。佛教徒當然也未必能滅盡爭勝之心，但若有人一心只落在革命、挑戰、戰勝、推翻等上面，還能立什麼「宗」作什麼「祖」，此人所在這個教絕不可能還是佛教。這樣幹革命求解放的，當然不可能是不爭的佛家弟子，所以仍然只能是胡適自己。胡適眼中神會的種種所為，無非都是他自己在二十世紀所為的投影罷了。

---

❼　胡適，《中國哲學史大綱》，卷上，商務印書館，北京，1987 年影印 1919
　　年版，「附錄」第 16～17 頁。

❽　《口述自傳》，第 214 頁；胡適，〈荷澤大師神會傳〉，《胡適論學近著》，
　　1 集卷上，第 273～274 頁。

　　最有提示意義的還是他關於傳教士價值的定義。胡適在論述傳教士在中國的機會時曾說:「傳教士的真正價值在於外國傳教士就像一個歸國留學生一樣,他總是帶回一種新的觀點,一種批判的精神。這樣的觀點和精神是一個對事物之既存秩序逐漸習以為常,漠然無動於衷的民族所缺乏的,也是任何改革運動所絕對必須的。」❶這更是典型的夫子自道。胡適在〈非留學篇〉中曾說,「吾國今日所處,為舊文明與新文明過渡之時代。」而中西新舊兩文明相隔如汪洋大海,留學即「過渡之舟楫也」。則作為留學生的胡適,此一「過渡」即為他當然的志業。當胡適在考慮歸國的問題時,他對自己將要在中國扮演的社會角色已有了清楚的自我意識。

　　但是,胡適在給自己找到一個新的社會角色時,就再次增強了他「超我」一面對「本我」的壓力,也就加劇了他內心的緊張❷。這樣的宗教使命感將會使胡適有意無意中不得不抑制他自己持有的許多觀念。當他有意識地在中國扮演「外國傳教士」這一社會角色、努力要提供新觀點和批判的精神時,他會發現,有時他不得不犧牲那些與「新觀點」衝突的自己原有的觀點;其「批判精神」的鋒芒所向有時也會直指他本來想保存的事物。為了心理的完形和維持個人形象的完整一致,胡適被迫作出許多調整。結果他的行為每與其在留學時立下的志願不甚吻合,特別是留學

---

❶ 胡適日記,1915 年 3 月 22 日。

❷ 參見羅志田,〈「率性」與「作聖」:少年胡適受學經歷及胡適其人〉,《四川大學學報》,1995 年 3 期。

時較強的民族主義被壓抑到最低點（但也只是壓抑而已，此情緒仍存於胸中，有觸動就要發作）。

胡適既然肩負起傳教士的歷史責任，他就不得不為了中西文明的過渡而批判中國傳統。例如，胡適本來強調知歷史而後能愛國，也一直想昌明國學以興起愛國心，在其文學革命的「誓詩」中，原來是要「收他臭腐，還我神奇」，以昌明正宗的國學；幾年後卻不得不以「整理國故」出之，更不得不對人詮釋為是要「打鬼」，一變為截然相反的「化神奇為臭腐」。再後來胡適乾脆否認「中國學術與民族主義有密切的關係」，他提倡的整理國故只是學術工夫，「從無發揚民族精神感情的作用」❷。

有時候，胡適更可能因使命感太強，自己也不知不覺就進到為批判而批判的地步。他曾經攻擊其他留學生出主入奴，一回國即「欲舉吾國數千年之禮教文字風節俗尚，一掃而空之，以為不如是不足以言改革也」，但他後來的所作所為，至少在功能上恰與此輩相近。雖然他個人未必如他所攻擊的那樣已忘記本國歷史之光榮、而為他國物質文明之進步所驚嘆顛倒，但這正是許多人眼中胡適的形象。

以前不少人將新文化人的激烈反傳統歸因於傳統的壓迫，其實不然。胡適就確實指出，文學革命與以前的白話文運動的一個不同之處就是「老老實實的攻擊古文的權威」。換言之，文學革命

---

❷ 胡適日記，1916 年 4 月 13 日；胡適，〈整理國故與打鬼〉，《胡適文存》（以下簡作《文存》加集、卷、頁），亞東圖書館，上海，1921、1924、1930，3 集卷 1，第 211 頁；胡適致胡樸安，1928 年 11 月，《胡適來往書信選》，中華書局，1979，上冊，第 497 頁。

的「建設性」中本身就包含了主動的攻擊性。胡適曾定義說:「新思潮的根本意義只是一種新態度。這種新態度可叫做『評判的態度』。」其「最好的解釋」即是尼采所說的「重新估定一切價值」這八個字。從中西文化的層面看,胡適的「評判的態度」是有很大區別的。對西方文化,只要「介紹西洋的新思想,新學術,新文學,新信仰」就已算是「評判的態度」了。也就是說,西方文化的價值已經「估定」,只需輸入即可。他明確指出,那「重新估定一切價值」即「凡事要重新分別一個好不好」這一點,是只針對中國文化的。新思潮首先要「表示對於(中國)舊有學術思想的一種不滿意」。胡適後來更進一步表揚尼采「對於傳統的道德宗教,下了很無忌憚的批評,『重新估定一切價值』,確有很大的破壞功勞」,可知這「重估」雖然也還有分別出「好」的可能性,卻無疑是側重於破壞和反傳統一線的 ❷。

同盟會時代的革命黨人鍾榮光曾對胡適說,他那一輩人,「力求破壞」,也是不得已。因為中國政象,本已是大廈將傾,故他那一輩人 「欲乘此未覆之時 , 將此屋全行拆毀 , 以為重造新屋之計」,而重造之責任,就在胡適這一輩人。所以他主張胡適等「不宜以國事分心,且努力向學,為他日造新屋之計」。具有諷刺意味的是,胡適本也是想要進行建設的,因為種種內外原因,他也和他那一輩新文化人一樣,不久仍以破壞責任自居。1921 年 5 月,

---

❷ 胡適,〈五十年來之中國文學〉,《文存》,2 集卷 2,第 149 頁;〈新思潮的意義〉,《文存》,卷 4,第 151～164 頁;〈五十年來之世界哲學〉,《文存》,2 集卷 2,第 229～230 頁。

胡適已對吳虞說，「吾輩建設雖不足，搗亂總有餘。」他希望吳在教書時能引起多數學生研究之興味，是又將建設的責任，留給了下一代。十五年後，到 1936 年，胡適更對湯爾和說，「打破枷鎖，吐棄國渣」是他在「國中的事業」的「最大功績，所惜者打破的尚不夠，吐棄的尚不夠耳」㉓。

　　這樣，胡適因故意要扮演「外國傳教士」的社會角色，在反傳統的路上走得不可謂不遠。但這顯然不全是他的本意。胡適晚年說，「過分頌揚中國傳統文化，可能替反動思想助威」㉔，這大約就是他一生反對頌揚中國傳統文化，並不真想打倒孔家店卻又要支持打的真意之所在了。但他這樣的苦心，其同時代的追隨者是很難理解的。實際上，胡適所謂「用科學的方法」來「整理國故」，及他後來在清代考據學中確實讀出中國的「科學方法」來，又何嘗不是在為中國文化「正名」呢！

　　當胡適的追隨者、也主張整理國故的《新潮》派學生毛子水提出：「世界上的學術，比國故更有用的有許多，比國故更要緊的亦有許多」時，胡適馬上指出：「學問是平等的。發明一個字的古義，與發現一顆恆星，都是一大功績。」㉕這裡的「學問平等」，針對的正是「世界上的學術」，是胡適真意的最直接的流露。西方

㉓ 胡適日記，1914 年 9 月 13 日；《吳虞日記》，四川人民出版社，1984，上冊，第 599 頁；胡適致湯爾和，1936 年 1 月 2 日，《胡適來往書信選》，中冊，第 295 頁。

㉔ 胡頌平編，《胡適之先生晚年談話錄》，中國友誼出版公司，北京，1993，第 233 頁。

㉕ 胡適，〈論國故學〉，《文存》，卷 2，第 286 頁。

人儘可去發現恆星，中國人也可去發明字的古義，只不過是同一科學精神的不同運用而已。學問既然「平等」，做學問的人當然也就平等了。陳獨秀提出的抽象的「科學」口號經胡適這樣一具體，就從西方部分地轉到中國來了。經此一轉，中西雙方都曾產生了科學精神，不過一方用於實業製造，一方用於文字典籍，差別只在實踐的層面。用中國的傳統字眼說，西方的長處和中國之短處就在於是否以科學精神「經世」。

當然，中國既然不曾以科學精神經世，就產生出後來的種種不如人之處了。所以胡適後來也不得不說「一班少年人跟著我們向故紙堆去亂鑽，這是最可悲的現狀」。他向青年指出，學自然科學是「活路」，鑽故紙堆是「死路」。胡適也接受了他更尊西的朋友陳源的意見，要青年學生先在科學實驗室裡做出成績，再來「一拳打倒顧亭林」。但這仍不完全是他的真意。因為他晚年就支持唐德剛先生不要改行學理工科，而堅持學出路不甚好的歷史。所以他此時勸人離開故紙堆顯然有「外國傳教士」的心態在起作用。陳源說得好，「誰叫他給自己創造出一個特殊的地位呢？」❷❻胡適既然已成了特定的「胡適」，他就不得不說那個「胡適」應該說的話。「超我」的壓力雖無形卻甚大，尤其對胡適這樣好名的人是如此。

不過，胡適的「本我」也時時在與其「超我」衝突。他既要作「傳教士」，也不忘爭取「學術平等」。胡適自己雖然走過一段

---

❷❻ 胡適，〈治學的方法與材料〉，《文存》，3 集卷 1，第 205 頁；參見同卷第 213～218 頁所附陳源為胡適的〈整理國故與打鬼〉寫的〈西瀅跋語〉。

「實業救國」的路，但在講「科學」時甚少往「技術」方向走（講到西方的物質一面時也一定要提高到「文明」層次），與我們今日將「科技」完全合起來講，迥然不同。他之所以不惜被人詬為脫離現實，終生在考據一面用功，實在因為他的內心深處只此一端才是中西平等的。身處中西文化邊緣的胡適要扮演「傳教士」，不得不尊西趨新而反傳統；但落實到具體層面，他還是在與西方「較勁」。

然而，帶著宗教使命感返國的胡適會發現，他在中國社會扮演「外國傳教士」這一角色越充分，他自己在這社會中就越像一個「外國的」傳教士：他帶來的「新」是對立於既存之「舊」的；他提倡的「批判精神」所針對的「漠然無動於衷」也是本土的。胡適引進的觀點和精神可能逐漸為國人所接受，但他本人卻會因為太像外國人而當下疏離於他的祖國和同胞。今日中西文明過渡的問題已漸有進入「雙向」之勢，對此胡適無疑做出了貢獻。但其反傳統的形象就像冰山，那水平線下面更廣闊的民族主義關懷甚少為人所注意，而其水面的部分卻長留在人們記憶之中。

正像在華傳教士一力傳播西學而終被漸成勢力的西學大潮驅趕到邊緣一樣，當一個啟蒙者同時是外來者之時，啟蒙見效之時通常也就是歷史使命完結之時。但是一個歸國留學生卻比傳教士多一層悲劇的色彩：傳教士可以帶著無論多少遺憾離開中國而回歸自己的本土。留學生則不然，他所「批判」的正是他所熱愛的，因他的激烈批判而排拒他的正是他想要歸宿的本土——他畢竟不是「外國的」。

胡適與社會主義的合離

　　一般的看法，胡適是個自由主義者。而自由主義與社會主義，因前者是以對人和社會之個人主義 (Individualism) 的解釋為理論基礎的，後者則是以集體主義 (Collectivism) 的解釋為理論基礎的。故一般認為兩者從根本上是相衝突的 ❶。可是在本世紀初的中國思想界，情形卻有些兩樣。在相當長的時間裡，社會主義並非只是左傾激進分子的信仰。包括胡適在內的許多自由主義知識分子，也都曾確信社會主義是新時代的世界發展趨勢。有的人不僅確信，且長期力圖實現之。對此，晚年的胡適曾有清楚的自我供證。

　　胡適 1954 年在臺北「自由中國」社的茶話會上，引用了他的一位仍在政府任「公務員」的朋友兩年前來信中的一段話。這段話很有意思，值得引證在這裡：

　　　　現在最大的問題：大家以為左傾是當今世界的潮流，社會
　　　　主義是現代的趨向。這兩句話害了我們許多人。……中國

---

❶ 參見 Raymond Williams, *Keywords: A Vocabulary of Culture and Society* (New York, 1976), p. 150.

　　士大夫階級中，很有人認為社會主義是今日世界大勢所趨；其中許多人受了費邊社會主義的影響，還有一部分人是拉斯基的學生。但是最重要的還是在政府任職的許多官吏，他們認為中國經濟的發展只有依賴政府，靠政府直接經營的工業、礦業以及其他的企業。從前持這種主張最力的，莫過於翁文灝和錢昌照；他們所辦的資源委員會，在過去二十年中，把持了中國的工業、礦業，對於私有企業（大都是在民國初年所創辦的私有企業）蠶食鯨吞，或則被其窒息而死。

引了這段話後，胡適自己懺悔說：對社會主義的看法，「在二十七年前，我所說的話也是這樣的。那時候我與這位朋友所講的那些人有同樣的錯誤」❷。

　　像這樣的自由主義者胡適，與我們熟知的胡適形象有相當的出入。這一方面因為胡適素來主張多研究問題，少談論主義的溫和漸進取向，晚年更在國共之爭中旗幟鮮明地站在國民黨一邊。同時胡適對社會主義的推讚，有些是以英文在國外發表。即使在胡適用中文發表的言論中，或者亦因其論說星散各處，未能引起足夠的注意。

　　但更重要的，恐怕是立說者的初衷與讀者的接收未必總是一致的。《易‧繫辭上》說：「書不盡言，言不盡意。」故讀者只有

---

❷ 胡適，〈從「到奴役之路」說起〉，《胡適演講集（三）》（臺北，1986），第 47～48 頁。

「在其不盡意的言中，來求得其所代表之意，乃及其言外不盡之意」❸。但恰如錢穆先生闡發公孫龍之意說：「人心意所指，則各各相別。此人所指，未必即彼人之所指。此刻所指，未必即彼刻之所指。」❹立說者與讀者的心路所在時空接近，說者的意圖就較易為讀者所領會。也就是說，要此人此刻所指與彼人彼刻所指接近時，才有可能形成今人所說的思想論說 (discourse)。反之，若收發者心態不是同時，或視點不相接近，則說者自說自話，聽者各取所愛，就發展成有心栽花花不開的情景。如果同時代人之間的交流尚且可能因思想不同時空而隔膜，後來的研究者就要更加小心，才不致走上歧路。故只有去重新發現立說者當時的各種意圖（包括寫作的意圖和寫作時那一刻的意圖），重新恢復當時的場合情景，特別是思想論說的語境，重建當時人思想的規範習俗，才有可能真正讀懂當時人言論所蘊涵的意思，即特定人物在特定時刻的「心意所指」❺。

杜甫嘗嘆謂「文章千古事，得失寸心知」。千古寸心，知音之難覓可以想見。但從積極一端看去，則千古後亦可知前人，終非不可為。不過由於時代的場合情景、思想規範以及立說者意圖的不同，同樣的詞語所表達的意思可能有很大的不同。李文森曾指出張之洞在清季維新時期講「中學為體，西學為用」，側重的是後

---

❸ 錢穆，《中國思想史》（臺北，1977），第 55 頁。

❹ 錢穆，同上，第 53 頁。

❺ 參見 Quetin Skinner, "Meaning and Understanding in the History of Ideas," *History and Theory*, VIII (1969), pp. 3～53; John Dunn, "The Identity of the History of Ideas," *Philosophy*, 43 (1968), pp. 85～104.

者。到民國年間梁啟超再彈此調時，強調的已是前者了。李氏的錯誤在於他未搞清楚梁啟超講中體西用（雖然用詞略有不同）實早於張之洞，但即使將張之洞換成梁啟超，其前後側重的不同仍是成立的❻。若不細心揣度，輕易將二者混為一談，不啻南轅北轍。

　　故在某種程度上說，我們今日去讀五四人或更早的東西，實類似在讀外文。外文固可學會，但必須按照其特定的語法和表達習慣才能運用得當❼。英國史家柯靈烏 (R. G. Collingwood) 嘗言，史家觀物，不應僅觀其表面，而是要看進去，去洞察其內在的思想。要做到這一點，唯一的方法是在自己的心裡以當時人的規範習俗和道德觀念將此事批判地再思一遍。所謂批判地再思，即力圖減少研究者個人取捨的傾向性❽。只有盡量排除個人傾向之後，始能如魯迅所說，「自設為古之一人，返其舊心，不思近世，平意求索，與之批評，則所論始云不妄。」❾惟舊時立說之人，或受

❻ Joseph R. Levenson, *Liang Ch'i-ch'ao and the Mind of Modern China*, 2nd ed. (Berkeley, Calif., 1967), pp. 6～9. 此書有四川人民出版社的不甚準確的中譯本 (1986)，此內容在第 12～15 頁。關於梁啟超講中體西用早於張之洞，可參看余英時，〈中國近代思想史上的胡適〉，收在同作者的文集《中國思想傳統的現代詮釋》（臺北，1987），第 521～523 頁。

❼ 參見 Clifford Geertz, *The Interpretation of Cultures* (New York, 1973), chapters 1 & 3; J. G. A. Pocock, *Politics, Language and Time* (New York, 1971), chapters 1 & 7.

❽ R. G. Collingwood, *The Idea of History* (Oxford, 1956), pp. 214～216. 此書似有中譯本，手邊沒有，故暫引原文本。

❾ 《魯迅全集》（北京，1959），第 1 卷，第 168 頁。

其時局環境的影響，每有其不得已的苦衷，未必能隨意說話。故陳寅恪提出還要與立說之人，「處於同一境界，而對於其持論所以不得不如是之苦心孤詣，表一種之同情，始能批評其學說之是非得失，而無隔閡膚廓之論。」❿必如是，始可云真瞭解。要做到這些，誠非易事。然我們今日要瞭解自由主義者胡適對社會主義的推愛，也只有沿此方向去努力重現過去。其中一點，即從胡適本人的中外思想資源來考察這個問題。

一、英美自由主義與社會主義

自本世紀以來，我們中國人常喜歡將英美二字聯在一起，從政治到文學藝術，似乎都有英美派。英美之間有許多共同之處是無疑的。但兩國間亦有許多不同。同樣，英美的自由主義雖是同源，亦有相當的區別。尤其重要的是，在二十年代的中國，美國的杜威和英國的羅素曾被中國思想界對立的兩派分別請來助陣。故說到自由主義在中國的影響時，將英美並提要格外小心。

就其本身來說，則不僅美國自由主義源於英國自由主義，而且這一流派的自由主義所有的基礎理論，可說盡出於英國。所以要檢討英美自由主義，必須從英國入手。本文僅將英美自由主義的淵源流變及其與社會主義的關係大致勾勒，以為考察中國自由主義知識分子特別是胡適的參考。

英國自由主義也是多源頭的，而且甚難清楚地界定。1848 年時英國的《愛丁堡評論》曾試圖將其界定，結果發現其含義「非

---

❿ 《陳寅恪先生論文集》（臺北，1977），下冊，第 1361 頁。

常之不精確」⓫。不過，英國經典自由主義的主要淵源有兩支，即十七世紀洛克和彌爾頓等人的政治思想和十八世紀亞當·斯密為代表的自由放任的經濟學說。從歷史角度看，自由主義與對宗教和既存政治權威的抗議是一致的。由於其觀念在很大程度上適應了工業革命後的中產階級對抗前工業社會的特權階級的需要，到十九世紀時自由主義在英國已成為顯學並在政治上亦居主導地位。而自由主義的理論也在此期間有很大的發展和變化。

自由主義的核心觀念是個人自由。但是怎樣達到個人自由的目的，自由主義的思想家和政治家卻常常不能達成共識。這裡面最大的一個問題就是如何處理國家與個人的關係，其根源即集體主義與個人主義之間的衝突和緊張。經典自由主義的基本概念是自由、理性、個人主義和人類進步的必然性。且特別強調法律愈少個人自由愈多，故主張國家對個人的干涉越少越好；經濟發展是個人自由之一部分，國家對此也不應干預，讓其按工資鐵律的「自然法則」自身發展。這種理論在十九世紀的最明確表述者即李嘉圖 (David Ricardo)⓬。經典自由主義者反對任何計劃性的社會改革，認為最好的改革就是去掉對個人和經濟運行的法律束縛。這一點有其特殊的時代意義。因為當時的法律多為前工業社會所制定，受惠於工業革命的中產階級自然要反對。

⓫ Harold J. Schultz, ed., *English Liberalism and the State: Individualism or Collectivism?* (Lexington, Mass., 1972), p. viii. 本節關於英國自由主義的討論，多借鑒此書的材料。另外，以下對我們較熟悉的自由主義經典著作，因版本甚多，除直接引用外，一般不注明版本。

⓬ Ricardo, *On the Principles of Political Economy and Taxation* (1821).

　　這種反對整體社會改革的主張很明顯地體現出受邊沁 (Jeremy Bentham) 的功利主義的影響。邊沁實際上主張改革英國所有的制度習俗，但要一樣一樣地改。邊氏以功利為檢驗各種制度習俗的唯一標準。他對每一項制度習俗都提出兩個問題：在哪方面具備功利？對誰具備功利？換言之，對所有制度習俗均應隨時考察其是否為人提供快樂，及是為多數人還是為少數人提供快樂；最終要達到為最大多數人謀最大快樂的目的。邊沁以為個人與社區 (community) 的利益是一致的，因為後者的利益不過是前者利益的總和，故此政府不應干預經濟❸。

　　但是邊沁既以功利為檢驗一切的標準，就為集體主義一方的政府或社會干預的觀念提供了同樣的思想武器。如果為最大多數人的最大快樂實行干預，也完全理直氣壯。而且邊沁（以及李嘉圖）關於個人利益與公眾利益一致的觀點暗示著經典自由主義理論自身內部的一大隱憂，即自由與平等的關係。社會的平等公正本來也是自由主義的一個大原則。隨著工業發展到社會化生產的程度，勞資關係成為英國的社會問題。1870～1880 年代經濟危機更凸顯了這些社會問題。實際上，英國的工業發展首先是以犧牲農業利益為基礎的，則社會這一部分與另一部分的利益顯然已不一致了。同樣，工廠主的個人利益是要從工人身上獲取最大利潤，這與工人利益必然衝突，則個人利益自不能說與公眾利益是一致的。經濟放任主義的基礎是自由和平等的競爭。但是每個競爭者

---

❸ 參見邊沁，*A Fragment on Government* (1776) and *A Manual of Political Economy* (1798).

如果一開始就不是自由和平等的，則競爭必有利於原處優勢者，結果只能是更不平等和不自由❶。不能提供均等機會的自由制度是真正的自由嗎？這些道義問題困擾著許多自由主義者。

　　故十九世紀後半葉是英國自由主義的困擾和轉變時期。這段時間的代表人物是穆勒 (John S. Mill)，斯賓塞 (Herbert Spencer)以及在中國名氣稍遜的格林 (Thomas H. Green)。穆勒基本上站在經典自由主義的立場上，但他對自由主義的詮釋漸側重於思想和道義方面。同時按邊沁的以功利為檢驗標準的思路，穆勒雖仍堅持政府應盡量不干涉私人，卻也接受可為大多數人謀幸福的政府改革措施❶。嚴復將穆勒的《論自由》譯為《群己權界論》，就很能道出穆勒立場妥協的消息。

　　斯賓塞本是社會學的鼻祖，研究的是社會系統的結構和功能變化，可他同時又堅守自由放任主義的思想，並且以新出的達爾文進化學說為支援，為一種可說是極端的個人主義的自由主義概念論證辯護。既然是「優勝劣敗，適者生存」，則欲以國家方面的蓄意行動來達到社會目標不僅不必要，而且是自毀性質的❶。

　　站在斯賓塞對立面的是格林。格林將一種道德理想主義引入自由主義。他頗受柏拉圖的《理想國》和黑格爾哲學的影響，認

❶ 關於此觀點參見 E. H. Carr, *The New Society* (New York, 1960), pp. 20〜26.

❶ 穆勒，*Considerations on Representative Government* (1861) and *On Liberty* (1859).

❶ 參見 J. D. Y. Peel, *Herbert Spencer: The Evolution of a Sociologist* (London, 1971).

為個人的自我實現恰在與他人的關係之中。故每一個人都應與他人一起造成一種包括自身和他人利益的「共善」(common good)，而政府就應代表這種共同的道德意志。但是格林也堅決反對任何強制性和剝奪性的政府手段，仍堅守自由主義的基點❼。

由此我們可以略見彼時英國自由主義的分歧和路數。穆勒居中，兩邊是維持傳統的斯賓塞和向福利國家路徑邁進的格林。但是斯氏之必須用新學說來維繫舊傳統已很能說明經濟放任自由主義的危機。與此同時，社會主義作為一種政治理論在十九世紀後期的英國也漸成顯學；作為一種政治運動更有取代自由主義之勢。

社會主義亦是詞義紛繁概念極難界定，其流派之多恐怕更在自由主義之上。但十九世紀英文中社會主義的政治涵義大致有頗不相同的兩大類。一是將社會作為一種日常生活體系的簡單表述；一是著重區分於個人的，特別是個人主義的社會理論。前者主張社會改革、社會秩序、確立和擴展政治自由、強調社會正義（即平等），要終止過去的不平等和特權等等。這種種都與自由主義的價值觀念相通，故有人亦認為這就是自由主義的繼續。為行文簡便，且稱其為社會主義甲。後者則與個人主義形式的社會理論對立競爭，主張真正的自由和社會主義（主要指社會秩序而非平等）在生產方式私有制之下均不可能達到，只有在社會公有和社會控制取代私有制之後才可能實現。為行文簡便，暫稱其為社會主義乙。

在英國，從十九世紀六十年代起，各種稱為社會主義運動者多為甲的不同側面，所以許多人認為社會主義不僅不是與自由主

---

❼ 參見格林，*Prolegomena to Ethics* (1883).

義相對立的社會理論，反而是達成自由主義目標所必須的。如費邊主義者即認為「社會主義是民主理想的經濟側面」（蕭伯納語）。因為從歷史角度看，社會主義也含有抗議既存政治權威的成分，可說是更早的自由主義的必然延續。只是到了二十世紀初，甲乙兩派才最後截然分離。乙派通常被稱為共產主義。而甲乙兩派均相互指責對方不是真社會主義。乙派認為甲派不過是自由主義的新階段，故逕呼其為自由派。甲派則重視自由主義價值與其社會主義的自然關聯，他們認為，乙派既然反對自由主義，就不是真社會主義。但是大家在關於甲派與自由主義相關聯的認知上其實是相同的❶⑧。

　　也就是說，在自由主義自身出現危機時，又遇到社會主義從外部的挑戰。結果到十九、二十世紀之際，從穆勒──格林的趨向漸漸發展成一種新自由主義或現代自由主義，其理論的集大成者即是霍勃豪斯 (Leonard T. Hobhouse)。現代自由主義與經典自由主義的一個重大分歧在於是否承認個人利益與社會利益是天然和諧的。經典派認為是，故主張只有去掉權威才有個人自由。現代派認為不一定，則為了社會自由也必須有社會約束──即國家和法律的作用。

　　現代自由主義特別強調對某一個人的自由的約束是其他人自由的條件。同時，現代自由主義援用邊沁以功利為檢驗標準的取徑，允許並主張運用社會集體力量對經濟等問題進行人為的調節和干預，以應付因生產社會化造成的社會問題。這種運用公領域

---

❶⑧ R. Williams，前引書，pp. 239～241.

干預私領域的主張正是現代自由主義與社會主義相通之處。到
1911 年，霍勃豪斯在其名著《自由主義》之中更進而提出並論證
了「自由社會主義」。霍氏針對「適者生存」的社會觀，進一步將
人道主義的價值觀引入政治領域，提出一種和緩的集體主義制度，
即在保全基本的個人自由的同時實行社會主義的經濟，或者說是
在福利社會中實現個人自由的目的⓳。

　　霍勃豪斯要在英國做的，正是胡適的老師杜威要在美國做的。
與霍氏一樣，杜威受格林一派自由主義影響甚深，也提倡公領域
的干預和控制⓴。不過美國自由主義有與英國很不一樣的發展進
程。首先，雖然美國的《獨立宣言》和亞當‧斯密的《原富》同
在 1776 年發表，但是《原富》在美國出版已是在十三年之後了。
特別是剛獨立的美國缺乏資金，不得不一開始就利用政府力量推
動經濟發展。所以美國人受經濟放任自由主義影響較晚。結果美
國自由主義的特色是以《人權宣言》為代表的政治自由主義為主，
與經濟組織方式聯繫較少。這一點與英國的經典自由主義有較大
的區別。只是到了十九世紀初，斯密的《原富》在美國讀者漸多，
經濟放任主義才漸在自由主義理論中占主導地位。但這種後來者
的地位使經濟放任主義在美國處於一種後來居上的爭正統的地

⓳ L. T. Hobhouse, *Liberalism* (1911). 參見 Stefan Collini, *Liberalism and Sociology: L. T. Hobhouse and Political Argument in England* (Cambridge, England, 1979)，特別是前四章。

⓴ Schultz，前引書，p. 97；亦參見杜威長期任教的哥倫比亞大學人文教授合編的教材 *Introduction to Contemporary Civilization in the West: A Source Book* (2nd ed., 1954), Vol. 2, pp. 1012～1013.

位，而不像在英國其本身就是正統❷。

　　其次，由於美國基本沒有前工業社會的特權階級，也缺乏一種保守主義的政治理論，所以自由主義在美國一開始就不僅不具有抗議的性質，而且一直是美國的主流政治思想。關於美國保守主義與自由主義之間的微妙關係，霍夫斯塔特 (Richard Hofstadter) 有非常精當的分析。他說，美國思想傳統的主流一直是自由主義的，即因為美國政治傳統常是保守的。結果美國的「道統」對「政統」始終持一種批判的態度，道統的自由主義也就是對政統之保守的一種反作用。二戰後美國興起的新保守主義，其實不過是老自由主義（經典派）換了包裝。保守主義之前加的新字固然是迎合美國人典型的喜新厭舊的氣質，實際也透露出保守主義本身沒有多少市場的消息。反之，正因為保守主義在美國始終未能形成具有批判力的理論體系，自由主義乃不得不在思想上進行自我批評。結果造成美國思想界之激進與保守通常不過是以自由主義為中軸的左右擺動。而且到二戰後一度出現一種「形左實右」的現象，即新保守主義是求變的（從現狀往老自由主義方向變），自稱自由主義的反而是保守的（要保持羅斯福新政以來現代自由主義占上風的現狀）❷。

❷ 參見 Frank Bourgin, *The Great Challenge: The Myth of Laissez-Faire in the Early Republic* (New York, 1989); and Arthur M. Schlesinger, Jr., *The Cycles of American History* (Boston, 1986)，第九章。

❷ Richard Hofstadter, *The Age of Reform* (New York, 1955), pp. 12～14; Peter Steinfels, *The Neo-Conservatives: The Men Who Are Changing America's Politics* (New York, 1979), pp. 2～4, 16～17. 余英時先生在其〈中國近代

　　美國自由主義不得不自我批判這個因素進而造成一種對自由
主義的美國式認知 (perception)，即被稱作自由主義者的通常是比
現狀更偏激進一面。霍夫斯塔特以為「自由主義的」(liberal) 在美
國的含義即是「大眾的、民主的、進步的」。這也揭示了美國自由
主義與美國十九世紀以來的大眾主義 (Populism) 和進步主義
(Progressivism) 的血緣關係。結果美國自由主義雖然不具先天的
抗議性質，其中更「自由化」的一支卻在自我批判的過程中漸與
所有具有抗議性的思潮和運動認同，以至於有人認為美國的自由
主義不過是一種近朱者赤的粉紅色思想㉓。

　　美國的大眾主義是一種淵源於清教的自耕農理想的「重農」
思想，依據新教的平等和互助（博愛）的教義嚮往一種前工業社
會的自給自足和社區協作的理想社會㉔。近年的研究表明同樣的
新教理想和前工業社會的社區觀念正是英國社會主義的思想淵
源㉕。這樣一種兼含個人主義與集體主義的理念乃是自由主義與
社會主義甲的又一先天相通之處。特別是在美國，平均地權派
(Agrarianism) 和經典自由主義均可溯源到傑弗遜。因為傑氏本為

　　思想史中的激進與保守〉（以下簡作〈激進與保守〉）中對美國以自由主
　　義居中的激進與保守有扼要中肯的分析。文載《歷史月刊》（臺北）29～
　　31 期（1990 年 6～8 月），關於美國一節在 29 期第 137～138 頁。

㉓ Hofstadter，前引書，pp. 13, 60～61, 260～261；R. Williams，前引書，
　　pp. 150, 205, 210.

㉔ Hofstadter，前引書，pp. 22～59, 62～64.

㉕ Willard Wolfe, *From Radicalism to Socialism* (New Haven, 1975); Stanley
　　Pierson, *Marxism and the Origins of British Socialism* (Ithaca, 1973).

平均地權派的鼻祖，後來又接受斯密的放任主義經濟學說並大力鼓吹之。1848 年美國的《韋氏大字典》就把社會主義定義為平均地權派使用的新術語，兩者間的關聯可見一斑。

　　十九世紀美國思想界對英國情形所知最悉且追隨亦緊。當社會主義在英國漸成顯學時，其在美國的影響也日大。我們今日講十九世紀的社會主義思想，多側重其對資本主義的批判一面。殊不知其本身也有甚強的正面道義訴求，而這正是其在當時吸引人之處。在進步主義初期的 1880 年前後，社會主義在美國知識界非常風靡。而且美國知識分子對社會主義的欣賞，不僅因其對工業社會弊病的反應似乎比經典自由主義更切近，更主要的還是社會主義對新教平等博愛道義精神的承接。美國社會主義的重要一支後來變成基督教社會主義即是明證。只是因為種種社會歷史和文化原因，當英國知識分子由自由主義邁向費邊社會主義時，美國士人反從社會主義回歸自由主義，而形成一種與霍勃豪斯十分相似的現代自由主義。但美國自由主義者在 1880 年代對社會主義的一度嚮往實大大超出我們通常的認知。如後來的總統威爾遜在此時即認為，「就基本理論而言，社會主義與民主如果不是完全一致的，也是基本相同的。」㉖

　　胡適的老師杜威即是在這種思想環境中形成並發展了他的注重社會作用的自由主義思想。他在霍普金斯大學讀書期間曾服膺

㉖ 關於 1880 年社會主義與美國自由主義的關係，特別是美國知識分子何以回歸自由主義，參見 Dorothy Ross, "Socialism and American Liberalism; Academic Social Thought in the 1880s," *Perspectives in American History*, XI (1977～1978), pp. 5～79. 威爾遜的話即引在該文的第 71 頁。

當時流行於美國的理想主義，並深受斯賓塞的社會進化論的影響。
不過杜威在社會有機論方面比斯氏走得更遠。 同時杜威更身受
1880 年前後美國的「返向人民」(Back to the People) 運動的直接
影響。這實際是個國際性的運動，其主要表現是知識分子開始關
注下層人民、特別是工人農民的生活。霍勃豪斯在英國也參與這
一運動並曾到民間去組織農業工人。此運動在美國風行時杜威正
在密西根大學任教 (1884～1894)，那時影響杜威最大的是名記者
福特 (Franklin Ford)。福特特別強調關注具體的社會問題。在福特
的感召下，杜威在 1892 年時曾計劃出版一份報紙，專論哲學可運
用於社會，並可提供「科學地研究社會問題」的方法。此舉在當
地曾引起轟動，後來報紙未能出版，但杜威本人以後終成為自由
派刊物《新共和》的重要撰稿人。而從哲學角度關注社會問題乃
成為杜威實用主義哲學的一大特色❷。

　　十九世紀末的美國在理想主義的流風所被之下，實用主義在
詹姆士手裡並不盛行。更因美國理想主義與清教的聯繫，講究理
論框框和詞句的緊密結構到十九、二十世紀之交已成士人思想上
的重負，頗類中國理學在王陽明之前的狀況，這是實用主義得以
成為顯學的大背景。但由於詹姆士較重個人主義，又不喜歡任何
系統的概念，更特別強調自由意志，這些均對實用主義的通行有
所妨礙。只是到了杜威手裡，實用主義的社會含義和工具性才凸

---

❷ 參見 Lewis Feuer, "John Dewey and the Back to People Movement in
American Thought," *Journal of the History of Ideas*, 20 (1959), pp. 545～
568.

顯出來。

　　實用主義一旦進入社會政治領域，所起的作用即是將理論研討轉向具體的問題，對此杜威有非常親切的表述。他認為討論什麼「國家」與「個人」這樣的抽象詞彙起不了發現和解決問題的工具作用。杜威說：

> 如果我們討論什麼（抽象的）國家和個人，而不是討論這個或那個政治組織及這個或那個貧困受苦的人，則其意旨不過是將普遍概念的魅力和聲威及其意義和價值凌駕於具體情景之上，因而就掩蓋了具體情景的不足，也就隱去了認真改革的需要。㉘

這樣反空洞理論研究的話在美國人已感覺理論框框重負的情況下所說，對時人來說真有如釋重負、大獲解放之感。實用主義從個人主義向社會問題移動，恰與邊沁的功利主義在美國進步運動中「復蘇」同時㉙。一方面，實用主義的工具性和從純理論探討中的解放使美國自由主義者可在討論解決社會問題時不拘泥於「主義」。另一方面，以功利為檢驗標準亦可以給國家或公領域的正面干預提供依據。再加上社會主義傳承的新教道義感召力，美國自由主義到杜威手裡已完成了向主張國家干預的現代自由主義的轉變。

㉘ 關於實用主義這段討論參看 Daniel T. Rodgers, *Contested Truths: Keywords in American Politics Since Independence* (New York, 1987), pp. 190～192. 杜威的話引在該書第 191 頁。

㉙ Rodgers，同上，pp. 187～193.

　　事實上杜威等人確實主張一種計劃性和社會福利化的制度，因為這既便於管理，也更能加速國家的進步（即對大多數人更具功利）。這種主張有時已超過霍勃豪斯的觀念而更近於費邊社會主義，所以有人也認為美國現代自由主義是費邊式自由主義。所不同的是從霍勃豪斯到費邊派都主張一種自下而上的大眾制度，而杜威等人則主張將一些主要的決策由私領域或黨派政治的戰場轉移到某些可以代表人民利益的精英國家計劃者手中，以設計一套靠稅收支持的社會計劃來打破貧窮、無知和疾病的鎖鏈。

　　由於美國本無貴族，自由主義一開始就是正統，美國自由主義知識分子均得以在名大學任教、往來於上流社會之中。所以在看上去較平等的美國，自由主義知識分子雖然關注大眾，卻不能認同於大眾。反觀英國，費邊社諸人多是記者文人一類，很難被既存上流社會接納，於是不得不往權勢圈外尋求影響，路數又大不一樣㉚。

　　明白了英美自由主義從經典到現代的發展，特別是其在轉型期與社會主義的思想關聯，我們對自由主義者胡適的嚮往社會主義，就較易理解了。有學者曾據胡適在四十年代後期寫的一篇短文〈自由主義是什麼？〉，就判定「胡適的自由主義是歐陸型的，沒有美國型的特異色彩」㉛。以這樣一種簡單明快的讀法作出的

㉚ Ross，前引文，pp. 45～61; Ralph H. Gabriel, with Robert H. Walker, *The Course of American Democratic Thought*, 3rd ed. (New York, 1986), pp. 347～350; Stow Persons, *American Mind: A History of Ideas* (New York, 1958), pp. 394～407.

㉛ 夏道平，〈談自由，念胡適〉，載《世界日報》之《世界周刊》（1990 年

口吐真言似的判斷，實缺乏說服力。要考察胡適服膺的是何種自由主義，自不能僅看其專論自由主義的一篇文章，而應看胡適的所有相關文章和其所作所為，因為胡適的一生可以被看作一部大的文本 (text)。同時，讀胡適的文章也不能僅從字面那點意思去讀，至少應像前引錢穆主張的讀法：「在其不盡意的言中，來求其所代表之意。」若僅從字面看，胡適本人甚少自稱自由主義者，而愛說「我們愛自由的人」，則胡適竟不是自由主義者了。

綜觀胡適一生，他不但在哲學方法上把握了杜威思想的基本精神，其主張用「科學方法來研究社會改造社會」，即是杜威思路的最親切體會和運用。而且有時甚至不免用得拘泥。我們試比較前引杜威反空洞理論研究的一段話和大家熟知的胡適論「問題與主義」時極相似的一段話，其淵源甚明。同樣，胡適在他那篇引起爭議的〈我們走哪條路〉中提出的貧窮疾病等中國「五大仇敵」與上述杜威要在美國革除者，又何其相似。但杜威所在的美國社會與胡適所在的中國社會不啻霄壤之別。胡適所說的五敵當然都是中國問題的一部分，可是這背後尚有更大、更緊迫的問題需要解決❸❷。

反過來，美國學者賈祖麟 (Jerome B. Grider) 批評胡適對中國人的社會願望和實際生活條件沒有什麼真正的認識，有違杜威的師教，也未必正確❸❸。其實胡適不完全是對中國的國情沒有認識，

---

12 月 16 日），第 7 頁。

❸❷ 參見余英時，〈中國近代思想史上的胡適〉，第 566～571 頁。

❸❸ 格雷德，《胡適與中國的文藝復興》，中譯本（南京，1989），第 363 頁。

而正是跟杜威太緊，用杜威用到拘泥的程度，才在不知不覺中把他對中國的願望表達為中國人的願望，而又據此提出類似杜威的解決方案。故胡適所服膺的自由主義，不但不是什麼歐陸型，可說正是杜威所代表的美國式現代自由主義❸。其與社會主義的容易相通，可從以上討論略見端倪。但容易相通不必一定相通，胡適本人對社會主義的讚頌和嚮往，主要還是受中國當時的文化思想環境及個人的心路取向所左右。下文即從這個方向進一步考察。

二、中國近代思想的激進化

余英時先生近年提出並論證了「中國一部近代思想史就是一個激進化的過程」❸。這激進化的一個主要契機就是西潮的衝擊。西潮衝擊對中國造成的影響中外已有不少研究，但率多以單一的「線性發展」的眼光來看問題。實則西潮的衝擊即使從宏觀上看，對中國社會思想文化的影響也是多層次多方面的，有時且帶有詭論 (paradox) 的意味。退一步說，即使從線性發展的視角看，也是多線條的而非單一的。

當然，強調西潮衝擊的影響，並不是說中國本身沒有問題。實際上，中國文化「歷數千載之演進，造極於趙宋之世，後漸衰微」❸，到清季早已是問題重重了。同時，清中葉中國人口以空前速度激增，造成極大的社會問題❸。這些都在十九世紀西潮入

---

❸ 關於胡適與杜威哲學思想的關係，余英時先生有清晰而持平的分析，見〈中國近代思想史上的胡適〉，第 547～557 頁。

❸ 余英時，〈激進與保守〉上，第 143 頁。

❸ 陳寅恪，《金明館叢稿二編》，第 245 頁。

侵之前或同時。西潮衝擊與中國的問題兩者之間的關係十分複雜，
此處不能一一申論。簡單地說，首先，西潮衝擊下中國抵抗的無
力恰有助於使中國士人認識到中國自身既存的問題和不足；其次，
西潮入侵也給中國帶來不少新問題；再次，因西潮入侵引起的新
問題常常也起到掩蓋中國自身既存問題的作用；最後，西潮本身
確也給中國帶來許多可借鑒的資源以解決中國自身的問題。也就
是說，西潮的衝擊既暴露也掩蓋了中國自身的問題，既給中國增
添了新問題也提供了一些解決中國問題的資源。必如此多層次地
認識這個問題，始可能更清楚地窺其全貌。

　　換言之，當西潮入侵中國之時，中國本身的傳統也正在變。
就思想史而言，清季經學已漸有今古融合之勢。同時諸子學的興
起，更暗示中國思想界漸向多元化趨近的一個轉化突破的臨界點。
但由於西潮的衝擊，康有為乃革新今文經學，更欲易儒家為孔教。
這種使思想界復歸一元的努力，若純從中國思想史的內在理路看，
不啻是一個大倒退。康氏因革新太過，「本意尊經」，而終至「疑
經」，反造成破壞儒家傳統的詭論性結果。但康有為的經歷不是孤
立的，在某種程度上是清季「傳統在變，維護傳統的人也在變」
的一個縮影。蓋彼時之思想界並非涇渭分明的中學與西學、傳統
與反傳統的兩軍對壘。「反傳統者的思想模式和手段，有的則相當
傳統；維護傳統之思路言路，其實也常循西法。反傳統的結果，
卻使士人更看清許多傳統的價值。對傳統的衝擊破壞，（有時反）

---

❸ 參閱 Philip Kuhn, *Rebellion and Its Enemies in Late Imperial China: Militarization and Social Structure, 1796～1864* (Cambridge, Mass., 1970).

由當時某些維護傳統者所造成。而傳統之路數，又（常）為反傳統者所承襲。」這樣一種詭論性的發展，說明這大變中其實也蘊涵著不變，在此進程中，延續與中斷實相互作用，互為因果。這正是治近現代思想史必須要小心處理的。不過這裡討論的，主要還是變的一面❸。

同時，中國在回應西潮衝擊時的無力表現漸使許多士人對中國傳統和既存各種體制 (institutions) 失去信心。到康有為時，已認為中國政治體制必須速變全變，並提出仿效西方的君主立憲制。這實際上已是有意識地以西方制度為本位。而譚嗣同則進而提出要「衝決一切網羅」，最終造成一種必將中國傳統體制一齊打破方能夠再造一個新而強的中國的激進觀念。重要的是在此過程中進步本身「變成最高價值」，新即是善，舊即是惡，結果是「中國人如果對舊東西有些留戀，說話時總帶幾分抱歉的意思」 ❸ 。對「新」的歌頌在「筆鋒常帶情感」的梁啟超的〈新民說〉和〈少年中國說〉中表現得特別明顯。但更為簡單明瞭的，是《杭州白話報》1902 年 6 月的一段話：

> 因為是舊學問不好，要想造成那一種新學問；因為是舊知識不好，要想造成那一種新知識。千句話併一句話，因為

---

❸ 參見余英時，〈五四運動與中國傳統〉，收在汪榮祖編《五四研究論文集》（臺北，1979），第 113～124 頁。更詳盡的研究則參見王汎森《章太炎的思想及其對儒學傳統的衝擊》（臺北，1992 年重印）和《古史辨運動的興起：一個思想史的分析》（臺北，1987）兩書。

❸ 參見余英時，〈激進與保守〉上，第 139～141 頁。引文在第 141 頁。

　　是舊中國不好，要造成那一種新中國。❹

這裡已出現了新即是善，舊即是惡的價值觀念。這還是在廢科舉之前，到辛亥革命後，則趨新已有進一層的意思：

　　新中國處今新世界中，其未來之新事業、新功名，足以空
　　古今而震環宇者，有如礦產，隨在皆是。所須惟確有新知
　　識新能力之新人物耳。❹

短短兩句話，用了七個新字，足見「新」的橫掃一切之勢。更重要的是這段話透露出的社會消息：如果不是有新知識新能力的新人物，便不可能開採「空古今而震環宇」的新功名新事業的礦產。既然人的社會變動 (Social Mobility) 的上升也唯「新」是尚，「新」的至高無上地位已從精神到物質，穩穩地扎根在中國社會了。如果說此時中國已形成一種對「新」的崇拜，大約亦不為過。

　　值得注意的是，這一趨新過程同樣有西潮的影響。從五四以來，一般研究中國近代思想史的，常要說中國對西方的認識有一個從器物到政制再到文化的過程。這是不錯的。但往深一層看，這一「認識過程」其實也是受西潮影響和引導的。林毓生先生曾提出中國士人有從先秦即存在的「藉思想、文化以解決問題的方

---

❹ 轉引自章伯鋒、顧亞主編，《近代稗海》，第 12 輯（成都，1988），第
　　427 頁。

❹ 劉藐和，〈勘報〉，載《甲寅》1 卷 6 號（1915 年 6 月 10 日），第 18 頁。

法」的傳統❷。但這恰不能解釋中國士人對西方的認識何以最後才到思想文化層次這一過程。實際上「船堅砲利乃是一定文化體系和政治制度的產物」這一思想本不合於中國傳統的認識方式。中國人固然有社會習俗反映甚或代表某一文化認同的看法(如「被髮左衽」說),但中國歷次被遼金元清部分或全部占領,其失敗之慘烈遠在清季之上,卻從無人主張蒙古人或滿人的文化和政制要高於漢人。論者或可說蒙滿文化本不如中原,而西洋文化則與中國文化至少同等或更高級 (以五四人的看法,是高出許多),這其實是後人的認知。時人是否這樣看恐怕難說。換言之,何以宋末元初及明末清初漢族士人在亡國之後對其文化尚抱甚強信心 (假如是的話),而到清季不過小敗之後即信心全失?這中間大有探討的必要。其中一個因素,即洋人的引導。

蓋器物政制與文化分不開,正是西人的思想。我們試觀中國近代史上從郭嵩燾到梁啟超再到五四諸賢,哪個不是在洋人啟迪下才「進一步」認識到器物或政制後面那更高明的東西?郭氏出使英國,乃知西人之長不僅在技術。梁氏曾追隨李提摩太,李氏在甲午後所譯《泰西新史攬要》的目的就是要提示中國人與洋人作戰總是失敗的原因。到嚴復譯出《天演論》,中國士人乃徹底接受「優勝劣敗」的公式。敗即是劣,到五四一輩乃不得不承認中國「處處不如人」,仍是靠洋人的指引。中國傳統不論上層下層本來一向主張不以成敗論英雄的。這恐怕是南宋晚明士人得以保持

❷ 參見林毓生,〈五四式反傳統思想與中國意識之危機〉,收在氏著《思想與人物》(臺北,1983),第 121～138 頁。

自信心的一個心理支柱。在通俗文化層次則尤其明顯。中國僅有
的兩個從人變成神的關羽和岳飛都是失敗者，一個半人半神的諸
葛亮也是失敗者。故中國人不以成敗論英雄並非阿 Q，而是真的
信服。倘無《天演論》的指教，恐怕未必能接受敗即是劣的觀念。
可是一旦勝者是因為其文化優越這樣一種觀念在士人心中樹立起
來，失敗者的傳統自然像粉一般碎了❸。從這個意義上看，西方
「文化侵略」的功利恐怕要在其軍事侵略之上。

　　進化論本身即一種厚今薄古尊新斥舊的思想，恰又是影響中
國人最大的西方思想。十九世紀末二十世紀初的中國人，不是進
化論者鮮少。結果是「新」的崇拜進一步加強。到二十年代初北
大教授陳百年已概括說，「今日的思想以為『凡是新的就是好
的』。」要緊的是，在此趨新過程中，新與西潮幾乎一致，而舊與
中國差不多等同。陳百年分析說：「現在的人以為外國來的都是新
的，所以『新的就是好的』的思想，一變就成了『凡是外國的都
是好的』。」❹這種新與西和舊與中的認同影響深遠。正是在這一
點上對新的崇拜和有意識地以西方為本位緊密地結合起來。早在
1891 年，康有為已指出當時士人「稍知西學，則尊奉太過，而化
為西人」❺。其實問題不在知多少西學。蓋太平天國後出將入相

---

❸ 參閱 Elie Kedourie, "Introduction," in *Nationalism in Asia and Africa*, ed.
　by himself (New York, 1970), pp. 24～27. 李提摩太事參見 Levenson，前引
　書，pp. 18～20。

❹ 陳百年，〈新舊與是非〉，載《北京大學日刊》（1923 年 4 月 14 日，4 月
　16 日）。

❺ 轉引自王汎森，《古史辨運動的興起》，第 177 頁。

影響朝政最大的幾位漢人，從曾國藩、李鴻章、張之洞到維新變法諸人，均是在往西走的方向上，而且越走越遠。這亦是前述「新」的社會功用得以建立的重要因素。在這種情形下，「喬木世臣、篤故縉紳，亦相率襲取口頭皮毛，求見容悅」**㊻**。如此流風所被，到二十世紀初，國粹學派的鄧實已形容當時知識界的風氣是「尊西人若帝天，視西籍若神聖」。新即是善已變成西即是善了。故余英時先生判定「西方理論代表普遍真理的觀念」在1905～1911年間已「深深地植根於中國知識分子的心中」了**㊼**。

不過，有一點要強調一下，即中國士人這種以西方為本位只是「有意」為之，未必能完全做到。因為中國社會實際上沒有西化，士人不管意願多麼強烈，終不可能完全超越社會存在而懸想。正如傅斯年對胡適所說：「我們的思想新信仰新；我們在思想方面完全是西洋化了；但在安身立命之處，我們仍舊是傳統的中國人。」**㊽**胡適、傅斯年雖然處處努力以西方標準衡量中國事情，但到底只是心嚮往之，終不能完全擺脫羈絆，到達彼岸。這也正是近現代中國士人的一個共同心結。大家為了中國好，卻偏提倡西洋化。為了愛國救國，偏要激烈破壞中國傳統。「故破壞即救國，愛之愈深，而破之愈烈，不大破則不能大立」**㊾**。愛國主義

㊻ 黃遠庸，〈新舊思想之衝突〉，收在《黃遠生遺著》，增訂本（上海，1938，臺北「中華文史叢書」影印），卷1，第120頁。

㊼ 余英時，〈中國知識分子的邊緣化〉，載《二十一世紀》（香港）6期（1991年8月），第23頁，鄧實的話亦轉引自同頁。

㊽《胡適的日記》，手稿本（臺北，1991），1929年4月27日條，原書無頁。

㊾ 余英時，〈激進與保守〉下，第133頁。亦參見王汎森前引二書。

或民族主義和反傳統在這裡奇特地結合在一起。正像魯迅談到的魏晉時代人一樣，「表面上毀壞禮教者實則倒是承認禮教，太相信禮教」。余英時先生以為這是「夫子自道」，信然❺。

　　這樣一種「表裡不一」的情形，若不深究立說者的意圖和思想環境，最易產生誤解。即使在同一思想環境之中，立說者的初衷與接受者的認知仍可有極大的距離。五四諸賢正在這一點上常為時人所不滿。故胡適後來不得不自辯說：「我們提倡自責的人並非不愛國，也並非反民族主義者。我們正因為愛國太深，故決心為她作諍臣，作諍友。」❺諍臣諍友的目的是愛，諍只是手段。一般讀者則多見諍的手段而忽視其愛的目的。反對者固或詬罵責難之，而贊同和追隨者就一發不可收拾地在西化反傳統的道路上越走越遠了。因愛而諍，則新舊之間尚存一線聯繫。不知愛而只知諍，就成了吳宓所說的「為變而喜變」❺。手段既成了目的，新與舊之間的聯繫就斷開了。

　　在進化論支持下的十九、二十世紀之交的中國士人，不但要求變趨新，而且愈新愈好。不但要學西方，而且要學西方「最新最好」的東西，於是君主立憲制不吸引人了，要學在西方也更新的共和制。辛亥後中國成為亞洲第一個共和國，當時的中國士人必有一種揚眉吐氣的感覺。但中國的問題遠非形式的新舊所能涵蓋，辛亥革命造成的社會改變也頗有限，知識分子很快就仍很不

---

❺ 轉引自余英時，〈五四運動與中國傳統〉，第 120 頁。

❺ 「胡適致陶希聖信稿」，1935 年 6 月 12 日，收在同日《胡適的日記》中。

❺ 吳宓 1927 年 1 月 7 日在清華國學院演講：“Confucius, Confucianism, China and the World Today”，同年由 The Peking Lender 社出版小冊子。

滿意。不過辛亥終是一個大轉變，前面講過的對「新」的崇拜已形成社會影響即是其中一點。在這種情形下，新舊之間的攻守之勢也變了。過去是因為舊的不好，所以要新。現在則反過來了。陳獨秀在《新青年》上說得很明白：

> 要擁護那德先生，便不得不反對孔教、禮法、貞節、舊倫理、舊政治。要擁護那賽先生，便不得不反對舊藝術、舊宗教。要擁護德先生，又要擁護賽先生，便不得不反對國粹和舊文學。(《新青年》六卷一期頁 10)

為了擁護新來的西方民主與科學，中國傳統的一切差不多都要反對乾淨了。同時，陳獨秀的幾個「不得不」，分明告訴我們他與胡適、傅斯年一樣的那種忍痛割愛的矛盾心態。為了更新更美的未來，過去的一切都可割捨。

　　這裡進一步凸顯出五四人有意以西方為本位的取向。五四之時中國傳統早已被破壞得四分五裂，所以才有「篤舊者高揚復古之幟」的現象❸。但舊派雖主復古，卻甚少像新派一樣進攻。我們且看當時的文言白話之爭，反對白話一邊領頭的竟是專譯西人小說的林紓。若論中國小說轉向以西方為本位的典範轉移(paradigm shift)，林氏正是始作俑者。但林氏在舊派中算得上何等人物？論功名不過舉人；論成就則出名主要還靠譯西人小說；雖然亦可說是桐城文派的一個殿軍，但桐城派彼時已衰落不堪，蔡

---

❸ 黃遠庸，前引文，第 120 頁。

元培以前的京師大學堂早已是章太炎門人的天下。舊派除了還有一個因新文化人專以小腳和小老婆來攻擊傳統故而特別強調小腳小老婆優越性的辜鴻銘外，哪裡還有什麼傳統派對新文化諸人的反擊？則新文化諸人所認知的傳統的壓迫，恐怕更多是一種假想 (imagenary) 型的。故五四人在此時仍強調破壞的一面，還應多從陳獨秀上面一段話去理解。胡適自己曾說：「今日所謂有主義的革命，大都是向壁虛造一些革命的對象，然後高喊打倒那個自造的對象。」❹新文化運動的文學革命，在某種程度上亦是如此。其所攻擊的八股、選學、桐城派，無一不是死老虎。其攻擊傳統之時常以小腳小老婆為標幟，亦因此也。

　　余英時先生已指出，近世中國士人把傳統和現代一切為二，在思想上是「遠承西方啟蒙運動和實證思潮關於社會和歷史之觀念」❺。蓋與傳統決裂正是文藝復興到啟蒙時代後西方的一個重要思潮（西方人重視傳統的作用是二十世紀中葉以後的事了），其思想基礎就是對理性的高度崇尚。既然是理性為尊，傳統自然沒有多少價值。西方的文藝復興、宗教改革、自由主義、民族主義，以及社會主義等，一開始無一不帶有反抗既存權威的性質，均是在與社會既有權勢的鬥爭中發展起來的。故對傳統都感覺到不同程度的壓力。從文藝復興的再造文明到十九世紀歐洲民族主義興盛時的再造國家 (Nation-building)，都是面向未來，都要和傳統進

---

❹ 胡適，〈我們走哪條路〉，收在臺北遠流重印之《胡適作品集》(1986)，第18 冊，第 16 頁。

❺ 余英時，〈激進與保守〉下，第 133 頁。

行不同程度的決裂。文藝復興本是一種民族主義傾向的運動（如
使用民族語言等），故與後來的民族主義運動一樣要在一定程度上
與歷史認同，尚不與傳統進行根本決裂（在這裡傳統是多元的，
要決裂的是大帝國的傳統，要認同的是大帝國中民族的傳統）。馬
克思主義則講究階級的認同，無意再造國家而是要再造世界，所
以乾脆與傳統進行徹底的決裂 ❺❻。

　　五四人，包括共產主義者，對中國現社會或主張改良再生，
或主張從根推翻而再生，其著眼點都在再造的一面，根本目的是
相通的。這一點胡適講得很清楚。他在 1921 年初給陳獨秀的信中
明確地將《新青年》同人劃為「我們」，把梁啟超及《改造》同人
劃為「他們」，界限甚清。一年後他又認為中共的主張與他們自由
主義者的主張可以相通，只是步驟的先後有區別：「如果我們的最
低限度做不到時，你們的理想主張也決不能實現。」❺❼ 這裡的「我
們」和「你們」都屬於前面的「我們」之中。同樣，胡適對傳統
的認同，基本上只是無神論、考據學那一條線，即他所說的科學
傳統。除此之外，上述陳獨秀要反對的，胡適差不多都支持參與。
正像余英時先生所說的：「中國現代思想史上最有勢力的兩個流
派——自由主義和社會主義——大體上都對傳統持否定的立
場。」❺❽ 胡適劃的那條界線，恰證明兩者在這一點上的共同。殷
海光晚年責胡適只知宣揚民主，卻「很少注意與民主思想敵對的

---

❺❻ 參閱《共產黨宣言》。

❺❼ 「胡適致陳獨秀（稿）」，收在《胡適來往書信選》（北京，1979），上冊，
　　第 119～120 頁；《胡適文存》2 集，卷 3，（上海，1931）第 167～169 頁。

❺❽ 余英時，〈激進與保守〉中，第 109 頁。

思想」，這是典型的以「五四的兒子」的眼光來看「五四的父親」的心路。其實胡適一向最注意敵對的思想，不過他那時眼光所注重的，是在另一方面❺。

　　故五四人的激烈反傳統，至少部分是有意以西方為本位的結果而不全是傳統壓迫的結果。在傳統沒有粉碎和新舊沒有打成兩橛的情形下，康有為革新孔子，章太炎發展莊子的齊物論，雖然已攙和不少西洋內容，總還是在傳統中尋找資源。這與五四人完全以西方的民主和科學為武器相去甚遠。章太炎的齊物論融會佛老，「以不齊為齊」，在精神上恰上承了晚清諸子學興起時的多元傾向❻，同時也體現了中國文化特別是儒家「溫故而知新」的傳統精神。 這與五四人接受的近代西方必破而後立的取向正相對立❻。五四人之接受破而後立的取向，一方面是受中國近世思想激進化的影響，同時也更進一步推動了這一激進化的進程。在此進展中，胡適既是歷史的參與者和製造者，同時也深受這大趨勢的影響❻。

---

❺ 關於殷海光責胡適，參看張忠棟〈胡適與殷海光〉，載《臺大文史哲學報》，37 期（1989 年 12 月），第 126～163 頁。

❻ 參見前引王汎森《章太炎的思想》一書，第 155～162 頁。

❻ 桐城文派主張「有所法而後能，有所變而後大」是溫故知新取向的上乘表述。章太炎在政治上主張必破滿清而後立民國，晚年對「赤化」也決不相容，不能「以不齊為齊」，又當別論。

❻ 這與胡適的個性有關，可參看田柚〈千年禮教鎖不住的少年心〉，《中國時報》，1991 年 3 月 26 日，31 版。

三、胡適與社會主義及新俄

按照胡適自己在 1932 年對中國現代思想的分期，約以 1923 年為界分為兩段。第一段是「維多利亞思想時代，從梁任公到《新青年》，多是側重個人的解放」。第二段則是「集團主義」(Collectivism) 時期，1923 年以後。無論為民族主義運動，或共產革命運動，皆屬於這個反個人主義的傾向❻。此一分期，全以英美思想為依據，而其中區分的要點，正是本文第一部分申述的對自由主義造成困擾的個人主義和集體主義。

胡適將新文化運動開始的那幾年列入第一期意味甚長。蓋兩段間的關係若從字面看僅是第二段反第一段，胡適豈不是自認他們發起的運動已經過時並結束，則胡適將認同於何處呢？其實，至少按胡適二三十年代的觀點，這兩階段同屬一個更大的「中國文藝復興」運動。在此運動中，第二段恰是第一段的繼續。而中國文藝復興又是自鴉片戰爭以來中國現代化進程的最新階段。胡適亦認為中國現代化進程歷經鴉片戰爭之後的技術引進階段，甲午戰爭之後的政治改革階段，和以文學革命為開端的文藝復興階段。在胡適更系統的論述中，從重視維多利亞時代個人主義傾向的自由主義向集團主義的過渡，正伴隨著新文化運動轉向重視民主特別是科學的轉變。故在文藝復興這個階段裡，新文化運動實已開始向第二階段轉，但完成其轉變的則是國民黨 1923 年的聯俄容共。胡適將新俄視作西方之一部，故聯俄就是向西方學習的最

---

❻ 《胡適的日記》，1932 年 12 月 22 日條。

新發展。「容共」則使國民黨吸收了大量的受新文化運動影響的青年，從而使國民黨承接了五四新文化運動的精神。從聯俄容共到北伐的國民革命，正是中國文藝復興的第二階段❻。弄清胡適這套思想體系，對理解胡適與社會主義的合離甚為重要。

社會主義在中國的傳播和成為顯學，中外已有眾多的研究，本文不能一一申述。前面已提到，社會主義與自由主義在反傳統或反既存權勢，在英國和中國都是相通的。社會主義在十九、二十世紀之交時對英美自由主義者的吸引力，主要是其正面的道德訴求。其對中國士人的吸引力，亦不例外。社會主義從新教平等理想發展出來的經濟平等思想，最合於中國傳統的均富觀念。同時，社會主義強調公領域對私領域的干預作用以期達到國家的最快發展這種觀念，也極易為貧弱中國的知識分子所接受。

但是社會主義對中國士人的吸引力同時還在於其對資本主義的批判。資本主義自民初以來在中國知識分子中長期不得人心的狀況其實也超出我們一般認知的程度。明清以降，士農工商的分等或早已漸變為士商工農，大量關於商的專書的出現早已不知多少倍於農書❻。但士對商的輕視仍長期存在。資本主義和資本家

---

❻ 胡適對這一整套關於中國現代化的階段論體系有詳細的論述。主要見於其在英美的演講。特別是 1926 年 11 月 9 日在英國皇家國際事務研究院的演講，刊在 *Journal of the Royal Institute of International Affairs* 六卷六號 (1926)，pp. 265～279；以及 1927 年 2 月 26 日在紐約對外政策協會的演講，由 Peking Leader 社同年刊在 *Forward or Backward in China?* pp. 5～12。這份演講中外似尚無人引用過。亦參看胡適的英文書 *The Chinese Renaissance* (Chicago, 1934)。此書即胡適 1933 年芝加哥大學講學稿。

均是外來新名詞，其與中國傳統概念最相近的是商與商人。故在
士人潛意識那安身立命之處，資本主義可說是先天的不逗人愛。
我們試觀五四學生運動後不久的「問題與主義」的論戰，過去的
研究者多注意討論各方不同的意見，其實他們的共同之處也同樣
重要。當時各方比較接近的大致有兩點：一是中國必須借重西方
的主義或學理或制度，但卻不能照搬，尤其是資本主義不行；二
是中國當下最重要的問題是社會的和經濟的，也就是民生問題。
這一點胡適當時已指出：「新思潮的將來趨勢……應該是注重研究
人生社會的切要問題。」⑯

　　與「問題與主義」論戰約略同時的，有杜威與羅素的先後訪
華講學。杜、羅二氏都是自由主義者，但其來華，至少從中國思
想界人士的角度看，是安排來增強他們自己的地位的。杜威是胡
適所說的「我們」一邊請來的；羅素則是「他們」一邊請來的。
這一點杜、羅二氏是否知悉尚搞不清，但他們的言論卻不僅給安
排者自身提供支持，有時恰給另一方提供了思想武器。有意思的
是，杜、羅二氏提供的解決中國問題的方案，以及「問題與主義」
論戰時各派所提解決民生問題的方案，或多或少總是趨近於某種

⑯ 參看余英時〈中國近世宗教倫理與商人精神〉，收在前引《中國思想傳統
的現代詮釋》，第 259～404 頁。

⑯ 胡適，〈新思潮的意義〉，載《新青年》7 卷 1 號（1919 年 12 月 1 日）。
周策縱先生對「問題與主義」的論爭，特別是杜威、羅素在華講學有比
較持平的討論。參見氏著 *The May Fourth Movement: Intellectual
Revolution in Modern China* (Cambridge, Mass., 1960)，第九章。本段和下
段對此問題的概括，即參考是章。

形式和流派的社會主義。自由主義派也好，進步黨即「他們」也好，激進者如李大釗、陳獨秀也好，以及在論戰之外的國民黨也好，雖然出發點不一樣，用的標籤不一樣，具體的措施也不一樣，但均對資本主義持不同程度的批判態度而傾向於某種社會的即集體主義的解決。這大概正是後來國民黨和共產黨都一度頗得知識青年擁戴的一個思想基點。即使在後來各方的觀點都極明確，分歧也凸顯出來之後，梁啟超在 1927 年還特別聲明：「你們別要以為我反對共產，便是贊成資本主義。我反對資本主義比共產黨還利害。我所論斷現代的經濟病態和共產同一的『脈論』，但我確信這個病非共產那劑藥所能醫的。」❻❼梁氏這段話，最能反映彼時各派思想的異同❻❽。

　　資本主義的不得人心，從反面增加了其批判者社會主義的吸引力。而且中國思想界的激進化有增無減，亦是社會主義能風行的土壤。《學衡》派的蕭純錦描述當時的情景是「愈激烈愈足以聳觀聽。而愈不盡人情，則愈見其為獨到者。今日國內之談社會主義者，即大率類此」❻❾。蕭氏的觀察若去掉其情緒化的部分，大

❻❼ 梁啟超，〈給孩子們書〉，1927 年 5 月 5 日，收在丁文江、趙豐田編《梁啟超年譜長編》（上海，1983），第 1130～1131 頁。

❻❽ 要到五十年代，在臺灣的自由主義者才開始給資本主義正名，並逐漸放棄「經濟平等」和「政治民主」可以魚與熊掌兼得的理想，得出「政治民主重於經濟平等」（殷海光語）的結論。本文開始所引胡適的講話，就是這一「思想轉彎」的一部分。可參看張忠棟，前引文，第 130～138 頁。

❻❾ 蕭純錦，〈中國提倡社會主義之商榷〉，載《學衡》，1 卷 1 期（1922 年 1 月），第 1 頁（此係該文而非該刊第一頁）。

體是可靠的。實際上，不僅社會主義，除資本主義外的其他各種「主義」，也都甚有活力和吸引力。

前面說過，胡適主張多研究問題少談論主義是受杜威的直接影響，但用杜威用得不免有些拘泥。蓋前引杜威反空洞理論研究的一段話是在美國人已感覺理論框框重負的情況下所說，故當時即有人說，「我們在未讀杜威之前早已是杜威主義者了」❼⓿，話切合實際，自然受歡迎。反觀胡適依樣說同類話時，中國士人既已有意以西方為本位，而各種「主義」剛開始引入中國，只覺不夠不詳，不嫌其多。此時讓人不談主義，不免困難。胡適第一篇文章係因王揖唐也要談主義而發，但王氏也要談主義，正表明主義吸引人處。後來別的地方雖有「問題研究會」的成立❼❶，恐怕更多說明胡適名字的影響力，未必全是其言論切中時弊。只要看後來各種「主義」仍愈見流行，連胡適自己也不能免俗，談了不少主義，就可見場合情景不同，同樣的話意思可以相差多遠。

但是，胡適畢竟有先見之明。空談主義很快已成流弊。陳炯明稱之為「主義毒」。對此北京的周德之有較詳細的觀察：「自從『主義』二字來到中國以後，中國人無日不在『主義』中顛倒。開口是『主義』，閉口是『主義』，甚至於吃飯睡覺都離不掉『主義』！眼前的中國，是充滿『主義』的中國；眼前的中國民，是迷信『主義』的中國民。」周氏進而指責說：「今日中國的信主義與

---

❼⓿ Rodgers，前引書，p. 192.

❼❶ 毛澤東曾在湖南組織「問題研究會」，參見汪澍白等，〈青年毛澤東世界觀的轉變〉，載《歷史研究》，1980 年 5 期。

用主義者，至少有十分之九是出於非真誠的：有的為權，有的為利，有的為名，有的為吃飯穿衣。」周氏雖不喜歡迷信主義，但其觀察恰揭示了「主義」在當時思想論說中的重要。而且「主義」顯然已具社會功用！既然權勢名利吃飯穿衣均可自「主義」中來，當然有人尊奉。且「主義」二字本身已漸具象徵作用，不問內容，只要有「主義」之名即好。無怪馬君武菲薄之為「主義癖」：「無論何種主張，皆安上主義二字。其中每有不通可笑的，又有自相衝突的。」❷這正是胡適反對警告的。但中國既已趨新尊西人如帝天，「主義」之具象徵性的社會功用，也正是這一往西走的激進過程的自然發展。

　　此時中國社會和思想界的激進化已達到新的高度。1924 年秋江浙戰爭時，浙江盧永祥在其轄區徵收「軍需善後米捐」，買賣米均須納捐。上海市縣兩商會曾呈請減免，盧氏覆電稱軍需和民生都應照顧，較次的秈米可以免捐。較好的粳米，則「均為有產階級所購，區區餉捐，攤之於各人，為數極微」，必須照納。過去總認為只有馬克思主義者才講究階級和階級鬥爭，其實試查舊文，則一向沖淡吃苦茶的周作人就認為「階級爭鬥已是千真萬確的事實，並不是馬克思捏造出來的」。周氏也是贊成共產主義的，而且認為只有「軍閥、官僚、資本家（政客學者附）」才不贊成共產主義。但階級意識既已見端倪於操生殺大權的軍閥，則此時世風之

---

❷ 陳炯明，《中國統一芻議》，自刊本 (1928)，第 110～111 頁；周德之，〈為迷信「主義」者進一言〉，《晨報副刊》，1926 年 11 月 4 日；馬君武，〈讀書與救國〉，《晨報副刊》，1926 年 11 月 20 日。

激進，可見一斑❼。

　　在同一篇文章中，周作人認為「現在稍有知識的人（非所謂知識階級）當無不贊成共產主義」。周氏這裡說的共產主義，涵蓋甚寬，約近於本文所討論的社會主義。這個觀察大體是不錯的。羅素描述他在中國的見聞時，即說中國的青年及其優秀教師中的大多數都是社會主義者❼。羅素接觸的人當然有限，其所謂優秀教師者，大約應為多少說點英語之人。他們對社會主義，或者不過是嚮往而已。但這樣的人中若已多數嚮往社會主義，其餘自可想見。

　　實際上中國士人對社會主義的嚮往，羅素自己也有貢獻。周策縱注意到羅素在華演講的中文譯稿中對社會主義的讚許雖與其在別處的英文敘述有些不甚相合，但大多數中國人認知的羅素正是來自那中文的部分❼。因羅素是梁啟超「他們」請來助陣，且常講中國傳統有許多不錯的地方，胡適對羅素是不滿意的。但羅素對社會主義或更切近中國國情的論述，或者也影響了胡適。1922 年，胡適發表了〈王莽——一千九百年前的一個社會主義者〉一文。胡適確認王莽「均眾庶，抑兼併」的各項政策都是「國家社會主義」的政策。王莽將許多「公共用具」「收歸社會（或國家）辦理」，表明他「的確能了解『國家社會主義』的精意」。因為那個時代「國家組織還不完備，這種大計畫的干涉政策」一時

❼ 盧永祥事見《銀行週報》11 卷 39 號（1924 年 10 月 7 日），第 33 頁；周作人，《談虎集》（臺北里仁書局影印本，1982），上，第 261～266 頁。

❼ Bertrand Russell, *The Problem of China* (New York, 1922), p. 235.

❼ 周策縱，前引書，第九章。

不會收效，但王莽「確是一個大政治家」**⑯**。這篇文章對王莽的研究並無什麼貢獻，但對認識胡適的思想，特別是他心目中的「社會主義」，卻是好材料。胡適做此文的目的，是要替王莽「伸冤」，替他「說一句公平的話」。王莽既因實行「社會主義」而當得起大政治家，足見此時「集團主義」的思想在胡適心中已占有相當高的地位。

　　胡適後來在 1930 年自己選編了一本面向少年讀者的 《胡適文選》，自認是代表那時他思想的全貌。其中就包括他 1926 年那篇著名的〈我們對於西洋近代文明的態度〉。在那篇文章裡胡適正式宣布：「十八世紀的新宗教信條是自由、平等、博愛。十九世紀中葉以後的新宗教信條是社會主義。這是西洋近代的精神文明。」胡適並論述這二者間的過渡道：「十九世紀以來，個人主義的趨勢的流弊漸漸暴白於世了。資本主義之下的痛苦也漸漸明瞭了。遠識的人知道自由競爭的經濟制度不能達到真正『自由、平等、博愛』的目的。」這正是典型的英美現代自由主義的推理。但胡適是在崇尚「最新最好」的中國，故他比英美自由主義者又邁進了一步，直接訴諸社會主義：「於是各種社會主義的理論與運動不斷地發生。」其結果是財產私有為神聖人權的觀念的動搖；被輕視的勞動階級組織起來「成了社會上最有勢力的分子。十年以來，工黨領袖可以執掌世界強國的政權，同盟總罷工可以屈服最有勢力的政府，俄國的勞農階級竟做了全國的專政階級。這個社會主義的大運動現在還在進行的時期。但他的成績已很可觀了」**⑰**。

---

⑯ 《胡適文存》二集（臺北，1953），第 20〜27 頁。

　　三個月後，胡適到英國參加庚款會議時，曾準備以這篇文章為引論再做九篇文章成一本叫作《西洋文明》的書，並已列出子目。其中科學、自由和社會主義各占三章。這大概就是彼時胡適心目中西洋近代文明的全貌。值得注意的是胡適講自由主義的一章擬從穆勒而不是洛克和斯密講起，頗類似他在北大講中國哲學史時的「截斷眾流」的取徑。這亦表明胡適服膺的是英美一支的現代自由主義。穆勒正是英國自由主義從經典到現代、從完全個人主義到兼容集體主義的轉型人物。由此方向走下去到達社會主義正是自然的發展❼❽。這本書胡適後來沒有寫成，但在〈對西洋文明的態度〉裡的基本思想他在幾年間多次向歐美聽眾談及。其中也有些細緻化的小修補，但大體沒有變動。唯一顯著的發展是對社會主義的推崇愈來愈高。

　　胡適以為一次世界大戰後流行的關於西方文明是物質文明，東方文明才是精神文明的說法已使西方人不能正確認識自己文明的優點，即不能認識社會主義的價值。故胡適給西人鼓勁說，西方文明正迅速成為世界文明。而中國能對今後的世界新文明做出的貢獻，即在幫助西人認識他們未看到的社會主義的價值。胡適反覆對英美人強調說：社會主義不僅是西方早期更重個人的民主觀念的補充，是西方民主運動的歷史組成部分，而且是「西方文明最偉大的精神遺產」。他教導英國人說：「我們或許可以不喜歡

---

❼❼ 《胡適文選》（臺北，1953 年重印），第 115～116 頁。

❼❽ 《胡適的日記》，1926 年 9 月 23 日條。可對比陳獨秀概括的西洋近代文化：人權論、生物進化論、社會主義（《陳獨秀文章選編》，北京，1984，上，第 79 頁）。

社會主義。但它顯然是人類所發明的關於社會秩序的最高理念之一。」實際上，「世界正在不知不覺中變成社會主義的世界」。像這樣對社會主義的高度推崇，在中國思想史上是不多見的，在中國自由主義知識分子中，恐怕更是絕無僅有的。胡適在這幾年間對這一「十九世紀中葉以後的新宗教信條」曾試圖改稱為「新自由主義」或「自由的社會主義」或「民主宗教信條」，但意思大致不變。其傾向是徘徊於現代自由主義和社會主義之間。不過胡適對社會主義雖推崇備至，主要還是從西方文明正變為世界文明的角度出發。一旦回到中國時，他的立場還是踏在自由主義之上[79]。

胡適這許多話雖然是對英美人所說，他常常還是從中國的視角在看問題。蓋東西方精神物質文明之爭只是在中國的思想交換中才是熱點，西人對此本不甚注意，哪裡談得上蒙蔽西人耳目的功用呢！但是在中國，那場爭論倒確實改變了一些人一味崇洋的心態。其實不僅是梁啟超「他們」在一次大戰後看到西方亦有不足，就是《新青年》的同人陶孟和在此時到歐洲，對西方政制也有失望的感覺[80]。與此同時，別的因素也在起作用。賽珍珠(Pearl Buck) 觀察到一戰後許多援法中國勞工娶回了法國白種妻

---

[79] 參見胡適「在利物浦大學的演講」，1926 年 11 月 25 日，「在曼徹斯特大學的演講」，1926 年 11 月 26 日，均為當地報紙報導，收在胡適同日的日記中。更詳細的見前引胡適在皇家國際事務研究院的演講及胡適的英文論文 "Civilization of East and West," in Charles A. Beard, ed., *Whither Mankind* (New York, 1929), pp. 37～41.

[80] 陶履恭，〈歐遊的感想〉，《新青年》7 卷 1 號（1919 年 12 月 1 日），第 49～55 頁。

子，有的已婚勞工實際娶的是小老婆。這些法國女子後因中國情
形遠不如其丈夫所描述而紛紛回國，但未受多少教育的勞工終可
自誇曾娶過白種妻子，這就大大毀損了白人在中國的聲望[81]。正
是在這樣的背景下，胡適等人感到有必要進一步強調西洋文明的
長處。但胡適看到的竟是西人看不到的社會主義，恰又揭示了社
會主義是當時中國的思想論說中的一個主流傾向。

　　胡適對社會主義的讚頌，雖然不少是英文，但中文那篇亦很
夠味道，並沒有引起時人多少反應。但差不多同時胡適對新俄亦
頗多美言，卻立刻引起軒然大波[82]。可見當時抽象廣義的社會主
義已是士林之大勢所趨，故胡適談社會主義既未遇到知音，也未
見什麼人反對。但具體到蘇俄，則不僅與當時中國的政治軍事發
展有密切的關係，而且蘇俄的社會主義是實實在在擺在那裡，不
容不作出反應。胡適的讚頌甫出，北方即有人認為胡適「表同情
於共產」，在南方胡適的主張則「常稱道於人口」[83]。亦可見蘇俄
問題正是彼時中國士林思想論說的熱點。

---

[81] Pearl Buck, *My Several Worlds: A Personal Record* (New York, 1954), pp. 120～121.

[82] 胡適對蘇俄的讚頌主要見其〈歐遊道中寄書〉，收在《胡適文存》3 集（上海，1931），第 73～90 頁。張忠棟的〈從「努力」到「新月」的政治言論〉（收在氏著《胡適五論》，臺北，1987）中已有較詳細的引述，可參看第 32～37 頁。不過張氏以敘述為主，分析較弱，有時或因掌握資料不夠，有些分析只看到表面而已。

[83]「錢端升致胡適」，1926 年 11 月 4 日；「顧頡剛致胡適」，1927 年 2 月 2 日，均收在前引《胡適來往書信選》，上，第 406，426 頁。

　　中國自向西走以來，最初提出來要學習的就是日本與俄國。因此二國的情形究竟比歐美更接近中國。日本在「二十一條」之後已無人主張再學。又由於激進化的中國士人要學「最新最好」的西方，所以有陳獨秀喊出的「拿英美作榜樣」。但俄國並未排除在可學之外。周作人就仍認為「中國的特別國情與西歐稍異，與俄國卻多相同的地方」。黃炎培主張中國人應將「俄國精神、德國科學、美國資本這三樣集中起來」❽❹。陳獨秀所說的英美，本係因杜威在華演講而發，故實指的是美國❽❺。這正是「二十一條」後美國在華影響上升的顛峰。但俄國的十月革命也立即在青年學生中發生影響。傅斯年在 1919 年初已認為「俄之兼併世界，將不在土地國權，而在思想也」❽❻。而威爾遜在凡爾賽和會上對中國的「背叛」，恰摧毀了幾年間美國在中國的影響。此時正值新俄（新字要緊）發布放棄條約權利的《加拉罕宣言》，立即在中國各界引起極大的好感。進步黨的《時事新報》在社論中說此宣言正是建立在威爾遜的和平原則之上，「只是威爾遜自己卻不能把他實現」 ❽❼。這很能表現中國士人學西方由美往俄的轉移進程。到

❽❹ 關於早年學俄國言論，可參看梁啟超《飲冰室文集》卷 19 中的〈過渡時代論〉、〈政治與人民〉、〈自由書〉諸篇。陳獨秀的話見其〈實行民治的基礎〉，《新青年》7 卷 1 期（1919 年 12 月 1 日），第 16 頁。周作人的話見其〈文學上的俄國與中國〉，載《東方雜誌》17 卷 23 號（1920 年 12 月 10 日），第 107 頁。黃炎培的話轉引自《獨秀文存》（上海，1922，香港，1965 年重印），下冊，第 93 頁。

❽❺ 周策縱，前引書，pp. 230～231。

❽❻ 《新潮》，1 卷 1 期，第 129 頁。

1923 年 12 月，北大進行民意測量，投票選舉世界第一偉人，497
票中列寧獨得 227 票居第一，威爾遜則得 51 票居第二，正是由美
到俄這個榜樣的典範轉移趨於完成的象徵❽。故吳宓慨嘆道，幾
千年來孔夫子在中國人心中的神聖地位，「已讓位於馬克思和列
寧」❾。若僅言新文化運動那幾年，則把孔夫子換為威爾遜倒十
分貼切。

　　重要的是率先轉過去的是五四的學生一輩。余英時先生說，
馬克思主義一類思想在中國社會上的廣泛傳播，「最先是大學生受
到感染，然後再一步一步地影響到教授階層」❿。胡適對新俄的
嚮往，恰證明這樣一個學生影響教授的過程。不僅對新俄的嚮往，
胡適關於西洋文明的分段及各期「宗教信條」的論述，與一般西
方自由主義著作多少有些「隔」的感覺，但是與羅家倫在《新潮》
第一期的〈今日世界之新潮〉卻有不少相似之處。深知胡適的張
慰慈說過：「適之又是最喜歡採納別人的意見」的❾。說胡適受學
生影響而向左轉，大約可以不錯。

❽ 轉載於《新青年》，7 卷 6 期（1920 年 5 月 1 日），第 11 頁。

❽ 〈北大二十周年紀念日民意測量分析〉，《新國民雜誌》，1 卷 5 號（1924
年 3 月 30 日），第 6 頁。轉引自陳福霖 (F. Gilbert Chan), *Nationalism in
East Asia: An Annotated Bibiography of Selected Works* (New York, 1981),
pp. 21～22.

❾ 吳宓，前引文，p. 2。

❿ 余英時，〈激進與保守〉上，第 145 頁。

❾ 張慰慈為徐志摩〈一個態度，一個按語〉所寫的編者按語，《晨報副刊》，
1926 年 9 月 11 日。

　　唐德剛先生曾說，「胡適思想四十年來無大的變動」。這個說法恐怕只看到錢幣的一面。晚年的胡適有時確有「返老還童」之狀，如民族主義情緒較強，略近於他留學之前的心態。這或者給人以長期不變的印象。但民初士人在向西走的激進大潮流下，許多人的思想「可以說是數年一變，速者一年數變」❷。蓋不如此即趕不上「潮流」。梁啟超的轉變可謂快而頻，但仍在壯年即不得不 「功成身退」， 不再占據時代思想論說的中心， 就是一個明證❸。胡適也與其同輩人一樣，不斷在變，以調整自己與時代思想論說的位置。胡適的老朋友任鴻雋就認為胡適「最能意外出奇，使人驚喜」❹。「最能」者，其轉變自非一兩次也。

　　但若把胡適對社會主義和蘇俄的讚頌看作是無源的突變，亦未必對。在別人或覺意外出奇，在胡適自己，或可說更多是謀定而後動的有意轉變。在日新月異的中國激進趨新進程中，胡適自「暴得大名」後不過數年，已因其「好邀眾譽」❺，且「對於千年積腐的舊社會，未免太同他周旋」 ❻而被視為落伍。後來更因參加善後會議而被認為是認同於北洋政府。說胡適落伍不只是激

---

❷ 唐德剛譯注，《胡適口述自傳》（臺北，1981），第 80 頁。「數年一變」引自羅厚立、葛佳淵，〈跨世紀的啟示：從章太炎到古史辨〉，《讀書》，1991 年 10 期，第 26 頁。

❸ 余英時，〈中國近代思想史上的胡適〉，第 520～521 頁。

❹ 「任鴻雋致胡適」，1926 年 12 月 8 日，收在《胡適來往書信選》（上），第 411～412 頁。

❺ 「張奚若殘信」，同上，（下），第 516～517 頁。

❻ 「錢玄同致胡適」，1919 年 2 月，同上，（上），第 25 頁。

進派的看法，曾任北洋政府部長的湯爾和也認為胡適那幾年「論入老朽，非復當年」❼。其實胡適自己也清楚這一點。1936 年周作人給胡適的信中說，「我們平常以為青年是在我們這一邊」。胡適立即抗議說：「我從來不作此想。我在這十年中，明白承認青年人多數不站在我這一邊。因為我不肯學時髦，不能說假話，又不能供給他們『低級趣味』，當然不能抓住他們。但我始終不肯放棄他們，我仍要對他們說我的話。」❽ 雖然抓不住，卻不肯放棄，還是要抓，這是胡適的老實話。因為胡適深知五四運動後，學生已成為中國社會生活中一個「有力量有用處的新成分」，各派力量都在努力爭取❾。胡適自己當然不能輕易放棄。胡適自稱不肯學時髦，恰證明他向學生靠攏是謀定而後動。在他擬作《西洋文明》一書的同一天日記中，胡適說道：「此書的動機固然很早，這幾年來我常常想著這個文化問題。」❿ 從已發表的東西看，所謂「這幾年」至少可從 1922 年寫王莽那篇文章時算起。那正是胡適自己劃的集團主義時期即將開始之時。胡適在讚頌蘇俄之時，特別提到 1925 年「許多朋友」要他加入「反赤化」的討論，他終未加入。接下來他表明自己的態度：「許多少年人（對蘇俄）的『盲從』固然不好，然而許多學者們（對蘇俄）的『武斷』也是不好的。」⓫ 言下之意頗親近「少年人」。特別是胡適自己大讚蘇俄，

❼ 「湯爾和致胡適」，1929 年 9 月 29 日，同上，（上），第 545 頁。

❽ 「胡適致周作人」，1936 年 1 月 9 日，同上，（中），第 297 頁。「抗議」是胡適的原話。

❾ 前引胡適在皇家國際事務研究院演講，p. 278。

❿ 《胡適的日記》，1926 年 9 月 23 日條。

以行動表明他傾向和認同於「少年人」而不是「學者們」。這次謀定而後動，就是老師向學生靠攏。

　　事實上，在這「落伍」的幾年中，胡適的思想有不少明顯的變化。其中之一就是漸認同於他所謂的集團主義之一的民族主義運動。1925 年他在武昌大學講「新文學運動的意義」時說，中國的語言，「今日在世界上，為進化之最高者。」這在一向認為中國事事不如人的胡適已很難得。接下去他更進一步說：「新文學運動，並不是由外國來的，也不是幾個人幾年來提倡出來的，⋯⋯新文學運動是中國民族的運動。」⑩一年多後在美國，胡適更系統地把他所謂的中國文藝復興定義為「按照我們自己的需要、根據我們的歷史傳統去制訂方案以解決我們自身問題的一種自覺嘗試」⑩。這樣一種民族主義的定義，與一般人心目中面向西方的新文化運動相去何止天遠。

　　同時，胡適在英美談到新文化運動因開始談政治而分裂為急進和緩進兩派。緩進者仍主張繼續從非政治的文化思想教育著手；急進者則認為政治運動和非政治運動應雙管齊下。幾年後內憂外患使新文化諸人認識到不僅談政治不可避免，甚至積極從事政治也不可避免。有意義的是胡適此時公開承認：「我們過去試圖避開政治恐怕是錯誤的。歸根結底，新的政治運動恐怕並非像我們過去設想的那樣不成熟。」胡適進而指出，國共合作後的國民革命

---

⑩ 胡適，〈歐遊道中寄書〉，第 76～77 頁。

⑩ 《晨報副刊》，1925 年 10 月 10 日。

⑩ 前引胡適在紐約外交協會的演講，p. 6。

是中國唯一有希望外抗強權內除軍閥的運動。他預計國民革命如
果不給中國帶來一個根本的解決,至少也是一個轉折性的解決。
但他認為更可能是一個根本的解決❿。從堅信從思想文化入手再
造文明到歡迎國民革命的政治解決,胡適邁出的步子已經夠大了。

　　換言之,在中國思想界由個人主義階段向集體主義階段轉移
的過程中,胡適也在向同樣的方向轉,而且轉的幅度可說相當大。
但正像胡適當年「暴得大名」是因其填補了中國思想界典範危機
的空白一樣,胡適這次謀定而後動的轉變幅度雖大,速度卻不夠
快。往激進方向去的領導空間已被新文化諸人中的「急進派」捷
足先占了。胡適當年占據了領導空間後,比他略小幾歲的新少年
「舉目四顧,上下左右易走的路子都被前輩們(即胡適等老少年)
占據去了」❺。這個情形在某種程度上亦接近胡適在往集團主義
方向走時的困境。如果胡適所說的從個人主義向集團主義的轉變
也是一種典範轉移的話,空間既已有人占據,則胡適所能做的只
是認同於既存的集團主義勢力。故在胡適個人,步子或已邁到最
大,而在許多激進的青年看來,則或許還不夠「時髦」吧!

　　實際上,「新俄」對中國人的吸引力是多重的。國民黨和共產
黨或者看到的是革命奪權的成功,自由主義者看到的恐怕更多是
奪權後的建設和「改造社會」的措施。胡適個人是把新俄的社會
主義制度這一「空前偉大的政治新試驗」納入他所推崇的社會主

---

❿ 參看前引胡適在英美的幾次演說,引文出自他在皇家國際事務研究院的
　演講,p. 279。

❺ 梁叔瑩,〈思想上的新時代〉,《晨報副刊》,1927 年 2 月 14 日。

義新宗教信條中的。在這一點上他比進步黨人的基爾特社會主義
走得更遠。但蘇俄是實行無產階級專政的，一向反對專制的胡適
何以還能夠讚許之呢？這也正是胡適許多朋友不解不服之處。這
個關鍵問題由芝加哥大學的一位教授幫他解決了。那位教授以為
專制必愚民，而蘇俄則「真是用力辦新教育，努力想造成一個社
會主義新時代。依此趨勢認真做去，將來可由狄克推多過渡到社
會主義的民治制度」。的確，在斯大林 1927 年完全掌握蘇俄權力
中心並推行依靠自己力量集中發展重工業之前，蘇俄曾努力想獲
得西方的經濟援助，其教育也頗受美國影響。故胡適的老師杜威
也曾「大誇許蘇俄教育」。只是到了 1927 年後因注重專門技術人
才的訓練，始放棄以前的教育方式。胡適是 1926 年到蘇俄的，又
有杜威和那位芝加哥教授的引導，對蘇俄的教育印象深刻是很自
然的 [106]。

　　胡適到英國後，羅素即告訴他像中國這樣的農業國家，最適
於蘇俄那種專政制度。若採用民治，必鬧得很糟。胡適反對說，
「我們愛自由的人卻有點受不了」。羅素告訴他，「那只好要我們
自己犧牲一點了」。胡適覺得「此言也有道理」[107]。以前胡適為了
中國好而激烈反傳統，現在羅素教他為了國家好而犧牲個人信仰，
其思想取向是一致的，故容易接受。再加上芝加哥大學那位教授
的推理，則將來總還會到民治。正是基於專制可經教育變民主這

---

[106] 胡適，〈歐遊道中寄書〉，第 75 頁；《胡適的日記》，1934 年 5 月 31 日
　　條。參看 Robert C. Tucker, *Stalin in Power: The Revolution from Above,
　　1928～1941* (New York, 1990), pp. 40～43, 74～76.

[107] 《胡適的日記》，1926 年 10 月 17 日條。

一判斷，胡適在 1930 年斷言：蘇俄與美國「這兩種理想原來是一條路，蘇俄走的正是美國的路」。1933 年胡適到芝加哥大學講學時重申對蘇俄的讚賞，並進而表彰了蘇俄領導提倡科學技術的進步。這一次他明確把共產主義與社會主義一起讚頌，強調都是西方文明不可分的一部分❿。

　　但是蘇俄真正打動胡適的，大約還是一個法國人告訴他的：「俄國最大的成績是在短時期中居然改變了一國的傾向，的確成了一個新民族。」這正是胡適畢生想在中國實現的最高目標。所以他對此感嘆道：「這樣子才算是真革命。」❿後來的歷史表明蘇俄有那樣的改變實在只是個神話，但當時有胡適那樣看法的不在少數。二三十年代的西方對蘇俄的社會主義和義大利的法西斯主義雖然是反對多而贊成少，但都承認這是對西方政治學說和政治制度的新挑戰。胡適是樂觀的實驗主義者，故傾向於從積極的方面去詮釋這些新試驗。他在那時也曾提到中國應當學墨索里尼的義大利，應當學德國學日本，「以養成一點整齊嚴肅的氣象」。倒是英國不足學，蓋其「名為 evolution（漸進），實則得過且過，直到兩臨頭時方才做補漏的工夫」。這一切，用胡適自己的話說，就是他的「新的興奮」❿。可見為了國家快速發展，胡適此時眼中所見不是什麼「拿英美作榜樣」，反倒是以集權國家為榜樣。這是胡適性格中感情一面暗藏激進的又一次表露，亦可見胡適那時

---

❿ 同上，1930 年 3 月 3 日條；前引胡適英文書，pp. 42～43。

❿ 《胡適的日記》，1930 年 3 月 3 日條。

❿ 胡適，〈歐遊道中寄書〉，第 78～79 頁。

在往集團主義方向走得有多遠。後來丁文江等在民族危機時更進而支持獨裁，也是沿此思路發展。不過胡適不曾走得那樣遠，尚能堅持自由主義立場。

到 1934 年底，胡適為《東方雜誌》做了一篇〈一年來關於民主與獨裁的討論〉的長文，在文中他再次重申了他在〈對西洋文明的態度〉一文裡提出的民治和社會主義階段說，同時仍將蘇俄歸入往民治發展的一路❶。胡適是反對中國獨裁的，但又嚮往社會主義和蘇俄，所以乾脆把蘇俄詮釋為不是獨裁的。這是胡適中西不同說的典型表現。所以胡適的推崇社會主義，主要是從「世界文明」的視角看，是要幫助西方人認識他們認識不到的價值。胡適是進化論者，中國不過是止在或最多剛邁過文藝復興階段，後面經濟上還有工業革命，思想上還有啟蒙時代，或者按胡適自己的分法還有科學和自由兩大階段，離工業革命後的社會主義尚遠。胡適以為，只有基礎堅實的國家，才有精力去討論社會問題。而中國，「國家還不是一個國家，政府還不是一個政府」，甚至缺乏「保證這個民族本身的生存方式」，則「我們如何配討論生產和分配制度的改革問題呢」？中國不僅與歐美不能比，與蘇俄不能比，甚至與土耳其也不能比。所以，「現時中國所需要的政治哲學決不是十九世紀以來的積極有為（按：指公領域的干預作用）的政治哲學。」❷換言之，中國的社會主義時代尚遠。

---

❶ 《東方雜誌》，32 卷 1 號（1935 年 1 月 1 日）。

❷ 《獨立評論》77 號（1933 年 11 月 19 日），第 2～7 頁，49 號（1933 年 5 月 7 日），第 6 頁。

　　胡適晚年自稱到 1941 年他對社會主義就已看破而不再嚮往。這個時間略可商討。那時他的確已講到集權和民主的鬥爭，不過仍把蘇俄劃在民主一邊。至少他對「新俄」的夢想還持續了幾年。但胡適對社會主義和蘇俄的推許是從現代自由主義立場出發，大約是沒有問題的。而且這一立腳點他基本未曾移動。同時，胡適也從未放棄對美國民主模式的堅信，他說蘇美走的是一條路，是因為他認為蘇俄是曲線在走美國路。而且美國在三四十年代羅斯福當政時期的許多「新政」舉措恰好也能印證和支持胡適對西方文明向社會主義方向發展的趨勢性預測。但正因為自由主義立場堅定，胡適在四十年代中期已漸漸認識到他多年「對蘇俄那樣熱心的期望」不過是一場夢。但最終使胡適放棄「二十多年對新俄的夢想」的，是〈雅爾達協定〉和戰後蘇聯對東北的清洗。崇尚西方的自由主義者胡適畢竟還是站在民族主義的基點上⓭。

　　在此之後，胡適在 1948 年 8 月 1 日發表廣播演講〈眼前世界文化的趨向〉，最後修正了他關於西方走向社會主義的「三百年來『社會化』(socializing) 的傾向」的說法，提出「三百年的民主大潮流」和「三十年反自由、反民主……的逆流」的說法。但即使在這篇講話中，胡適仍堅持要用社會化的經濟制度來提高人類的生活程度。其立場仍在霍勃豪斯和杜威的現代自由主義之上⓮。

　　胡適歷來主張一種「實驗的精神」，他給「中國文藝復興」下

⓭ 胡適，〈從「到奴役之路」說起〉，第 49 頁；「胡適致周鯁生」，1948 年 1 月 21 日，《胡適來往書信選》（下），第 316～320 頁。

⓮ 此文收在胡適《我們必須選擇我們的方向》（第三版）（臺北，1957），第 5～12 頁。

的定義即是「一種自覺的嘗試」。其與社會主義的合離，正是這嘗試的一部分。但就像他的〈嘗試歌〉所說：「有時試到千百回，始知前功盡拋棄」。不過：

> 即使如此已無愧，
> 即此失敗便足記。

本文即試記胡適此次「失敗」的嘗試。

（原載《學人》，第 4 輯）

天有二日？——禪讓時期的大清朝政　　卜　鍵／著

1796年2月，乾隆帝弘曆正式舉行禪讓，將皇位交與十五子顒琰。這是宋代之後唯一的一次內禪，本書作者以清宮檔案為基礎，致力於如實勾畫當時的歷史場景，真切再現那些重要人物，並運用說書般的筆法，帶領讀者神入這個短暫卻精彩的關鍵時代！

以史為鑑——漫談明清史事　　　　陳捷先／著

國際知名學者陳捷先總結數十年明清史研究，緊扣「人物、事件、時代」三元素，以說故事的口吻，帶你穿越時空、重返歷史現場，細看明清歷史人物面對重大事件時的心境，從而學習面對緊要關頭時的智慧，領悟歷史何以為鑑。

青出於藍——一窺雍正帝王術　　　　陳捷先／著

清代帝王硃批奏摺，是為了向臣子發布命令、傳達信息，所以康熙說「朕，知道了」，但雍正不僅只於此。雍正的硃批諭旨其實不只是行政奏章，裡面還有耐人尋味的帝王統御之術，可謂是「青出於藍」啊！想重新認識這位有血有肉的帝王嗎，讓雍正親口說給你聽！

大業風雲——隋唐之際的英雄們　　　徐連達／著

隋唐之際是一個「魚龍混雜、大浪淘沙的英雄時代」，隋唐史專家徐連達教授用最通俗的筆法，描寫這個風雲際會、英雄輩出的特殊時期，將原本生硬、艱深的歷史典籍轉化為現代人能接受的語言文字，歷數隋煬帝楊廣、唐太宗李世民、魏徵、秦叔寶等人的英雄事蹟，並提出獨到見解，給人耳目一新之感。

文明叢書 02

粥的歷史

陳元朋／著

一碗粥，可能是都會男女的時髦夜點，也可能是異國遊子的依依鄉愁；可以讓窮人裹腹、豪門鬥富，也可以是文人的清雅珍味、養生良品。一碗粥裡面有多少的歷史？喝粥，純粹是為口腹之慾，或是文化的投射？粥之清是味道上的淡薄，還是心境上的淡泊？吃粥的養生之道何在？且看小小一碗粥裡藏有多大的學問。

文明叢書 04

慈悲清淨——佛教與中古社會生活

劉淑芬／著

你知道嗎？早在西元六世紀的中國，就已經出現了有如今日「慈濟功德會」一樣的民間團體。他們本著「夫釋教者，以清淨為基，慈悲為主」的理念，施濟於貧困中的老百姓，一如當代的「慈濟人」。透過細膩的歷史索隱，本書將帶您走入中古社會的佛教世界，探訪這一道當時百姓心中的聖潔曙光。

文明叢書 07

流浪的君子——孔子的最後二十年

王健文／著

周遊列國的旅行其實是一種流浪，流浪者唯一的居所是他心中的夢想。這一場「逐夢之旅」，面對現實世界的進逼、理想和現實的極大落差，注定了真誠的夢想家必須永遠和時代對抗；顛沛流離，是流浪者命定的生命情調。

文明叢書 18

救命——明清中國的醫生與病人

涂豐恩／著

這是三百年前的世界，人們同樣遭受著生老病死的折磨。不同的是，在那裡，醫生這個職業缺乏權威，醫生為了看病必須四處奔波，醫生得面對著各種挑戰與詰問。這是由一群醫生與病人共同交織出的歷史，關於他們之間的信任或不信任，他們彼此的互動、協商與衝突。

歷史聚焦

知識生產與傳播
——近代中國史學的轉型

劉龍心／著

民族國家的出現，是構成現代史學有別於傳統史學最重要的差異。在民族國家的主權框架下，現代中國史學以西方傳入的「長時段」、線性歷史時間概念，取代朝代更迭循環的時間；以「民族」、「國民」作為歷史舞臺上的主角，取代帝王將相、公侯卿貴的故事。在這個巨大的知識轉型過程中，歷史如何被重新書寫？新的歷史知識如何建立？本書從史學史的角度探討，有助於吾人思考當代史學的新出路。

三民網路書店 會員

獨享好康
大放送

書種最齊全
服務最迅速

超過百萬種繁、簡體書、原文書5折起

通關密碼：A5577

憑通關密碼
登入就送100元e-coupon。
(使用方式請參閱三民網路書店之公告)

生日快樂
生日當月送購書禮金200元。
(使用方式請參閱三民網路書店之公告)

好康多多
購書享3%～6%紅利積點。
消費滿350元超商取書免運費。
電子報通知優惠及新書訊息。

三民網路書店 www.sanmin.com.tw